AF567643

Niclas Lahmer

FINANZIELL INTELLIGENTER

Was man Ihnen in der Schule hätte beibringen müssen

NICLAS LAHMER

FINANZIELL INTELLIGENTER

WAS MAN IHNEN IN DER SCHULE HÄTTE BEIBRINGEN MÜSSEN

FBV

Bibliografische Information der Deutschen Nationalbibliothek:
Die Deutsche Nationalbibliothek verzeichnet diese Publikation in der Deutschen Nationalbibliografie. Detaillierte bibliografische Daten sind im Internet über http://dnb.d-nb.de abrufbar.

Für Fragen und Anregungen:
info@finanzbuchverlag.de

Wichtiger Hinweis
Ausschließlich zum Zweck der besseren Lesbarkeit wurde auf eine genderspezifische Schreibweise sowie eine Mehrfachbezeichnung verzichtet. Alle personenbezogenen Bezeichnungen sind somit geschlechtsneutral zu verstehen.

Originalausgabe, 1. Auflage 2023

Türkenstraße 89
80799 München
Tel.: 089 651285-0
Fax: 089 652096

Redaktion: Anne Büntig-Blietzsch
Korrektorat: Christine Rechberger
Umschlaggestaltung: Marc-Torben Fischer, München
Satz: inpunkt[w]o, Haiger (www.inpunktwo.de)
Druck: GGP Media GmbH, Pößneck
Printed in Germany

ISBN Print 978-3-95972-654-2
ISBN E-Book (PDF) 978-3-98609-257-3
ISBN E-Book (EPUB, Mobi) 978-3-98609-258-0

Weitere Informationen zum Verlag finden Sie unter

www.finanzbuchverlag.de

Beachten Sie auch unsere weiteren Verlage unter www.m-vg.de

Inhalt

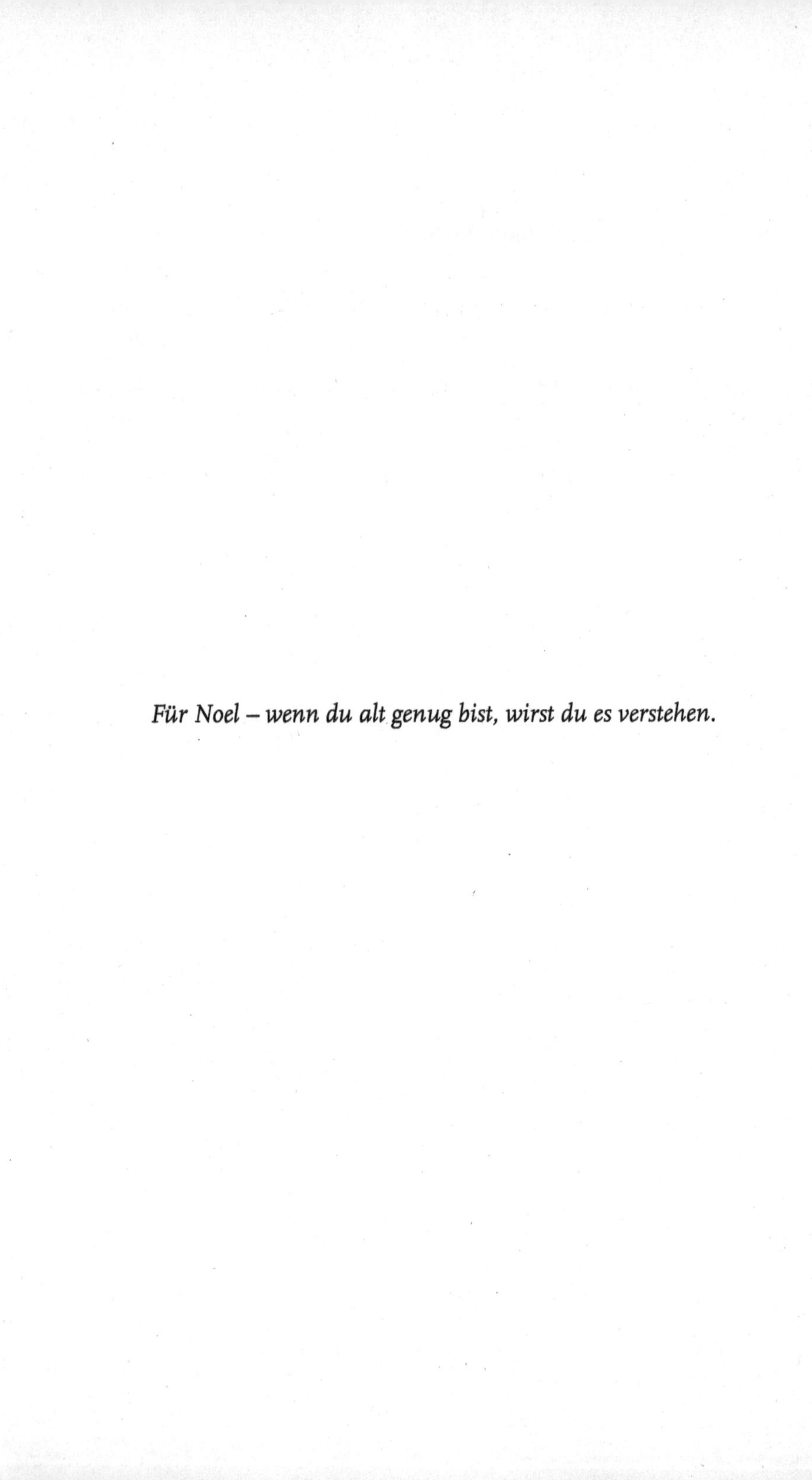

Für Noel – wenn du alt genug bist, wirst du es verstehen.

Einleitung

»Glück stellt sich ein,
wenn Vorbereitung auf Gelegenheit trifft.«
Seneca

Wenn Sie einen Menschen fragen, ob er mehr Geld verdienen möchte, erhalten Sie nur selten eine Verneinung. Besonders die jüngeren Menschen lechzen nach dem bunten Papier und großen schwarzen Zahlen auf den Girokonten und in ihren Depots. Fragen Sie ältere und bereits gefestigtere Menschen, ob diese mehr Geld verdienen wollen, erhalten Sie als Antwort auf diese Frage öfter ein Nein. Die etwas älteren Semester sind da schon ruhiger geworden, ihre Sturm-und-Drang-Zeit ist vorbei. Bei ihnen scheint das Problem etwas komplexer zu sein. Man hat zwar in den letzten Jahren Geld verdient, Kapital und Vermögen aufgebaut und der Körper ist, ähnlich wie in jungen Jahren, noch fit, doch man hat einfach keine Zeit mehr, um das schöne Leben vollends auch auszukosten. Permanent belagern Meetings, Besprechungen und andere unsinnige Verpflichtungen den Kalender und die eigene Lebenszeit. Bei den deutlich älteren Semestern hingegen sieht es dann noch einmal ganz anders aus. Ihr Problem ist meist leicht zu durchschauen. Die Ältesten unter ihnen haben es zu Geld, Vermögen und Kapital gebracht und endlich auch mehr Zeit, als es vielleicht noch mit Mitte 40 der Fall war. Doch der Körper macht nicht mehr so mit. Man könnte sich zwar nun den Urlaub auf Bali leisten und auch nach Nepal fliegen, doch spätestens nach dem ersten Gewaltmarsch auf den ersten Gipfel, fühlt man sich für die nächste Hüftoperation bereit.

Es ist zum Mäusemelken. Entweder wir sind jung und haben Zeit und unsere Gesundheit, aber wenig Geld oder wir gehen arbeiten, verdienen fleißig, haben unsere Gesundheit im Blick, dafür aber keine Zeit oder wir sind alt und haben Zeit und Geld, dafür aber keine Gesundheit und Fitness mehr. Eine der drei Variablen fehlt uns immer. Schlussendlich entsteht so ein permanentes Kämpfen, ein Tauschen, ein Laufen, ein Rennen und Spurten nach dem verlorenen Kapitel, der fehlenden Variable und dem Geheimnis für die Erfüllung all unserer Wünsche. Amerikaner sagen dazu: »Show me how to get laid, paid and fit.« Der Song von Brooklyn Bounce liefert das Motto: *Sex, Bass & Rock'n'Roll,* dazu noch ein volles Bankkonto, ein Sixpack, einen knackigen Hintern und den oder die passenden Partner oder Partnerin dazu, mit denen man die Langeweile unter den Bettlaken überwinden kann.

In solchen Gesprächen frage ich immer nach: »Wofür brauchst du denn mehr Geld?« Wer jetzt denkt, dass die Antworten mit der Inflation, steigenden Preisen, der Globalisierung, höheren Fixkosten oder der Angst vor Opportunitätskosten zu tun haben, der liegt falsch. Die Antworten sind für unsere Zeit so typisch, wie sie nur sein könnten. Im Grunde genommen zielen sie zumeist auf den Wunsch nach mehr Konsum ab. Dann folgt das, was ich ein Markenbombardement nenne. Es wird ein Bombenteppich von Markennamen über meinem Kopf abgeworfen und erklärt, dass man diese brauche. Das alles sei eben nicht ganz günstig. Klar, Konsum kostet, und das nicht wenig. Das hat auch seinen Sinn. Wer viel konsumiert und wenig investiert, wird kategorisch vom Fiskus am stärksten zur Kasse gebeten, während jene, die dem Konsum entsagen können und stattdessen ihr Kapital investieren, auch vom Staat dafür belohnt werden.

Die andere Seite der Medaille sieht hingegen ganz anders aus. Hier höre ich von Existenzängsten. »Was ist, wenn ich meine Miete nicht mehr bezahlen kann? Die ständigen Mieterhöhungen, die hohen Lebensmittelkosten und die steigenden Versicherungsprämien, während das Gehalt nicht permanent steigt – das presst das letzte bisschen Leben aus mir heraus. Was ist, wenn das so weitergeht?« Das ist eine gute Frage! Auch ich kenne diese Existenzängste – sogar heute noch. »Was ist, wenn ich in einem Jahr keine Gehälter mehr bezahlen kann? Was ist, wenn dieser wirklich wichtige Kunde wegbricht?« In einigen Firmen lautet der unausgesprochene Gedanke: Was ist, wenn wir bereits nächsten Monat zahlungsunfähig werden?

Glauben Sie niemals, dass Sie der einzige Mensch sind, der Angst empfindet. Auch finanziell versierte Menschen können Angst haben. Jeder fürchtet sich vor irgendetwas. Die Probleme von Menschen mit wenig Knete sind zwar nicht die gleichen wie die von denen mit viel Geld, aber auch wohlhabende Menschen können finanzielle Sorgen haben. Die Art der Sorgen ist einfach nur eine andere. Die Angst scheint überall auf uns zu lauern und so richtig frei von ihr können wir uns nur selten machen. So ist das eben mit der Angst. Sie ist ein Teil unseres Weges. Naturgemäß ist sie dazu da, damit wir vorsichtig sind, keine zu großen Risiken eingehen und beispielsweise schön brav in den Fond einzahlen. Gleichzeitig hindert sie uns daran, mehr vom Leben zu erwarten und auch einmal Risiken einzugehen. Womöglich ist die Angst jedoch gar nicht das Hauptproblem, denn sie kann man bezwingen und überwinden. Doch was bleibt, ist immer noch ein Stein im Weg zwischen dem Jetzt und dem Ziel. Machen Sie sich dabei eines bewusst: Jedes Problem – sei es finanzieller, beruflicher, privater oder spiritueller Natur – hat irgendein anderer Mensch vor Ihnen bereits gehabt und irgendwie auch gelöst. Der Stein, der uns wirklich im Weg liegt, sind wir selbst.

Im Grunde genommen sind wir alle nur ein paar gute Entscheidungen – sowie einige tausend Stunden Arbeit – entfernt vom großen Glück. Häufig stehen wir uns nur selbst im Weg. In unserer Naivität erkennen wir das jedoch nicht. Oder – was noch schlimmer ist – wir sind zu arrogant, um uns selbst einzugestehen, dass unser Mangel an Kompetenz und Selbstreflexion uns davor schützt, mehr aus unserem Leben zu machen, als die typische Lebensleiter vorsieht – VW Passat, Doppelhaushälfte, zwei bis drei Kinder, ein bis zwei Katzen und die statistischen 1,8 Hunde.

Ein guter Freund aus Studienzeiten singt jeden Abend ein Schlaflied davon. Im Studium sprach er noch von Entrepreneurship, was wir allgemein auch als Unternehmertum bezeichnen dürfen, aber Entrepreneurship klingt einfach so sexy. Sein Traum war eine Reise nach Kuba, eine Safari in Tansania, eine Sushi-Tour durch Japan und das eigene erfolgreiche Start-up-Unternehmen. Heute, einige Jahre später, ist er Vater eines wundervollen Sohnes, verheiratet und lebt in einer Doppelhaushälfte. Er wartet noch auf die Entscheidung seiner Frau bezüglich des Hunds und der Katze. Von den Plänen seines Start-ups ist nichts mehr übrig. Stattdessen arbeitet er in irgendeinem gigantischen Konzerngebilde und versinkt täglich von 9 bis 17 Uhr in irgendeiner Abteilung. Ich fragte ihn, ob er glücklich mit seinem Leben sei. Seine Antwort war weder ein klares: »Ja Mann, mein Leben fetzt« noch ein »Nein, ich bin unglücklich.« Was ich zu hören bekam, ähnelte einer Bloody Mary. Klar, das Leben mit Kind und Frau kann wunderbar sein. Auch die Freuden des Eigenheims sind nicht zu unterschätzen. Wenn nur diese stressigen Phasen nicht wären und auch etwas mehr Geld übrig bliebe. Doch was Glück überhaupt bedeutet, davon scheint mein Freund gar keine richtige Vorstellung zu haben. Was ihm fehlt ist eine Formel für das Glück. Hätte er gewissermaßen eine Glücksformel, könnte er eine valide Aussage darüber treffen, ob die

Variablen der Formel den Erwartungen standhalten, die subjektiv empfundene Realität widerspiegeln und die Wahrheit über diese Welt präzise wiedergeben. Im Grunde genommen brauchen wir alle eine echt coole mathematische Formel, mit der sich der Wahnsinn und das Chaos dieses Lebens ordnen lässt.

Die Formel

Natürlich bin ich nicht der Erste, der an solch einer Formel bastelt. In den letzten 2.000 Jahren haben Wissenschaftler, Philosophen, Anthropologen, Soziologen, Psychologen und andere versucht zu definieren, was das gute Leben ist und wie es sich leben lässt. Wie schaffen wir es, glücklich zu leben? Meine Formel ist nicht in Stein gemeißelt, sondern anpassungsfähig. Ich habe allerdings in den letzten Jahren gemerkt, dass ihre stetige, disziplinierte und beharrliche Anwendung nicht nur zu Erfolg, sondern auch zu Gesundheit und nachhaltig glücklichen Beziehungen führt. Die Formel basiert nicht vollständig auf meinen eigenen Erkenntnissen, sondern auf den Weisheiten vieler. Ich bin ein großer und belesener Fan vieler Fachbereiche, etwa Psychologie, Philosophie, Soziologie, Wirtschaft, Politik und Technik. Die Formel enthält also sowohl Elemente griechischer Philosophie als auch moderne wissenschaftliche Erkenntnisse. Da ich Ihnen keine ungetestete Formel präsentieren möchte, werde ich die Ergebnisse aus eigener Anwendung versuchen bescheiden darzustellen und Parallelen zu anderen Menschen ziehen.

Vielleicht haben Sie sich von diesem Buch Börsentipps oder Ähnliches erwartet und fragen sich jetzt, was eine Glücksformel mit Ihren Finanzen zu tun hat. Ich erachte viele Chancen als gewinnbringend. Wahrer Wohlstand besteht zum Teil aus einem Einkommen, aus Vermögen und Rendite, aber auch andere Themen spielen eine gravierende Rolle. Denken Sie einmal an das Thema Ehe oder die Wahl des richtigen Lebenspartners. Selbst wenn Sie fleißig arbeiten und grandios verdienen, werden Sie kein Glück finden, wenn Ihr Partner Ihr Geld im Überfluss ausgibt und Ihre Verhaltensmuster in Hinblick auf Geld nicht kompatibel sind. Wahres Glück ist also nicht nur ein volles Bankkonto. Die Formel beinhaltet deutlich mehr als das. Ich widme jedem Bestandteil, also jeder Variable der Formel, ein eigenes Kapitel. Die Formel ist leicht verständlich, auch wenn man mit der Mathematik auf Kriegsfuß stehen sollte. Ich möchte sie auch gar nicht Glücksformel nennen, sondern als Formel für Reichtum deklarieren. Warum, das werden Sie gleich sehen.

Reichtum = Wohlstand + Gesundheit
+ positive Beziehungen

Reichtum ist etwas anderes als Wohlstand. Sie kennen sicher den Spruch: Ein gesunder Mensch hat tausend Wünsche, ein kranker hat nur einen. Thomas Fuller schrieb zu dem Thema: »Reich sind nur die, die wahre Freunde haben.« Reichtum ist also deutlich mehr als ein volles Bankkonto.

Den finanziellen Teil der Formel decken wir mit dem Begriff des Wohlstands ab, welchen wir natürlich noch deutlich tiefer beleuchten müssen, denn Wohlstand ist nicht Geld, Rendite oder ein Ferienhaus auf Ibiza. Auch die positiven Beziehungen in unserem Leben sind kein Äquivalent von guten Freunden. Fraglich ist zudem, was das Wort »gut« in diesem Zusammenhang überhaupt bedeutet und wie wir das definieren wollen. Wer glaubt, dass Börsentipps seine Finanzen verbessern und dieser Bereich alles im Leben ins Lot bringt, hat noch nicht verstanden, dass ein Großteil finanziellen Erfolgs abhängig ist von den Beziehungen und Kontakten zu anderen Menschen. Ihr Vermögen wird eben auch durch den Wert Ihres Netzwerkes bestimmt. Und selbst wenn Sie alles Geld der Welt und positive Beziehungen erreicht haben, jedoch todkrank sind, hat Ihnen das alles nichts außer Leid gebracht. Der Mensch, der alle drei Bereiche meistert, darf sich reich nennen. Alle drei Bereiche beeinflussen sich direkt und indirekt.

Allzu oft habe ich gesehen, wie Menschen ein Vermögen erschufen, sich aber bei dem Prozess ihre Gesundheit ruinierten. Am Ende waren es die Nachfahren, die das Geld dann verprasst haben. Genauso häufig erlebte ich, wie sich die Gesundheit von Menschen verschlechterte, weil es ihnen an finanziellen Möglichkeiten für eine entsprechende medizinische Behandlung mangelte. Egal von welcher Seite wir das Ganze betrachten, alle drei Bereiche sind miteinander verbunden und verwoben. Unser gemeinsames Ziel in diesem Buch soll daher das Finden der Formel für diesen ominösen Reichtum sein. Ich möchte Ihnen damit ein weiteres Buch über den Weg zur Million in sieben Schritten und sieben Jahren ersparen.

Verweigertes Wissen

Das Wissen, das Sie mithilfe dieses Buches erwerben können, hätte uns allen bereits in der Schule beigebracht werden müssen. Lassen Sie mich etwas ausholen, um das zu erläutern.

Menschen sind lernende Wesen. Wir eignen uns Wissen auf eine Art und Weise an wie kein anderes Wesen auf diesem Planeten und können es praktisch anwenden, um die Dominanz unserer Spezies zu sichern und zu überleben. Die Zentrale der Wissensvermittlung, wenn man sie denn so nennen will, ist nach wie vor das Schulsystem. Hier erhalten unsere Kinder – und erhielten auch wir eines vergangenen Tages – die Grundlagen für unseren weiteren Werdegang. »In der Schule lernst du für das Leben«, hat zumindest meine Oma immer gesagt. Doch Pustekuchen. Tatsächlich sind viele der schulischen Weisheiten heute überholt, nicht zeitgemäß oder grundsätzlich völlig fehl am Platz.

Unsere Kinder gehen 10 bis 13 Jahre lang zur Schule. Neben den Grundlagen wie Lesen, Schreiben und Rechnen lernen sie im Biologie-Unterricht etwas über die Schnelligkeit der Spaltöffnung einer Seepocke. Respekt! Dieses absolut lebensverändernde Wissen müssen Schüler im deutschen Bildungssystem auswendig lernen, um es bulimisch in einer Klausur wieder auszuspucken. Bereits wenige Stunden später ist das Wissen für immer fort. Ein Bildungssystem, das seine Schüler überwiegend dazu motiviert, Dinge auswendig zu lernen, geht vollkommen an der Lebensrealität vorbei. Wer Daten und Fakten in Zeiten des Internets und damit in einer Welt voller Suchmaschinen noch auswendig lernt, hat vollkommen vergessen, was die eigentliche Kompetenz des Problemlösens ist. Statt Daten wie ein Computer abzuspeichern, sollte es darum gehen, Konzepte zu erlernen und zu verstehen, warum und wie sie funktionieren.

Nachdem wir unseren Kindern jahrelang beigebracht haben, dass sie im Leben weiterkommen, wenn sie gute Noten für das Auswendiglernen und Wiedergeben von Unwichtigem und Nebensächlichem bekommen, schicken wir sie zur Ausbildung und zum Studium. Hier soll das Wissen erweitert und spezifiziert werden. Im Bachelor-Studien-

Ein Bildungssystem, das seine Schüler überwiegend dazu motiviert, Dinge auswendig zu lernen, geht vollkommen an der Lebensrealität vorbei.

gang geht es dann ähnlich weiter wie in der Schule. Im Masterstudiengang mag das etwas anders aussehen. Anschließend landen die jungen Menschen auf dem Arbeitsmarkt. Hier machen sie die Erfahrung, dass sie trotz Abitur, guter Noten und Studium absolut keine Ahnung von der Realität haben. Wundern Sie sich da noch, dass junge Menschen oft kein Selbstvertrauen besitzen? Die ersten zwei bis drei Jahre braucht der junge Mensch im Job erst einmal, um in der harten Realität anzukommen. Zu Recht fragt er sich: »Wofür habe ich eigentlich dieses ganze Zeug auswendig lernen müssen?« Gute Frage!

Nachdem man viel Kaffee gekocht und eine Reise durch diverse Abteilungen der deutschen Behörden, Unternehmen oder anderer Organisationen gemacht hat, steht die Entscheidung an, wie es vorangeht. Weitergehen soll es dann mit Familiengründung, Hausbau, Autokauf und Finanzierung. Über Investitionen in die eigene Zukunft denkt zu dem Zeitpunkt kaum einer nach. Gerade einmal 15 Prozent der Deutschen investieren in Aktien. Für die meisten ist der Begriff Aktie lediglich ein Synonym für Risiko. Lediglich 4,3 Prozent aller Frauen in Deutschland investieren an der Börse. Daran ändert auch die Telekom mit ihrer Volksaktie nichts.

Jetzt, da man arbeitet und schuftet, erhofft man sich Konsum, Eigenheim, Komfort und Anerkennung. Wer da nicht mitmacht, wird sozial geächtet. Etwa 40 Jahre gehen dann bis zur Rente ins Land – mit steigender Tendenz. Im Ruhestand hoffen wir weiter. Wir hoffen, dass wir uns noch viele Jahre in Ruhe, Frieden und Gesundheit an unseren Kindern und Enkelkindern erfreuen können. Für einige funktioniert das leider nicht – manch einer wird mittags leblos in der Küche gefunden oder verstirbt an Krebs. Eine halbe Million Menschen erkrankt in Deutschland jedes Jahr an Krebs. In den USA ist die Quote noch höher.

Diesen ganzen Wahnsinn nennen wir dann »das gute Leben«. »The Good Life«, heißt es auf Englisch. Mr. und Mrs. Goodlife haben aber noch nicht verstanden, dass dieses durchschnittliche Leben weder glücklich noch frei macht. Inneren Frieden kennen beide nicht. Den Durchschnitt verlassen Sie auch nicht durch eine Rolex oder eine Armbanduhr von Patek Philippe. Schon Franz Kafka wusste: »Wer keine Aufgabe im Leben hat, der lenkt sich durch Vergnügungen ab.« Das ist mitunter auch der Grund, warum viele wirklich reiche Menschen eben nicht im Ferrari sitzen. Den Deppen im Ferrari hat Ihnen RTL präsentiert, um Sie glauben zu machen, dass wohlhabende Menschen so leben würden.

Natürlich lernen wir in der Schule alles Mögliche. Doch an Wissen fehlt es uns in der heutigen Welt nicht. Mit der Hilfe von Google oder einer anderen Suchmaschine können Sie jedwede Frage beantworten. Sogar mathematische Fragen, wenn es denn sein muss. Ganze Gleichungen können Sie im Internet für sich lösen lassen. Dennoch heißt es im Abitur nach wie vor: »Lösen Sie die Gleichung nach X auf.« In einer Welt, in der Wissen so schnell zu ergreifen ist, fehlt es hingegen meist an Weisheit. Zwischen Wissen und Weisheit herrscht jedoch ein kolossaler Unterschied. Mangelnde Weisheit führt dazu, dass viele junge Menschen trotz Abitur und Studium oft nichts vom Leben verstehen. Das liegt nicht nur an unserem miserablen Bildungssystem, sondern auch daran, dass wir es uns so schön leicht machen. Auch hier kennen wir einen klugen Spruch aus dem Angloamerikanischen: »The fine life is an easy life.« Das gute Leben sei also ein einfaches Leben. Ob das wohl stimmt? Auf jeden Fall machen wir es uns und unseren Nächsten häufig sehr leicht. In Sparta, der Stadt im antiken Griechenland, die für ihre blutrünstigen Krieger und Soldaten berühmt ist, hieß es: »Harte Zeiten formen starke Menschen, starke Menschen schaffen gute Zeiten, gute Zeiten gebären schwache Menschen, die schwachen Menschen schaffen harte Zeiten.« Also ist doch nicht alles »easy peasy lemon squeezy«, ganz im Gegenteil sogar.

Wir müssen uns im Leben durch eine gigantische Menge von Hoch- und Tiefpunkten navigieren. Die meiste Zeit haben wir dabei das Gefühl, kurz vor dem Kentern zu stehen. Friedrich Nietzsche hatte den Dreh raus, er schrieb: »Hindernisse und Schwierigkeiten sind Stufen, auf denen wir in die Höhe steigen«. Das Leben spielen wir im Einzelspielermodus und die meiste Zeit auf dem höchsten Schwierigkeitsgrad. Und das ist auch gut so. Wenn nämlich alles leicht und locker zu uns flattern würde, würden die Dinge ihren Reiz und ihren Wert verlieren. Das Ganze ist im Endeffekt wie beim Dating. Wenn Männer nicht etwas zappeln müssen, verlieren sie ihr Interesse. Auch Frauen wollen immer das, was sie nicht haben können. Das macht das Streben nach Neuem so attraktiv und reizvoll. Wir Menschen brauchen diesen Kampf. Wir brauchen das Streben nach Mehr, nach einem besseren Morgen, nach mehr Glückseligkeit, Frieden und Sicherheit. Leichtigkeit ist nicht das, was wir brauchen. Leichtigkeit würde uns weder helfen zu wachsen noch unsere Zukunft zu erschaffen. Wir brauchen ein gewisses Maß an Reibung, die Energie in unser Leben bringt. Spätestens im Physikunterricht sollten wir das gelernt haben.

Finanzielle Intelligenz

In der Schule hätten wir noch so einiges mehr lernen sollen. Die meiste Zeit, die wir in unseren Bildungseinrichtungen verbringen oder verbracht haben, erlernen wir etwas, das sich akademische Intelligenz nennt. Dazu gehören Biologie, Chemie, die Mathematik, Geografie und Fremdsprachen. Neben der akademischen Intelligenz besitzen wir aber auch noch eine emotionale Intelligenz, die unser soziales Leben ermöglicht. Emotional intelligente Menschen sind verständnisvoll und einfühlsam, sie sind hervorragende Zuhörer und überlegte Redner. Neben der emotionalen und der akademischen Intelligenz gibt es außerdem noch die finanzielle Intelligenz. Diese erlaubt uns, intelligent mit unseren Ressourcen umzugehen. Dazu gehört einerseits unser Geld, aber auch unsere Zeit, welche die meisten Menschen dazu einsetzen, um ein Einkommen zu generieren.

Diese verschiedenen Formen der Intelligenz habe ich in meinem ersten Buch *Finanzielle Intelligenz* beschrieben. Die Kernaussage dort war, dass Menschen, die finanziell intelligent sind, ein Vermögen aufbauen können. Finanzielle Intelligenz wird uns jedoch in der Schule verwehrt. Das mag daran liegen, dass die meisten Lehrer selbst wenig finanziell intelligent sind. Doch unser Bildungssystem sollte eigentlich ein Interesse daran haben, jungen Menschen beizubringen, wie man seine Ressourcen so einsetzt, dass Mehrwert erschaffen wird, der letztlich der gesamten Gemeinschaft zugute kommt. Stattdessen wird nur die akademische Intelligenz gefördert und erklärt, dass Vermögen gerecht vom Staat umverteilt werden müsse. Das wird dann Solidarität genannt.

Ihr finanzieller Erfolg steigt und fällt proportional mit Ihrer finanziellen Intelligenz.

Ihr finanzieller Erfolg steigt und fällt proportional mit Ihrer finanziellen Intelligenz. Je finanziell intelligenter Sie sind, desto erfolgreicher sind Sie im Umgang mit Ihren Ressourcen. In meinem ersten Buch habe ich für meine Leser den Grundstein zur finanziellen Intelligenz gelegt, während ich mich in diesem Buch darauf konzentriere, den Blick auf die finanzielle Intelligenz zu erweitern und deutlich tiefer in die Materie einzusteigen, um Ihnen zu zeigen, was der Mittelschicht und finanziell schwächeren Haushalten normalerweise verwehrt bleibt. Im Untertitel meines ersten Buch hieß es noch: »Was Sie in der Schule hätten lernen sollen«. Es ging um Grundlagen, das Basiswissen, wenn man es so sehen möchte, welches Ihnen unser Bildungssystem vorenthalten hat. Wer bis zu diesem Zeitpunkt nicht weiß, wie und warum er ein Budget führen sollte, was Verbindlichkeiten, Vermögenswerte oder Cashflow sind, dem empfehle ich, diese Grundlagen nachzuarbeiten. Wer dies praktisch tun möchte, für den eignet sich zusätzlich mein *Arbeitsbuch zur finanziellen Intelligenz.*

Davon ausgehend, dass Sie dieses Basiswissen bereits verinnerlicht haben, möchte ich es hier nun drastisch erweitern. Ich möchte, dass Sie finanziell intelligenter werden.

Bildung =
Akademische Intelligenz +
Finanzielle Intelligenz +
Emotionale Intelligenz

Interessant ist, dass Ihre finanzielle Intelligenz direkt mit Ihrer emotionalen und akademischen Intelligenz zusammenhängt. Sie sollten daher nicht getrennt voneinander betrachtet werden. Ich gebe Ihnen ein Beispiel dafür. Nehmen wir an, Sie wären besonders an historischen Ereignissen und den Geschicken früherer Strategen und Führungspersönlichkeiten interessiert. Häufig werden Biografien von Napoleon, Alexander dem Großen, Helmut Schmidt oder Unternehmern wie Elon Musk oder Steve Jobs empfohlen, um deren Fertigkeiten zu erlernen. Eine Biografie kann Sie jedoch maximal motivieren und inspirieren. Fertigkeiten lehren kann sie Ihnen nicht. Erfolg oder Misserfolg ist zudem häufig ein Umstand zufälliger Ereignisse – auch für diese Menschen. Würden die gleichen Menschen ihre einstigen Taten in der heutigen Zeit noch einmal durchleben, würden sie mit großer Wahrscheinlichkeit scheitern. Von Personen wie Andrew Carnegie, der als reichster Mann aller Zeiten gilt, würden Sie jedoch lernen, dass Sie für Ihre finanzielle Intelligenz mehr brauchen als die besten Börsentipps aller Zeiten. Carnegie würde Sie dazu inspirieren, Ihre Zeit für Literatur zu verwenden, zu lernen fokussierter zu arbeiten, klarer zu denken, sich selbst zu mäßigen und rationalere Entscheidungen zu treffen. All dies wären wertvolle Lektionen auf Ihrem Weg zu einer größeren finanziellen Intelligenz.

Interessieren Sie sich darüber hinaus auch für Staatspolitik und die ökonomische Entwicklung, werden Sie feststellen, dass Staaten in einer Art Rhythmus vom kleinen Staat hin zur Supermacht wachsen, einen Hochpunkt erleben und daraufhin wieder zerfallen. Treffende Beispiele sind hierfür das mongolische Reich, das römische Reich, Ägypten, Babylon, das feudale Japan oder das Reich der Osmanen. Ihr akademisches Wissen und Ihr Interesse an Themen, die über Ihre persönlichen Finanzen hinausgehen, helfen Ihnen also auch, bessere Entscheidungen mit Ihrem eigenen Geld zu treffen. Wer würde schon auf eine absteigende Macht setzen und in sie investieren? Auch Ihr Interesse an philosophischen Themen oder der menschlichen Psychologie unterstützt Ihre finanzielle Situation enorm. Lernen Sie Ihre Gefühle zu kontrollieren und dort rational zu bleiben, wo andere emotional reagieren, das erspart Ihnen viele Sorgen und Geld, beispielsweise am Börsenmarkt. Die Weisheiten früherer Philosophen wie Sokrates, Epiktet, Seneca, Marcus Aurelius, Nietzsche oder Frankl helfen Ihnen dabei, das Leben besser zu verstehen und gleichzeitig durchdachtere Entscheidungen hinsichtlich Ihrer Ressourcen zu treffen. Sie gewinnen eine andere Perspektive auf Ihre Ressourcen und verstehen, dass Ihr Nachbar mit dem Porsche nicht die allwissende Koryphäe ist, die er zu sein glaubt. Sie lernen, alles kritisch zu hinterfragen, und verstehen, dass Ihr Weg dem keines anderen Menschen gleicht.

Es ist daher auch klug, dieses Buch kritisch zu hinterfragen. Nicht alles, was ich schreibe, wird Ihnen helfen.

Häufig fragen mich Leser nach Börsentipps, Investitionen, dem Immobilienmarkt, meiner Meinung zur Gründung eines Unternehmens oder zu digitalen Währungen wie dem Bitcoin. Ich habe hierfür eine Standardantwort, die ich Ihnen mit auf den Weg geben möchte, wenn Sie Literatur wie diese hier lesen oder andere Expertenmeinungen hören und daraufhin bei Ihnen Fragen aufkommen. Ich zitiere gerne den Rat von Marcus Aurelius: »Alles, was du hörst, ist nur eine Meinung. Alles, was du siehst, ist nur eine Perspektive.« Bedenken Sie also, dass alles, was Sie lesen, nur eine Meinung ist, und es selbst zu Statistiken und Studien auch immer eine Gegenstudie gibt. Jede Ansicht, die Sie teilen, sollten Sie dringend hinterfragen. Stellen Sie sich selbst auf die Probe und finden Sie heraus, wie sich Ihre finanzielle Intelligenz dadurch verbessert.

Die finanzielle Intelligenz ist allerdings schwer zu messen. Sie kann nicht in Kapital oder Vermögenswerten gemessen werden. Hier wieder ein Beispiel. Wer ist reicher? Der Mann mit einem Einkommen von 5.000 Euro und 40 Arbeitsstunden pro Woche oder die Frau mit 2.400 Euro Einkommen und einer 4-Stunden-Woche? Auf den ersten Blick verdient der Mann mehr Geld, doch die Frau verdient real mehr, da ihr Zeitaufwand für das Geld geringer ausfällt. Ihr Tauschgeschäft ist finanziell intelligenter. Pauschal können wir daher die finanzielle Intelligenz der Menschen weder durch die Variablen Einkommen, Vermögenswerte, Cashflow noch Rendite messen.

Hinterfragen Sie daher auch die angeblichen Messungen der Eliten. Die Topunternehmen der Welt werden nicht umsonst »Fortune 500« genannt. Das Wort »Fortune« leitet sich vom lateinischen *fortuna* ab, was so viel wie Glück, Zufall oder Schicksal bedeutet. Das heißt, die jetzigen Fortune-500-Firmen werden eines Tages nicht mehr die Spitzenreiter sein. Die meisten Unternehmen, die heute auf dieser Liste stehen, waren vor 30 Jahren noch nicht einmal bekannt. In den kommenden 30 Jahren wird sich daher die Liste wieder entsprechend verändert haben, weil das Glück die meisten heutigen Topunternehmen verlassen haben wird.

Die Intelligenz ist schwer messbar. Auch ein IQ-Wert kann nicht immer zu 100 Prozent eine valide Aussage darüber treffen, wie viel Intelligenz jemand besitzt. Obwohl wir versuchen, unseren FQ (Finanziellen Intelligenzquotienten) zu verbessern, so ist dieser kaum messbar. Nehmen wir den Kanadier David Card als Beispiel. Er erhielt im Jahre 2021 den Nobelpreis im Bereich der Wirtschaftswissenschaften für seine Beiträge zur Arbeitsökonomie. Dass David Card ein gebildeter und kluger Mann ist, steht außer Frage. Card studierte einst selbst an der Eliteuniversität Princeton und lehrt heute dort. Rational gesehen können jedoch zwei Umstände dazu geführt haben, dass Card den Nobelpreis erhielt. Erstens, weil Card besonders intelligent ist und mehr von seinem Fachgebiet versteht als jeder andere, oder zweitens, weil die Nobelpreis-Jury von Cards Fachgebiet überhaupt keine Ahnung hatte.

So kommt es, dass wir Menschen mit besonders viel Bildung, Status, Besitz oder Vermögen häufig als finanziell intelligent darstellen, obwohl sie es gar nicht sind. Meist sind die Wertenden von geringer Intelligenz, da ihre eigene Intelligenz durch die der anderen in den Schatten gestellt wird. Ob die anderen deshalb aber besonders intelligent sind, bleibt offen. Nur weil jemand einst ein Milliardenvermögen verwaltet hat, daraufhin ins Gefängnis kam und heute Binsenweisheiten verkündet, ist er nicht automatisch ein Paradebeispiel für die finanzielle Intelligenz. Ein anderes Beispiel: Wenn Sie mit einem

Barvermögen von 10.000 Euro nach Indonesien auswandern, können Sie dort fürstlich leben. In Deutschland sind Sie mit einem solchen Barvermögen nicht einmal der Durchschnitt.

Der Vergleich = Das Ende des inneren Friedens

Wollen wir finanziell intelligenter werden, sollten wir unsere Fähigkeit zu vergleichen zügeln. Kein Vergleich lässt nämlich eine valide Aussage darüber zu, ob jemand finanziell intelligent ist oder ob wir es nicht sind. Der Ratschlag »Wenn du lernen willst, wie du reich wirst, dann lerne von den Reichen« ist daher falsch. Viele wohlhabende Menschen erklären, dass der Rat Ihrer Eltern oder Ihrer Großeltern sie zu finanziell intelligenten Entscheidungen geführt habe, obwohl die Großeltern oder Eltern überhaupt nicht vermögend waren.

Wenn Sie in Ihrem Leben zu viele Positionen miteinander vergleichen, vergessen Sie das Handeln. Vergleichen Sie Ihr eigenes Leben, Ihren Wohlstand, Ihren Status und Ihre Position mit Dritten, werden Sie niemals glücklich. Sie bauen womöglich ein Vermögen auf, da Sie die Angst treibt, unwichtig zu sein und keinen signifikanten Platz in der Gesellschaft zu haben. Das Glück finden Sie durch dieses Vermögen jedoch nicht. Spätestens wenn Sie Ihr Ziel erreicht haben, bemerken Sie, dass der Wohlstand Sie zu viel gekostet hat. Der Preis waren Ihre Gesundheit oder Ihre Beziehungen. Sobald Sie sich vergleichen und sich sagen: »Das, was er hat, will ich auch«, haben Sie verloren. Ist das eine intelligente Verwaltung Ihrer Ressourcen? Wohl kaum. Der Ratschlag sollte daher etwas präziser werden und stattdessen lauten: »Wenn du Wohlstand aufbauen möchtest, lerne von all jenen, die durch den gleichen Einsatz bereits erreicht haben, was du zu erreichen gedenkst.«

Das Problem ist, dass die wenigsten Lehrer finanziell intelligent sind oder auch nur den Funken einer Ahnung von

Investitionen, Unternehmensgründungen, Steuern, Gesellschaftsrecht oder Networking besitzen. Logischerweise kann ein Schulkind seine Lehrer über diese Themen nun nicht mit Fragen löchern. Ist der Lehrer hingegen so eitel, dass er glaubt die Antworten dennoch zu kennen, so wird das Schulkind nur eine verzerrte Meinung bekommen, statt durch Fachwissen geschult zu werden. Das Ergebnis sehen wir an den deutschen Schulen. Als ich Abitur machte, bekannte sich ein Großteil der Lehrerschaft offen dazu, sozialistische und sozialwirtschaftliche Ansichten zu vertreten. Nach ein paar Jahren der Indoktrination plappern dann die jungen Sprösslinge den gleichen Käse nach, ohne jemals verstanden zu haben, dass es eine soziale Marktwirtschaft in der Realität gar nicht gibt, sondern das Ganze nur ein Konzept ist. Jungen Menschen wird eine verzerrte akademische Bildung vermittelt, die nur sehr selten Spielraum für Entfaltung ermöglicht und über den Tellerrand hinausblickt.

Erfolg macht unglücklich

Die wenigsten jungen Menschen machen sich viele Gedanken darüber, was sie nach der Schule wirklich wollen. Fragt man sie danach, ist die Antwort oft: »Ich will Erfolg haben.« Doch was ist Erfolg? Ein Sportwagen, ein Haus, finanzielle Unabhängigkeit, Gesundheit oder doch alles zusammen? Fragen Sie die gleichen Menschen, einige Jahre nachdem sie die Schule beendet haben, noch einmal, erhalten Sie deutlich andere Antworten. Einige haben dann schon beschlossen, dem Trott zu folgen und als kleiner Fisch brav mit dem Strom zu schwimmen. Mit Mitte 20 ist das Einfamilienhaus geplant – trotz gigantischer Preise. Die Kinder für die Republik sind auch schon auf dem Weg und der angeblich sichere Arbeitsplatz wird gefeiert. Jene, die sich gegen diesen Strom auflehnen, um etwas völlig anderes zu machen, sparen nicht für das Eigenheim und haben auch noch keine Kinder auf dem Plan. Stattdessen heißt das Ziel: Erfolg. Dieses Ziel ist so absurd, dass wir das Wort eigentlich gold umranden müssten. Doch warum? Das Problem mit dem Erfolg ist, dass er uns unglücklich macht.

Deutlich wird dies bei den Misswahlen. Sei es Miss Germany, Miss Universe oder Miss Was-weiß-ich-denn. Im Finale angekommen weint immer die Siegerin. Obwohl die meisten ihrer Tränen unecht sind, so fließt doch hin und wieder auch eine echte Träne über die Wange. Die Schminke ist natürlich wasserfest, denn sie muss das ganze Spektakel aushalten. Die Siegerin weint und der zweite Platz applaudiert der Siegerin zu und lächelt. Klar, denn für sie geht das Spiel in die nächste Runde. Nächstes Jahr wird der zweite Platz nämlich wieder mit dabei sein und über den Laufsteg stolzieren. Das tut die junge Dame so lange, bis sie auch dort oben auf dem Siegertreppchen steht und weint. Doch warum weinen sie? Die echten Tränen entspringen dem Wissen, dass jetzt alles vorbei ist. Das Ziel ist erreicht. Der Erfolg ist da. Jetzt geht es nicht weiter. Man hat alles erreicht. Miss Germany hatte während der ganzen Zeit ihre Freude. Jetzt am Ende angekommen, ist die Freude dahin. Sie weicht der Langeweile und der Ohnmacht. Was jetzt? Wer sich jetzt nicht schnell wieder aufrappelt, alles hinter sich lässt und sich neue Ziele sucht, der fällt in ein tiefes Loch.

So ist das mit dem Erfolg. Er macht uns unglücklich. Schon Konfuzius wusste: »Der Weg ist das Ziel.« Denn im Leben gibt es kein Ankommen. Auch mit Ihren Finanzen nicht – es gibt immer noch einen Euro oder Dollar zu verdienen. Es wird immer noch ein weiteres interessantes Investment geben. So etwas wie »genug« existiert nicht. Auch »zu

Denn im Leben gibt es kein Ankommen.

wenig« gibt es nicht. Es gibt nur die Menschen, die mit den verfügbaren Ressourcen nicht umgehen können, und welche, die finanziell intelligent sind und es doch können.

Achten Sie darauf, dass Ihr Weg zu Wohlstand mit interessanten Themen gepflastert ist. Ihre Begeisterung für was auch immer Sie tun, ist wichtiger als das Erreichen des Ziels. So etwas wie das perfekte Investment oder den Traumberuf gibt es einfach nicht. Sobald Sie das Investment Ihrer Träume abgeschlossen haben oder glauben, Ihren Traumberuf gefunden zu haben, verschließen Sie sich vor allen Möglichkeiten, die Sie mit dem derzeitigen Investment oder Beruf nicht wahrnehmen können. In der Betriebswirtschaft spricht man auch von Opportunitätskosten. Wer in die Berge fährt, kann nicht am Strand sein. Wer einen Sportwagen fährt, kann nicht im Wohnwagen sitzen. Wer schläft, kann nicht wach sein. Jede Ihrer Entscheidungen im Leben negiert den Rest aller Möglichkeiten. Das ist auch gut so. Denn am Ende ist unsere Entscheidungsfähigkeit eine der wesentlichen Säulen, die unser Leben stützt und uns weiterbringt.

Jede Ihrer Entscheidungen im Leben negiert den Rest aller Möglichkeiten.

Es ist fast sträflich, jungen Menschen heutzutage in der Schule beizubringen, dass sie nur mit guten Noten einen guten Job bekommen werden. Die Wahrheit ist, dass ihre Noten kaum einen Einfluss auf die Qualität ihrer zukünftigen Arbeit haben. Auch die Auswahl des Berufes ist davon unabhängig. Was sie zehn Jahre nach ihrem Schulabschluss machen werden, können sich junge Menschen heute gar nicht vorstellen. Wo Sie noch vor 200 Jahren einen von 500 verschiedenen Berufen auswählen konnten, gibt es heute Hunderttausende verschiedene Berufe, zwischen denen es sich zu entscheiden gilt. Unter diesen gibt es *den* richtigen Beruf genauso wenig wie *den* perfekten Arbeitgeber. Vor knapp 150 Jahren existierte nur ein Bruchteil der heutigen Investitionsmöglichkeiten. Heute können wir unser Geld in fast alles stecken. Mit dem Anstieg der Möglichkeiten wird jedoch die Entscheidung für uns schwerer.

So entsteht leicht etwas, das wir Entscheidungsträgheit nennen. Wir haben zu viele Möglichkeiten und wählen daher häufig das aus, was uns auf den ersten Blick am attraktivsten erscheint. Dabei kennen wir die Opportunitätskosten, die wir in Kauf nehmen, nicht. Wir können sie auch nicht berechnen, geschweige denn vollständig erfahren. Wir erfahren nicht, was hinter dem Horizont liegt, blicken jedoch nach rechts und links auf die Leben der anderen. Die anderen scheinen immer mehr Geld, bessere Leben, aufregendere Beziehungen und schönere Dinge zu besitzen. In Wahrheit aber schauen auch diese Menschen sich nur um und fragen sich, ob sie auf dem richtigen Weg sind. Obwohl wir in unserer dualistischen Welt immer wählen, gibt es dennoch so etwas wie das Richtige oder das Falsche gar nicht. In Wahrheit ist der Beruf für Ihre finanzielle Intelligenz unwichtig. Ihre Noten sind nach der Schulzeit für Ihre Investitionen nicht von Bedeutung. Wichtig ist nur, dass Sie Einkünfte für eine Arbeit beziehen, bei der Sie sich regelmäßig verbessern wollen, um herausragende Qualitäten zu erzielen. Auch das perfekte Investment mit der höchsten Rendite gibt es nicht. Es gibt immer noch ein besseres Investment. Was zählt ist, dass finanziell intelligente Menschen regelmäßig investieren und ihr Geld vor dem Konsum zum Arbeiten schicken. Kontinuierliches Investieren führt zu mehr Wachstum als einige einmalige Investments.

Ein großes Problem unserer heutigen Zeit ist das sogenannte Shiny-Object-Syndrom. Dieses wird fast wie eine Art Krankheit definiert. Wer unter dem Shiny-Object-Syndrom leidet, glaubt, dass er immer noch etwas Besseres und Schöneres braucht, um glücklich zu sein. Diese Menschen wechseln permanent den Arbeitgeber oder den Beruf, weil sie meinen, dass es noch bessere gibt. Sie lesen einen Börsenratgeber nach dem anderen, weil sie die *richtige* Aktie finden wollen, die sie reich machen wird. Sie kaufen sich eine teure Uhr, um danach nach der nächst teureren Uhr zu streben. Im Grunde sind es Menschen, die nur nach der nächsten Enttäuschung suchen, um sich dann ihre eigene Meinung selbst zu bestätigen. Nach dem Motto: »Ich habe ja gleich gesagt, dass das nichts wird.« Solche Leute gibt es auch unter Selbstständigen. Sie gründen ein Unternehmen nach dem anderen, um sich selbst Serial-Entrepreneur zu nennen und zu bestätigen, dass Fehlschläge zur Selbstständigkeit dazugehören. Wer unter dem Shiny-Object-Syndrom leidet, findet kein Glück, sondern nur das Unglück.

Das Erreichen jedweden Ziels wird Sie niemals glücklich machen. Auch der finanzielle Erfolg macht uns nur sehr selten wirklich glücklich. Das Glück stellt sich zwar meist kurzfristig ein, verpufft jedoch nach einer kurzen Zeit wieder. Auch der Glaube daran, dass Erfolg all Ihre Probleme lösen wird, ist eine Fata Morgana. Es ist eine Täuschung. Fragt sich nur, wer uns täuscht? An dieser Stelle könnten wir behaupten, dass unser Bildungssystem eine Täuschung sei und nur darauf abziele, brave Steuerzahler zu produzieren, die dem System dienen. Schließlich wurden ja auch die Bildungspolitik und deren Inhalte durch das System und die Regierung vorgegeben. Das Bildungsministerium ist lediglich ein verlängerter Arm des Systems.

Mag sein, dass Erfolg das unausgesprochene Ziel für junge Menschen ist – ein guter Job, ein ordentliches Gehalt, ein tolles Haus, eine Familie, Kinder und ein 5er BMW in der Einfahrt. Dennoch obliegt es jedem Menschen selbst, Illusionen und Täuschungen zu erkennen und für seine eigene finanzielle Intelligenz zu sorgen. Trotz all dieser zunächst einmal katastrophal klingenden Nachrichten, gibt es auch gute Nachrichten für uns. Der Neurologe und Psychiater Viktor Frankl, der im Konzentrationslager unvorstellbare Qualen erlitt und seine gesamte Familie verlor, schrieb: »Die letzte der menschlichen Freiheiten besteht in der Wahl der Einstellung zu den Dingen.« Sie haben also die Wahl – trotz standardisierter Bildungspolitik und Gleichmacherei. Sie können einen eigenen Weg wählen und Ihre Freiheit selbst ausleben. Das ist die gute Nachricht. Auch wenn wir in der Schule keine finanzielle Intelligenz ausbilden, haben wir alle die Möglichkeit, sie außerhalb der Schule zu erwerben und unser Leben lang zu verbessern.

Wenn uns das Erreichen unserer Ziele nun aber nicht glücklich macht und Erfolg auch nicht unser Ziel sein sollte, wofür sollen wir dann überhaupt nach ihm streben?

Gleichgültig gegenüber dem Ergebnis

Auch hier könnten wir wieder Konfuzius zu Rate ziehen. Es ist der Weg, nicht das Ziel. Am Investieren beispielsweise darf Sie eben nicht das Ergebnis faszinieren, sondern die Tat selbst. Wer das nicht versteht, möge bitte an das Küssen denken. Ist der erste Kuss oder die Erinnerung an ihn schöner? Die Tat selbst ist immer das höhere Gut für uns.

Komischerweise habe ich die Erfahrung gemacht, dass sich finanzieller Überfluss besonders dann einstellt, wenn einem das Ergebnis gleichgültig ist. Solange ich meine Lebenserhaltungskosten tragen und einen guten Überschuss investieren konnte, war es mir immer relativ egal, wie viel Geld ich verdiente. Je unwichtiger mir das Ergebnis wurde, desto mehr verdiente ich. An diesem Paradoxon knabbere ich immer noch. Womöglich liegt es daran, dass ich

Wahrer Erfolg ist das, was folgt, wenn wir uns selbst folgen.

mich so mehr auf die eigentliche Arbeit und das Investieren konzentrieren kann, statt auf das Ergebnis, das ich zu erzielen versuche.

Herausragende Taten produzieren ganz von allein herausragende Ergebnisse. Konzentrieren Sie sich also darauf, stetig zu wachsen und Ihre finanzielle Intelligenz zu steigern. Wahrer Erfolg ist das, was folgt, wenn wir uns selbst folgen. Sobald wir uns darauf konzentrieren, finanziell intelligenter zu werden, steigen unser FQ, unsere finanziellen Möglichkeiten und unser Wohlstand.

Erfolg = Das, was folgt, wenn wir uns selbst folgen

An Ihrer finanziellen Intelligenz können Sie bereits in der Schulzeit neben Ihrem Unterricht arbeiten, im Studium neben den Vorlesungen oder im Arbeitsleben neben Ihrer Arbeitszeit. Ziele sind im Leben wichtig, doch häufig sind sie für uns nur eine Deadline am Ende des Horizontes, den wir zu erreichen versuchen. Wenn wir erst einmal dort angekommen sind, bemerken wir, dass es wieder einen anderen Horizont am Himmel gibt. Wer sich immer neue Ziele setzt, kommt zwar voran, aber erreicht niemals das Ende. Meist entwickeln wir uns so schnell auf dem Weg zu einem Ziel, dass wir am liebsten neue Ziele entdecken würden. Das alte Ziel ist nun langweilig geworden und der Horizont verschiebt sich für uns weiter. Das liegt nicht nur daran, dass es im Leben kein Ankommen gibt, sondern auch daran, dass das Leben einen einzigen Zweck verfolgt – es will gelebt werden. Die Reise ist wichtiger als das Ziel. Sie sollten sich deshalb darüber klar sein, was Sie zu erreichen gedenken. Daraufhin sollten Sie sich aber, so schnell es geht, an die Tat selbst machen. Diese ist es nämlich, die Sie erfüllen soll, die Ergebnisse produziert, die Kunden glücklich macht, die unsere Welt voranbringt, Freude macht, die zu Ihrer Entwicklung beiträgt und Sie lernen lässt.

Ich vermag Ihnen nicht beizubringen, wie Sie in sieben Jahren zum Millionär werden. Ich halte solche Versprechen auch für Unfug und die Versprechenden für Scharlatane. Ich kann Ihnen aber beibringen, ein erfülltes und reiches Leben zu führen, in dem Sie Ihre finanzielle Intelligenz weiterentwickeln und auch zu finanziellem Wohlstand finden, indem ich Ihre Perspektive ändere. Dabei ist mir das Ergebnis unbekannt und ehrlich gesagt auch völlig egal. Es gibt im Leben keine Checkliste. Jedes Leben verläuft auf einem anderen Weg und ähnelt dem anderen nur selten. Einen Erfolgsgaranten gibt es nicht, zumindest nicht, solange Sie sich nicht selbst folgen. Wie dieser Erfolg dann wohl aussehen mag, kann keiner sagen. Wo Sie im Leben ankommen, spielt auch gar keine Rolle. Am Ende wartet auf Bauern und Könige die gleiche hölzerne Box. Das Einzige, was zählt, ist, dass Sie Ihren Weg gehen.

Am Ende wartet auf Bauern und Könige die gleiche hölzerne Box.

Meine Überzeugung ist nicht, dass das Leben keinen Sinn hat, auch wenn ich das Ergebnis für irrelevant halte. Wichtig ist, dass wir lernen, wachsen, uns entwickeln, neue Dinge, Produkte und Leistungen erschaffen, diese anbieten und die Welt mitgestalten. Wenn wir dann eines Tages diese Welt verlassen, haben wir einen guten Beitrag geleistet. Wie hoch dieser Beitrag ist, liegt an Ihnen. Je höher dieser Beitrag war, desto mehr haben Sie verdient. Das Geld mitnehmen können Sie dennoch nicht.

Das Warum erträgt jedes Wie

Friedrich Nietzsche schrieb: »Wer ein Warum zum Leben hat, der kann fast jedes Wie ertragen.« Stellen wir uns also gleich zu Beginn einmal die Frage: Warum eigentlich das Ganze?

Wofür all das Geld verdienen, wenn Luxus, Komfort und Materialismus doch eigentlich nur Ihrem Ego dienen und die Lust nach Aufmerksamkeit und mehr Sex stillen soll. Das ist gar nicht zynisch gemeint, sondern eine Frage, die wir uns sehr neutral stellen sollten. Wenn unser Warum, das uns zu mehr Geld, Wohlstand oder Kapital führt, ein Treiber unseres Egos ist, haben wir vor dem Start bereits verloren. Wie der Vortragsredner Dieter Lange sagen würde: »Sieger erkennt man am Start, Verlierer aber auch.«

Jedes Vermögen hat einen Kunden. Dieser Kunde, wie ich ihn nenne, ist aber kein zahlender Kunde im eigentlichen Sinne. Der Kunde ist der Mensch oder die Organisation, für den oder die Sie das alles tun. Wenn Sie am Ende Ihres Lebens angekommen sind und Wohlstand aufgebaut haben, stellt sich die Frage, was mit diesem Wohlstand nach Ihrem Abschied geschehen soll. Die Erben lechzen danach und der Fiskus berechnet schon die Erbschaftssteuer. Das Ganze kann eine tragische Wendung nehmen, sollten wir unseren Wohlstand nicht für unseren Kunden geschaffen haben.

Wenn Sie heute einen Unternehmer nach seinen Kunden fragen und er Ihnen das typische Gerede der Marketingabteilung herunterbetet und erklärt, dass der Kunde zwischen 30 und 40 Jahre alt sei, braune Haare habe und einen Toyota fahre, haben Sie es nicht mit einem Unternehmer zu tun, sondern mit einem Freiberufler. Ein Unternehmer hingegen weiß, dass sein Produkt nicht die Leistung seines Unternehmens ist, sondern sein Unternehmen selbst. Dieses wird er eines Tages verkaufen oder an seine Erben weiterreichen. Möglicherweise stampft er es auch vorher ein. Der Kunde des Unternehmers ist sein Nachfolger. Auch wenn Sie kein Unternehmer sind, stellt sich Ihnen die Frage: »Wer ist mein Kunde?« Wer ist Ihr Nachfolger, an den Ihr Wohlstand übergeben werden soll?

Schon in meinem ersten Buch *Finanzielle Intelligenz* stellte ich die Bedeutung des Warums für Ihren Wohlstand heraus. Die meisten Menschen schöpfen ihr volles finanzielles Potenzial nie aus, da sie diese Frage nicht genauestens beantworten können. Die meisten wollen sich nicht eingestehen, dass sie dem Wohlstand nachjagen, um Eindruck zu schinden, Aufmerksamkeit zu erlangen, sich darzustellen und durch Konsum und Luxus auch zu aufregenderen Zeiten voller Urlaub, Sex und Party zu gelangen. Ist das der Fall, hat Ihr Wohlstand keinen Nachfolger. Er dient keinem Zweck. Die oberste Regel mit Ihrem Geld lautet allerdings: »Jeder Cent braucht einen Zweck.« Ist Ihr Verlangen nach Wohlstand durch Ihr Ego getrieben, mögen Sie es vielleicht zu Wohlstand bringen, doch der Preis dafür wird Ihr Leben sein.

»Jeder Cent braucht einen Zweck.«

Vor vielen Jahren starb mein guter Freund Fred, der mir vor seinem Tod die Frage stellte: »Wofür habe ich das alles nun, wenn es mir doch nicht geholfen hat?« Vom Krebs zerfressen, halfen ihm auch der Lamborghini und der Porsche nicht. Zum Ende hin schien er verlorener, als er noch auf dem Weg zu größerem Kapital war. Seinen Kindern hinterließ er ein achtstelliges Vermögen. »Du weißt, dass es deinen Kindern an nichts mangeln wird«, sagte ich ihm. Da lachte er mich nur aus und sagte: »Die beiden sind clever, aber spätestens ihre Kinder werden das ganze Geld versaufen und verspielen«. Tatsächlich ist es die zweite und dritte Generation der Erben, die ein jedes Vermögen vernichtet, falsch verwaltet, falsch oder gar nicht investiert oder auf den Kopf haut. Eine deutsche Weisheit dazu: Der Vater erstellt es, der Sohn erhält es, beim Enkel zerfällt es. Laut einer Studie gelingt es nur 4 Prozent aller Unternehmerfamilien weltweit, über drei Generationen das Vermögen zu erhalten.

Wenn Sie einen nachhaltigen und ehrlichen Grund für Wohlstand suchen, schalten Sie Ihr Ego aus, gehen Sie streng mit sich selbst ins Gericht und klären Sie, wer Ihr Kunde ist. Eltern fällt es häufig sehr leicht, eine finanzielle Motivation zu finden, da die Liebe zu ihrem Kind oder ihren Kindern unermesslich ist. Das Beste, was Sie jedoch weitergeben können, ist Ihre finanzielle Intelligenz. Wird diese fortbestehen, wird der Wohlstand auch noch in Generationen weiterentwickelt werden. Geld macht Sie nicht reich. Das Wissen aber, das Sie dazu erhalten, nährt den Boden für Wohlstand.

Der Vorteil finanziell intelligenter Menschen

Es sollte nun mittlerweile klar geworden sein, dass finanziell intelligente Menschen nicht nur wohlhabender sind, sondern das große Ganze durchschauen. Finanziell intelligente Menschen neigen nicht immer dazu, der Millionär in der Zeitung zu sein. Die meisten von ihnen sind eher zurückhaltend, sparsam und investieren ihr Geld klug. Sie sind an dem Wachstum ihres Charakters und der Zukunft interessiert. Dafür lernen sie lange, noch nachdem sie die Schule verlassen haben. Finanziell intelligente Menschen sind Leseratten, Seminarbesucher und die fragende Mehrheit, selbst wenn es so aussieht, als ob sie bereits alles wüssten. Dies liegt vor allem daran, dass sie verstanden haben, im Grunde genommen nur einen sehr kleinen Teil eines gigantischen Bildes zu sehen und es immer noch mehr zu entdecken und zu lernen gibt.

Wer finanziell intelligenter werden will, muss in erster Linie verstehen, dass er selbst für sich das größte Hindernis ist. Zahlreiche populäre Menschen, vor allem junge Menschen, regen heutzutage dazu an, sein Ego zu entfalten, sich besonders wichtig zu nehmen und seinen Status zu erhöhen. Zum

Thema Status werde ich mich im Verlauf dieses Buches noch ausführlicher äußern. Zunächst sei gesagt, dass dies nicht nur finanzieller Wahnsinn ist, sondern auch von einem schwachen Charakter zeugt. Wer finanziell intelligenter werden möchte, erkennt, dass es noch viel zu lernen gibt. Trotz wachsendem Vermögen, der kontinuierlichen Verbesserung der eigenen Gesundheit und dem stetigen Investieren in positive Beziehungen wissen finanziell intelligente Menschen, dass es für sie kein Ankommen gibt, der Weg wichtiger als das Ziel ist und Wissen neue Chancen schafft. Tief in ihrem Herzen wissen sie, dass Wohlstand keinen Reichtum schafft und ihr Leben nicht vollkommen ist, solange sie ihre Gesundheit und ihre Beziehungen vernachlässigen. Wer finanziell intelligenter werden möchte, muss alle drei Bereiche der Formel für sich erarbeiten, verstehen und eine klare Vorstellung davon haben, welche Taten alle drei Bereiche seines Lebens verbessern werden (siehe Abbildung 1).

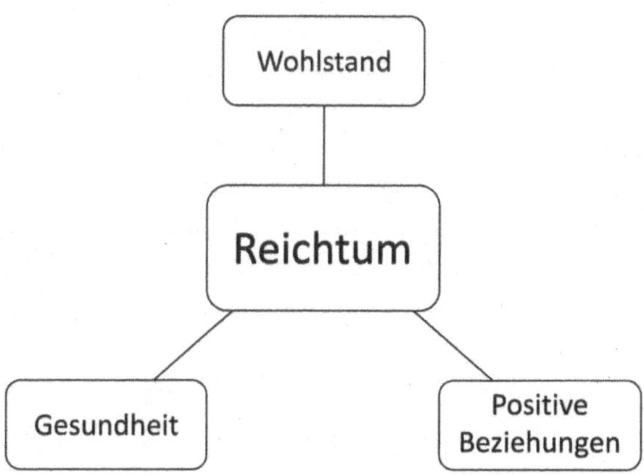

Wer alle diese drei Bereiche vollständig und klug meistert, darf sich wahrhaft reich nennen. Doch Reichtum erfordert die kontinuierliche Arbeit an sich selbst, seinen Finanzen, seinen Beziehungen zu anderen und der eigenen Gesundheit. Wer diese

Arbeit nicht investiert, kann die Vorzüge der finanziellen Intelligenz niemals für sich in Anspruch nehmen. Das Ergebnis ist ein träges Leben in Ohnmacht und Chancenlosigkeit. Die meisten Menschen führen ein solches Leben. Die allerwenigsten werden jemals finanziell intelligent werden.

Wir können für diesen Umstand einen Schuldigen suchen und die Verantwortung von uns weisen. Unser Schulsystem hat uns die finanzielle Intelligenz vorenthalten. Vielleicht haben auch unsere Eltern uns nicht das nötige Know-how mit auf den Weg gegeben – womöglich, weil sie es selbst nicht besser wussten. Doch wir sind für unser Leben selbst verantwortlich und dürfen keine Zeit damit verschwenden, über Schuldige oder Übeltäter nachzudenken. Wir müssen das fehlende Wissen aufarbeiten, uns an die Arbeit machen, fleißig lernen, handeln und finanziell intelligenter werden. Ich applaudiere all jenen, die sich auf diesen Weg gemacht haben.

Unter uns sei gesagt, dass wir diesen Weg niemals verlassen werden, solange wir vorhaben, ein außergewöhnlich gutes Leben zu führen. Wer dazu bereit ist, den wollen wir mit auf diese Reise nehmen. Wer über unsere Ambitionen lacht und sie für unsinnig hält, möge sich doch weiterhin an die Pläne der Bildungspolitik halten und im Durchschnitt versauern. Für den Rest soll hier der Weg beginnen oder fortgeführt werden, finanziell intelligenter zu werden.

TEIL I

Wohlstand

»Eine Sache, die man am Theater sehr schnell lernt, ist, dass die Leute insgesamt zufrieden sind, wenn den Reichen übel mitgespielt wird. Der Grund dafür liegt natürlich in der Tatsache, dass neun Zehntel der Menschen auf dieser Welt arm sind und dem restlichen Zehntel seinen Wohlstand insgeheim übelnehmen.«

Charlie Chaplin

Bevor wir uns missverstehen: Niemand will, dass Sie zu Wohlstand gelangen. Ihre Freunde wünschen Ihnen, in den meisten Fällen, maximal nur so viel, wie sie selbst besitzen. Auch der Staat und die Bildungspolitik haben kein Interesse daran, dass Sie wohlhabend werden. Wer zu viel Geld verdient, hat meistens Möglichkeiten und damit auch die Macht, Einfluss auf das System auszuüben. Der Fiskus findet Ihren Wohlstand nur dann toll, wenn er Sie besteuern kann, und das wird er. Und wie er das wird! Darüber hinaus ist es vielen ein Dorn im Auge, dass Menschen, die zu Wohlstand gekommen sind, diesen Wohlstand auch zeigen. Meist denken wir dabei nur an Neider und Intriganten, doch gibt es auch noch jene, die skrupellos sind und Ihnen wegnehmen wollen, wofür sie gearbeitet und gekämpft haben. Denken Sie dabei ruhig an jegliche Form der kriminellen Energie. Wir mögen im Fernsehen zwar die reichen Stars und glamourösen Figuren sehen, doch aus einem guten Grund sehen wir den Personenschutz und die Sicherheitsmaßnahmen nicht. Es kommt nicht von ungefähr, dass besonders wohlhabende Menschen häufig niemals allein reisen. Es läuft immer eine Schar an Mitarbeitern und Sicherheitspersonal mit. Die Welt wird nicht durch Gier korrumpiert, sondern durch Neid.

Wenn Sie sich auf Ihren Weg zu mehr Wohlstand machen oder bereits auf diesem sind, so sollten Sie sich im Klaren darüber sein, was der Wohlstand für Konsequenzen mit sich bringt. Was in den Medien häufig nur als glitzernd und exklusiv dargestellt wird, fordert im wahren Leben auch seinen Preis. Ein Bekannter, den ich genau aus diesem Grund hier nicht weiter benennen darf – nennen wir ihn einfach Peter –, musste dies selbst leider erfahren. Peter hatte es zu einem großen Vermögen gebracht und lebte recht luxuriös mit seiner Familie. Eines Nachts kamen vermummte Einbrecher in sein Haus und entwendeten den Porsche, Bargeld, Uhren und Schmuck, nachdem sie ihn, seine Ehefrau und Tochter mehrfach geschlagen und geknebelt hatten. Die Täter konnten zwar gefasst werden, doch Peter stellte sein ganzes Leben daraufhin um. Er verkaufte das Haus, zog um, fuhr nun ein unauffälliges Mittelklasseauto, trug andere Kleidung, ließ ein Sicherheitssystem in sein Haus und sein Auto einbauen und unternahm noch weitere Maßnahmen für die Sicherheit seiner Familie. Peter ist nach wie vor wohlhabend, doch nicht mehr der gleiche Mann, der er einst war. Für dieses Buch gab er mir Folgendes mit auf den Weg: »Wohlstand verpflichtet mehr, als die meisten ahnen. Sei finanziell intelligent und mach dir dies vom ersten Tag an bewusst.«

Häufig wird dieser Umstand in der Literatur zum Thema Wohlstand vollständig ausgelassen. Diesen Fehler möchte ich nicht machen. Wohlstand wird viel zu oft mit Status verwechselt und zumeist wird nicht über seine unangenehme Seite gesprochen. Das mag Marketinggründe haben. Die »Ich mach dich reich und sexy«-Branche will schließlich vermeiden, dass ihre Illusion verpufft oder ihre Anhänger Angst bekommen.

Wohlstand ist kein Status

Die meisten Menschen haben nur eine sehr vage Vorstellung davon, was es bedeutet, wohlhabend zu werden. In ihren Gedanken bedeutet Wohlstand ein besseres Auto, ein schickeres Haus, Luxus und exklusive

Wahrer Wohlstand verdient Ihr Geld, wenn Sie schlafen.

Partys. Männer denken dabei an schöne Frauen und mehr Sex. Frauen verbinden mit Wohlstand Aufmerksamkeit, Exklusivität und Signifikanz. Geld erscheint vielen Menschen als die einzige Möglichkeit, um ihre derzeitigen Probleme zu lösen. Doch Wohlstand ist kein Status!

Wahrer Wohlstand verdient Ihr Geld, wenn Sie schlafen. Das mag eine kühne Aussage sein. In der Finanzliteratur wird diese Idee in den letzten Jahren mehr und mehr propagiert, meist in Verbindung mit passivem Einkommen. Menschen, die das schnelle Geld suchen und zu einem größeren Status gelangen wollen, horchen da natürlich auf. »Passives Einkommen? Geld, für das ich gar nicht arbeiten muss? Das ist ja mal der Oberhammer. Wo muss ich unterschreiben?« Doch bei genauerem Hinsehen wird schnell klar, dass die Versprechungen doch nicht so sexy sind und es Fleiß, Disziplin, Beharrlichkeit und ein außerordentlich gutes Urteilsvermögen braucht, um ein solides passives Einkommen aufzubauen. Zu diesem Zeitpunkt sind die meisten wieder von diesem Zug abgesprungen. Dass der Zug aber tatsächlich Richtung Wohlstand fährt, haben sie übersehen. Die Strecke war einfach zu lang.

Wohlstand ist etwas, das wir erreichen können. Wohlstand ist ein Vermögenswert, der nachts, wenn Sie schlafen, für Sie arbeiten kann. Wohlstand ist die Fabrik, in der Roboter für Sie arbeiten. Wohlstand ist das Computerprogramm oder die App, die nachts anderen Menschen dient und damit für Sie arbeitet. Wohlstand ist Geld auf der Bank, das reinvestiert eine Rendite für Sie erzielt. Wohlstand sind also Vermögenswerte, die für Sie arbeiten und Geld verdienen. Geld hingegen ist nur ein Tauschmittel, so wie Zeit eben auch. Status wiederum ist Ihr Platz in der sozialen Hierarchie.

Wohlstand ≠ Geld ≠ Status

Machen Sie niemals den Fehler, die drei Variablen miteinander zu verwechseln. Menschen, die es zu viel Geld gebracht haben, glauben meist, dass sie nun wohlhabend seien. Das ist jedoch völliger Unfug. Sie sind weder wohlhabend noch reich. Sie haben nur die Möglichkeit, durch eine quantitativ große Menge an Tauschmitteln Wohlstand zu schaffen. Bargeld ist leicht transferierbar. Bargeld oder auch Giralgeld auf dem Konto kann Ihnen leicht weggenommen werden. Vermögenswerte, die Grundlage Ihres Wohlstands, können Ihnen jedoch nicht so leicht wieder genommen werden.

Ein weiterer Fehler ist es, wie gesagt, anzunehmen, dass Wohlstand Status sei. In den sozialen Medien, im Fernsehen und in den Nachrichten werden Sie immer auf angeblich wohlhabende Menschen stoßen. Das, was Sie jedoch sehen, ist kein Wohlstand, sondern Status. Können Sie etwa die Unternehmen, die Programme, die Portfolios, Immobilien und die Edelmetalle sehen? Nein, das können Sie nicht. Alles, was Sie dort sehen, ist der dargestellte Status der Person. Wieder einmal ist alles, was Sie sehen, nur eine Perspektive. Vor allem jungen Menschen wird das erst dann richtig bewusst, wenn sie bereits Jahre verschwendet haben, in denen sie statt Status Wohlstand hätten erschaffen können. Machen Sie nicht diesen Fehler! Ich habe ihn einst begangen und in meinen frühen Zwanzigerjahren teuren Luxus genießen wollen. Nachdem ich den ganzen Spaß mit Autos, Uhren, Penthouse-Wohnung und exklusiver Kleidung durch hatte, wurde mir bewusst, dass ich unglücklich war und der Luxus mich krank und faul machte. Glücklicherweise hatte ich auch an meinem Wohlstand gearbeitet. Rückblickend jedoch habe ich durch dieses unkluge Verhalten in meiner Jugend einen sehr großen sechsstelligen Betrag niemals investieren können. Ich hatte Status mit Wohlstand verwechselt.

Sie können Ihre Zeit damit verschwenden, in der sozialen Hierarchie hinaufzuklettern, oder Sie bauen wahren Wohlstand auf. Eine Kombination aus beiden Tätigkeiten geht meistens schief. Ihre Interessen sind dann einfach zu vage und Ihr Fokus verliert sich in zu vielen Interessen. Wenn Sie finanziell intelligent sein wollen, richten Sie Ihre Aufmerksamkeit auf den Aufbau von Wohlstand und nicht auf den Aufbau Ihres sozialen Status innerhalb der Gesellschaft. Das eine bringt Ihnen Freiheit, finanziellen Frieden und gigantische Möglichkeiten, während das andere Ihnen nur kurzfristige Freuden bringt. Ihr One-Night-Stand von der wilden Feier letzte Nacht beispielsweise ist am nächsten Morgen wieder weg, während mein Wohlstand weiterwächst und bei mir bleibt. Treffen Sie eine kluge Entscheidung!

Ignorieren Sie die Menschen, die Statusspiele spielen. Statusspiele sind meist Angriffe auf eine andere Person. Menschen können ihren Status nicht anheben, ohne dabei einem anderen Menschen etwas wegzunehmen. Der erste Platz hat die Goldmedaille dem zweiten Platz weggenommen. Wer Silber erhält, konnte den dritten Platz schlagen. Wer im Fokus steht, rückt den Rest außerhalb des Fokus. Wer Aufmerksamkeit erhält, nimmt die Aufmerksamkeit einem anderen weg. Statusspiele sind in unserer Welt kaum zu vermeiden. Sie sind allgegenwärtig und jeder spielt sie. Die Kunst liegt darin, Statusspiele, so gut es geht, zu vermeiden. Richten Sie stattdessen Ihren Fokus auf den Aufbau von Wohlstand oder besser noch von Reichtum, so werden Sie nicht nur finanziell intelligenter, sondern auch glücklicher und gesünder. Die meisten mentalen Krankheiten unserer Zeit entstehen aufgrund von Statusspielen. Die junge Frau, die auf ihrem Social-Media-Account versucht, mehr Follower und Likes zu generieren, so wie auch der junge Mann, der mit seinem Outfit versucht, die Aufmerksamkeit seiner Gruppe zu gewinnen, leiden beide an einer unsichtbaren Krankheit, die ihnen ihre Glückseligkeit, Gesundheit, Zeit und ihren Fokus raubt. Statusspielende Menschen mögen es durch einen besonders großen Einsatz zu Wohlstand schaffen, doch nicht zu Reichtum. Die Statusspiele korrumpieren nämlich ihre Beziehungen und ihre Gesundheit.

Tun Sie daher Ihr Allerbestes, um die Statusspiele anderer Menschen zu meiden und selbst keine Statusspiele zu spielen. Für Ihren Wohlstand und Ihre finanzielle Intelligenz sind Statusspiele das reinste Gift.

Wenn ich wieder einmal mitbekomme, dass einige diese Statusspiele brauchen oder sogar öffentlich spielen, bleibt mir die Wahl, mich zu übergeben oder zu rennen. Ich bevorzuge Letzteres. Wer es erst einmal zu Geld geschafft hat, hat auf einmal eine klare Vorstellung davon, wann welche Luxusuhr oder welches Auto gekauft werden muss. Wann muss der Lifestyle ein Upgrade erhalten? Wann muss das Mondäne dem Exklusiven weichen? Statusspielende Menschen wissen es. Halten Sie einen größtmöglichen Abstand zu ihnen. Diese Menschen und ihre Meinungen sind für Ihre Zukunft nur Ballast und die falsche Quelle der Inspiration.

Wohlstands- und Statusspiele

Die in den Medien für ihren Wohlstand bekannten Personen sind häufig Statusspieler. Dazu kommt, dass viele von ihnen arrogant, aufgeblasen und überheblich daherkommen. Diese Charakterschwäche führt zu einer Ablehnung vieler Menschen. Interessanterweise verbinden viele diese Ablehnung gegenüber dem Statusspieler nun auch mit dem Wohlstand und dem Geld der Person. Reiche Menschen sind für viele ein Dorn im Auge. Es herrscht ein Krieg zwischen den Meinungen finanziell schwacher und stärkerer Menschen. Der Kampf wird zwischen der Oberschicht und Unterschicht, zwischen Kapitalisten und Sozialisten, Privatisierung und Verstaatlichung, Marktwirtschaft und Planwirtschaft und Discountern und Luxusmarken ausgetragen. So ist das eben in unserer dualistischen Welt. Alles hat zwei Seiten.

Status ist ein Nullsummenspiel.

Interessant zu beobachten ist, dass die finanziell stärkere Seite dabei gerne als gierig, oberflächlich und böse dargestellt wird. Die finanziell schwächere Seite hingegen wird als bodenständig, gütig und liebevoll dargestellt. Dies liegt auch an den medialen Skizzierungen und eben jenen statusspielenden Personen. Schauen wir dafür einmal nach Hollywood und seinen Filmemachern. Ich liebe Filme, doch bemerke ich immer wieder, dass dem Zuschauer suggeriert wird, dass wohlhabende Menschen statusspielende Mistkerle sein. Denken Sie an *Titanic*. Der Held ist der arme Jack, der die wohlhabende Rose aus der unendlich langweiligen und spießigen Luxuswelt retten muss, um daraufhin im Atlantik zu erfrieren. Armer Jack. Die bösen Reichen feiern in einer aufgesetzt wirkenden Welt mit Champagner und Sekt, während die Armen unter Deck ohne Champagner und Sekt fröhlich und ausgelassen tanzen können. Die Botschaft aus Kalifornien ist klar: »Wer Geld hat, hat keine Seele und keinen Spaß, und wer kein Geld hat, kann auch hervorragend leben.« Da schwingt die Ansicht mit: »Du brauchst keinen Wohlstand und wenn du Geld brauchst, besteuern wir die Reichen umso mehr und verteilen das Geld an alle.« Filme spiegeln häufig die unterschwelligen Meinungen der Masse wider, schließlich werden sie auch für die Masse produziert. Denken Sie etwa an *Robin Hood* – der Räuber bestiehlt die Oberschicht und gibt es den Armen – oder an *Im Auftrag des Teufels*. Der Teufel trägt einen Anzug und ist ein wohlhabender Mann. Das Publikum erfreut sich daran, wenn der Oberschicht in Filmen übel mitgespielt wird. Meist werden Angehörige der Oberschicht als übergewichtige, ekelige und böse Menschen dargestellt. Dadurch wird Ihnen suggeriert, dass nur schlechte Menschen viel Geld haben. Auch in den Weltreligionen schwingt ein Unterton des Hasses auf den wohlhabenden Menschen mit. Im Christentum ist Jesus ein finanziell armer Mann und dennoch der Sohn Gottes. Im Buddhismus war Buddha ein reicher Prinz, der all seinen Reichtum ablegte, um ohne Besitz und Geld seinen Glauben zu verbreiten. Auch hier wird unterschwellig suggeriert, dass Spiritualität, die im eigentlichen Sinne von der Religion zu trennen wäre, und Wohlstand nicht zusammenpassen. Dieser Gedanke ist natürlich völliger Unfug. Sie können ein spiritueller Mensch sein und zu großem Wohlstand gelangen, genauso wie Sie kein Geld haben und dennoch ein Mistkerl sein können. Wer Wohlstand besitzt, ist kein schlechter Mensch. Geld schwächt nur den Charakter jener, die bereits ohne Geld charakterlos waren. Wer einen starken Charakter hat, wird durch den vermehrten Wohlstand nur noch stärker in seinem Charakter. So kommt es, dass einige wohlhabende Menschen große Wohltäter werden und andere wiederum ihren Wohlstand horten und nicht teilen.

Das Leben ist ein Singleplayer-Game und die meiste Zeit verbringen wir im Einzelspielermodus. Dabei haben wir die Möglichkeit, zweierlei Spiele zu spielen. Wir können das Wohlstandsspiel spielen oder das Statusspiel. Die meisten Menschen entscheiden sich unbewusst für das Letztere und verpassen es, wahren Wohlstand aufzubauen. Das liegt vor allem daran, dass sie im falschen Spiel sind. Beim Statusspiel wollen sie in den Augen anderer Menschen besonders attraktiv, charakterstark, sexy oder besonders wichtig aussehen. Status ist ein Nullsummenspiel. Bei dem Statusspiel wird immer jemand verlieren und ein anderer gewinnen. Wohlstand hingegen addiert und multipliziert sich über die Zeit hinweg. Je öfter wir Unternehmen gründen, desto leichter wird es für uns. Je öfter wir Häuser bauen, desto leichter wird es für uns. Je häufiger wir Aktien kaufen und verkaufen, desto einfacher wird es. Da der Kapitalismus eine Form des Tauschens und Erschaffens ist und gleichzeitig unsere Urinstinkte unterstützt, ist das Wohlstandsspiel kein Nullsummenspiel. Stattdessen werden Vermögenswerte erschaffen, gemeinsam die Zukunft gestaltet und Neues aufgebaut. Der ethische und moralische Aufbau eines Vermögens und von Wohlstand ist also möglich. Diese Möglichkeit wird jedoch nur für jene Menschen bestehen, die Wohlstand nicht insgeheim durch falsche und manipulative Glaubenssätze ablehnen.

Statusspiele = Nullsummenspiele
Wohlstandsspiele = Plussummenspiele

Statusspiele wird es immer geben. Es gab sie schon, als Menschen noch Jäger und Sammler waren. Status war zu dieser Zeit von höchster Wichtigkeit. Er war überlebensnotwendig. Bevor wir als Spezies anfingen, Ackerland zu bestellen und unsere Ernten zu horten, war es nicht möglich, Wohlstand aufzubauen. Das Statusspiel ist somit deutlich älter als das Wohlstandsspiel.

Bei dem Wohlstandsspiel verliert, anders als beim Statusspiel, niemand. Obgleich immer mehr Menschen das Statusspiel anstelle des Wohlstandsspiels spielen, hält sich der Irrglaube nach wie vor, dass bei dem Wohlstandsspiel jemandem etwas weggenommen wird. Nach wie vor glauben viele Menschen, dass Sie nur zu Wohlstand kommen, wenn andere Menschen dafür leiden müssen. Der Glaubenssatz dazu ist weit bekannt: »Geld ist die Wurzel allen Übels.« Dabei ist dieser Satz völliger Unfug und dazu auch noch ein falsch übersetztes Bibelzitat. In der Bibel heißt es nämlich in 1. Timotheus 6:10: »Geldgier ist eine Wurzel allen Übels.«

Die Geschichte der Menschheit ist geprägt von Jägern und Gejagten. Es gibt die Macher und die Nehmer. Es gibt Menschen, die Neues erschaffen, aufbauen, gestalten und erzeugen. Und es gibt diejenigen, die das Erbaute, Erzeugte und Erschaffene stehlen und umverteilen wollen. Nennen Sie es Kommunismus, Sozialismus, Kapitalismus, ein Schwert, ein Sturmgewehr, die Steuer oder die Ehe. Es gibt viele Wörter dafür. Tatsächlich existieren in jedem System Parasiten. Selbst in der Natur sind Parasiten ein notwendiges Übel. Ohne sie könnten wir nicht existieren, weil die Natur zugrunde gehen würde. Jedes System, auch unserer Körper, ist voll von Parasiten. Einige leben in Symbiose mit dem System und geben dem System etwas zurück. Die restlichen Parasiten nehmen nur, ohne dass sie etwas zurückgeben.

Wir werden alle reicher

Wer finanziell intelligent ist, weiß, dass es nicht darum geht, jemand anderem etwas wegzunehmen. Das tut nur, wer Statusspiele spielt, denn hier geht es darum, besser zu sein als andere. Doch wer sich immer nur vergleicht, wird niemals finanziell intelligent, geschweige denn wahrhaftig reich. Der Vergleich ist der Tod jeden Glücks. Es geht stattdessen darum, Wohlstand zu schaffen. Von diesem gibt es mehr als genug für alle. Natürlich sind Stellenangebote und Geld nicht unendlich verfügbar. Anderenfalls hätten wir auch keinen Grund für Fortschritt und Weiterentwicklung. Allerdings erkennen wir das nur selten, weil wir das große Ganze nicht überblicken wollen.

Der Vergleich ist der Tod jeden Glücks.

Nehmen wir Indien als Beispiel. In den 1970er-Jahren war Indien ein armes Land, das weitgehend sozialistischen Ideen unterworfen war. Seitdem Indien den Kapitalismus in weiten Teilen für sich übernommen hat, boomt das Land und selbst einst völlig verarmte Menschen erhalten ihren Anteil am

Wachstum im Tausch für Arbeit und Fleiß. In nur 50 Jahren hat es Indien geschafft, zu einer wirtschaftlichen Weltmacht aufzusteigen. Ökonomisch hat Indien nur in den Jahren der Corona-Pandemie gelitten.

Auch Europa hat seit dem Ende des Zweiten Weltkrieges und dem folgenden Aufbau der Länder wirtschaftlichen Erfolg gesehen. Wir sind durch Technologie, Fortschritt, Wirtschaft und vor allem durch den Kapitalismus reicher geworden. Wer sich vor 200 Jahren nicht einmal ein Pferd leisten konnte, fährt heute schon ein kleines Auto. Damals gab es keinen elektrischen Strom wie heute, keine Autos, keine Flugzeuge, keinen jährlichen Urlaub in der Türkei und auch kein iPhone. Wohlstand und Wachstum sind das Ergebnis von harter Arbeit, Technologie und Produktivität. Die Grundannahme, dass wir zu Wohlstand gelangt sind, weil wir anderen etwas weggenommen haben, kommt häufig von denjenigen, die selbst keinen Wohlstand erschaffen haben und ihren Teil nur von anderen kriegen konnten. Wir sind im Durchschnitt heute alle reicher als der Sonnenkönig Ludwig XIV. vor 300 Jahren. Auch wenn es immer noch Armut und Hungernde gibt, so führte der Fortschritt die Menschheit in den letzten 200 bis 300 Jahren zu einem gigantischen Anstieg wirtschaftlicher Leistungen, die in gesteigerten Komfort, Luxus und Sicherheit mündeten.

Der Kapitalismus ist ein funktionierendes System, das uns nachweisbar großen Fortschritt brachte. Das Problem am Kapitalismus ist jedoch, dass er häufig manipuliert wird. Durch Korruption, Monopole und Gier nimmt der Mensch einen zu großen Einfluss auf den Kapitalismus und ändert das System nach seinen subjektiven Wünschen ab. Das Resultat ist, dass gewisse Mechanismen nicht greifen und die Stimmen der Befürworter der Verstaatlichung lauter werden.

Freie Märkte sind ein natürlicher Teil menschlicher Natur.

Freie Märkte sind ein natürlicher Teil menschlicher Natur. Der Mensch wird immer nach seinen besten Möglichkeiten tauschen, handeln und Übereinkommen treffen. Wir sind die einzige Spezies auf diesem Planeten, die miteinander über genetische Barrieren hinweg operieren kann. Tiere tun dies nicht. Wenn sie kooperieren, dann nur innerhalb ihrer eigenen Gruppe. Wir Menschen hingegen kooperieren global und sind in der Lage, Schulden und Forderungen untereinander festzuhalten und zu verwalten. Ein Tauschgeschäft entsteht, das wirtschaftlichen Fortschritt zur Folge hat. Die Paradebeispiele par excellence dafür kennen wir aus den Geschichtsbüchern. Nehmen wir etwa die East India Trading Company, die zwischen 1600 und 1874 existierte und über 250 Jahre lang erfolgreich den Handel der Weltmeere kontrollierte. Sie setzte sich trotz Imperialismus für die Handelsrechte ihrer Mitarbeiter und Geschäftspartner ein. Sie verkörperte den freien Markt und brachte nicht nur der englischen Krone den Erfolg, sondern auch Waren und Güter in ferne Länder, die in den Jahrzenten darauf ebenfalls zu Wohlstand gelangten.

Da diese Entwicklungen jedoch häufig über Jahrzehnte dauern, verlieren wir den Blick für das ganze Bild. Wir sind meist zu beschäftigt mit dem Heute und haben im Höchstfall noch die letzten fünf bis zehn Jahre im Blick. Selbst der Zweite Weltkrieg und die Diktatur in der DDR sind für viele junge Menschen gefühlt ein Zeitalter her. Da vergisst man schnell, wie sich die Welt tatsächlich entwickelt. Tappen Sie daher nicht in die Fallen sozialistischer und planwirtschaftlicher Ideen, die Verstaatlichung und eine angebliche soziale Gerechtigkeit vermitteln. Der menschliche Fortschritt folgt seiner Natur. Sobald wir Menschen versuchen, diese Entwicklungen einzudämmen oder zu kontrollieren, geschehen furchtbare Dinge. Der Sozialismus und Kommunismus sind nur die Spitze des Eisberges, die in Venezuela, Russland, China und Kuba für miserable Umstände gesorgt haben. Nur China ist erfolgreich aus diesem System hervorgegangen, da es für seine wirtschaftlichen Zwecke kapitalistische Ideen vollständig übernehmen konnte, nachdem Mao Zedong Millionen von Menschen für seine kommunistischen Ideen opferte. Leider trifft die Weisheit »Je größer das Leid, desto größer der Fortschritt« hier zu. Womöglich konnte daher auch Deutschland in den Jahrzehnten nach dem Zweiten Weltkrieg zu gigantischem wirtschaftlichem Erfolg gelangen.

Eine Frage der Bildung und Leistung

Ich wiederhole hier gern meine Aussage aus meinem ersten Buch: Jeder kann reich werden. Jeder kann in Rente gehen, zu Wohlstand gelangen und finanzielle Unabhängigkeit erlangen. Dies ist lediglich eine Frage der Bildung und der Leistungsfähigkeit des Menschen, der sich als Ziel setzt, wohlhabend zu werden. Wir müssen das Wohlstandsspiel spielen wollen. Wer es nicht spielen will, kann das Statusspiel spielen oder jede Form von sozialer Interaktion verneinen und in die Einsamkeit flüchten. Auch das ist in Ordnung. Wir sollten jedoch vermeiden, die Menschen, die das Wohlstandsspiel spielen, zu denunzieren. Das Wohlstandsspiel bringt uns warmes Essen, ein Dach über dem Kopf, Komfort und lässt unser iPhone weiter bimmeln. Das Wohlstandsspiel ist ein tolles Spiel, das, wenn es moralisch, ethisch und verantwortungsvoll gespielt wird, einen riesigen Spaß macht.

Finanzielles Potenzial =
Finanzielle Intelligenz + Leistung + einzigartiger Charakter

Wer Geld verachtet – und sei es nur unterbewusst –, wird niemals zu Wohlstand kommen. Auch wer unterschwellig die Reichen und die Oberschicht missbilligt, wird niemals wohlhabend werden. Wir können im Leben nichts werden, was wir unterbewusst ablehnen. Schwierig wird es dann, wenn nicht nur Individuen, sondern ganze Gruppen Wohlstand verachten und sich statt auf den Aufbau auf die Verteilung des bestehenden Wohlstands konzentrieren. Dies passierte in Venezuela, als unter politischem Druck soziale Gerechtigkeit hergestellt werden sollte. Man wollte dazu den Reichtum des Landes umverteilen. Das Ergebnis war katastrophal – Hunger, Armut und steigende Kriminalität. Der Kommunismus hatte sich wie ein Krebsgeschwür in Venezuela ausgebreitet.

Das Gegenbeispiel konnten wir in den späten 1970er Jahren in den USA beobachten. Der amerikanische Traum verführte Einwanderer aus aller Welt, in die USA zu kommen, um hart zu arbeiten und reich zu werden. Für manche mag dieser Traum ein Nettovermögen von Millionen US-Dollar bedeutet haben, für andere war es einfach nur ein Ausweg aus dem Bürgerkrieg in der Heimat. Unterm Strich jedoch machte der Kapitalismus die USA zu einer unangefochtenen Supermacht – bis jetzt zumindest.

Als China Ende der 1970er Jahre begriff, dass ein wirtschaftliches System, das auf planwirtschaftlichen Annahmen basierte, keine Früchte tragen kann, übernahm es die Erfolgsformel kapitalistischer Wirtschaftsmächte. Die darauffolgenden Jahre kopierte China alles, was nicht bei drei auf dem Baum war. Und selbst dann kopierte China noch die Bäume. In nur 50 Jahren schaffte es die chinesische Volksrepublik zu einer globalen Großmacht. Disziplin, Härte, lange Arbeitszeiten und eine strenge Bildung machten dies möglich. Ab den 1990er Jahren hatten wir in Deutschland währenddessen bereits so volle Bäuche, dass wir uns in den darauffolgenden 30 Jahren an unserer Dekadenz laben konnten. Die Großmacht USA wurde währenddessen in ihrer Präsenz herausgefordert und das Mächteverhältnis der Welt begann sich erneut zu verändern.

Wohlstand ist eine Frage der Bildung und unserer Bereitschaft zur Leistung. Wohlhabende Menschen sind nicht ohne Grund Leistungsträger. Sie tragen die Verantwortung buchstäblich auf ihren Schultern. Hat ein System jedoch zu wenige Leistungsträger und zu viele Leistungsempfänger, so wird das System instabil und kollabiert. Ähnlich ergeht es einem natürlichen System, wenn es von zu vielen Parasiten befallen wird. Irgendwann schafft das System den Ausgleich nicht mehr und stirbt.

Finanziell intelligente Menschen verstehen das und legen daher sehr großen Wert auf eine hervorragende und stete Bildung sowie auf Leistung und kluge Arbeit. Jene, die den Wohlstand propagieren und behaupten, es ginge auch ohne diese beiden Variablen, lügen und verkaufen Illusionen. Hier sollten Sie sehr vorsichtig sein und von solchen Scharlatanen Abstand nehmen.

Keine Frage des Glücks

Finanzieller Erfolg und Wohlstand sind keine Frage des Glücks. Auch das höre ich immer wieder: Die Wohlhabenden hätten einfach Glück gehabt. Sicherlich spielt immer auch eine Prise Glück mit in das Ergebnis hinein. Wenn Sie zehn wohlhabende Menschen fragen, welche Rolle der Faktor Glück auf ihrem Weg gespielt habe, werden Ihnen alle zehn sagen, dass sie zum richtigen Zeitpunkt am richtigen Ort gewesen seien. Um wahrlich wohlhabend zu werden, wollen wir aber den Faktor Glück aus der Gleichung herauslassen. Das Glück ist nur selten etwas, das wir aktiv und bewusst beeinflussen können. Im Grunde genommen gibt es vier Arten von Glück, die wir unterscheiden sollten:

1. **Blindes Glück**
   Diese Form von Glück passiert uns aus einem glücklichen Zufall heraus. Auf diese Art von Glück haben wir überhaupt keinen Einfluss. Es passiert eben.

2. **Glück durch harte Arbeit**
   Glück, das durch harte Arbeit, Disziplin, Beharrlichkeit und Leistung entsteht, ist dem Leistungsträger hold. Je mehr Energie wir in eine Sache stecken, desto mehr Energie wird schlussendlich freigesetzt, die sich in Glück für uns manifestiert.

3. **Glück durch Vorbereitung**
   Dieses Glück erleben die Menschen, die sich gut vorbereiten. Wir sagen zwar, dass diese Menschen einfach nur Glück hatten, doch in Wahrheit waren sie schon lange vor dem richtigen Zeitpunkt am richtigen Ort und haben sich auf den Moment vorbereitet. Der letzte Wurf auf den Korb, kurz bevor die Spieluhr abläuft und das Endspiel des Finales kippt, ist kein blinder Zufall, sondern das Ergebnis von langer Vorbereitung und viel Training. Gerade eben noch lag der Gegner mit 2 Punkten vorn, als in der letzten Sekunde ein Spieler den Ball von der Mittellinie aus für 3 Punkte in den Korb wirft. *Buzzer beater* wird so etwas in den USA genannt.

4. **Glück durch einen einzigartigen Charakter**
   Diese Form von Glück ist die am schwierigsten zu erreichende Form von Glück. Sie entsteht, weil wir unseren Charakter geformt haben, persönlich wachsen, eine einzigartige Marke aufbauen, eine unerschütterliche Einstellung perfektionieren und dann auf das Glück stoßen. Das ganze Feld der Persönlichkeitsentwicklung bezieht sich auf diese Form des Glücks.

Finanziell intelligent zu sein, bedeutet auch, immer und immer wieder an sich selbst zu arbeiten und sich zu verbessern, Neues zu lernen, nach besserer und mehr Bildung zu streben, neue Fertigkeiten zu erwerben, konstant Leistung zu erbringen und sich auf seine Aufgaben hervorragend vorzubereiten. Die erste Form des Glücks ist lediglich blindes Glück, während die zweite und dritte Art des Glücks mehr oder weniger dem Zufall unterliegen. Sie können zwar harte Arbeit in die Gleichung mit hineinwerfen, doch eine Prise Schicksal haftet dieser Art von Glück dennoch an. Sie entzieht sich Ihrer vollständigen Kontrolle. Doch auf die vierte Form des Glücks können wir bewusst Einfluss nehmen. Wir bestimmen schließlich, was wir tun und wer wir sein wollen. Deshalb ist Ihre eigene Persönlichkeitsentwicklung auch von entscheidender Bedeutung. Über diese Art des Glücks haben nur Sie die Kontrolle. Je mehr Sie daher an sich arbeiten, desto größer werden die Tore für mehr Glück und bessere Umstände in Ihrem Leben. Am Ende werden sich neue Möglichkeiten für Sie eher wie bloße Zufälle anfühlen. Wer offen auf diese Art von Zufällen zugeht, findet hier auch das Glück. Doch dafür müssen wir vorab an uns arbeiten, wissen, was wir wollen, klar definieren, wer und was wir sind, wohin wir gehen wollen und was wir im Leben hinterlassen möchten. Kurz gesagt: Wir müssen an unserem Charakter arbeiten und uns stetig verbessern.

Je mehr Sie als vertrauenswürdiger, hart arbeitender, verantwortungsbewusster und zukunftsorientierter Mensch bekannt sind und für diese Eigenschaften geschätzt werden, umso schneller kommen finanzielle Chancen auf Sie zu. Das liegt erstens daran, dass Menschen unbedingt mit Ihnen zusammenarbeiten wollen, und zweitens, dass Sie selbst diese Eigenschaften kultivieren möchten. Führungspersönlichkeiten tun genau dies. Sie machen es vor. Management hingegen ist nur die Verwaltung von Ressourcen. Es sind diese Eigenschaften, die über Jahrzehnte hinweg den Investor Warren Buffett zu einer Ikone werden ließen. Buffett investiert keine horrenden Beträge in Marketing, Selbstdarstellung oder Branding. Sein individueller und herausragender Charakter spricht für sich und öffnet langfristig Tore, die für die meisten verschlossen bleiben. Solch ein Charakter zieht neue Möglichkeiten, Chancen und Geschäfte wie ein Magnet an. Die meisten davon lehnt Buffett heute ab. Er hat verstanden, dass seine Zeit zu kostbar ist, um sich auf irrelevante Dinge zu konzentrieren.

Ihre Reputation spielt daher eine gewaltige Rolle und ist wichtiger als der bloße Zufall, der sich Ihrer Kontrolle entzieht. Der Fokus auf all das, was innerhalb Ihrer Kontrolle steht, ist von entscheidender Bedeutung. Ihre Leistungsfähigkeit und der Output Ihrer Taten entscheidet maßgeblich über das Ergebnis, das Sie erzielen.

Leistung = Kontinuität – Störfaktor

Ihre Reputation erschafft jedoch keine Leistungen. Es sind Ihre Leistungen, die Ihre Reputation erschaffen. Je mehr sie erreichen, desto bekannter werden Sie für quantitative Errungenschaften. Doch mehr ist nicht immer besser. Stehen Sie hingegen für Qualität und herausragende Leistungen, fördert dies ebenso Ihre persönliche Reputation. Einmalige Leistungen verführen allerdings häufig dazu, sich auf den Lorbeeren auszuruhen. Dies ist unbedingt zu vermeiden. Stattdessen ist die Kontinuität Ihrer Leistung von entscheidender Bedeutung. Ihre Taten müssen daher zielgerichtet sein und eine klare Absicht verfolgen, dann können Sie Ihre Leistungen regelmäßig abrufen. Wir nennen dies im allgemeinen Sprachgebrauch auch Motivation. Gemeint ist hier die intrinsische Motivation, also die Art Motivation, die aus Ihnen selbst kommt. Denn Leistung fließt auf natürliche Weise aus Ihnen heraus und bedarf keiner Manipulation von außen. Die Qualität der

Arbeit (Input), die Sie in ein Projekt kontinuierlich hineinstecken, kann durch Ihre Konzentration und Ihren Fokus ins Unermessliche gesteigert werden. Die Qualität wird exponenziert, sobald Sie sich auf Ihre Aufgabe konzentrieren und alle Störfaktoren ausschließen.

Der wahre Grund, warum wir häufig den Blick von unserem Ziel nehmen, vom Weg abkommen oder uns anderen Dingen zuwenden, ist der, dass zu viele Ablenkungen links und rechts auf uns warten und schreien: »Hier, guck mal, das ist der leichtere Weg zum Erfolg, zu Geld, Gesundheit und zum Glück. Wer hart arbeitet, muss dumm sein. Probiere stattdessen mich!« So purzeln die meisten immer nur von einer Versprechung zur nächsten, in dem Glauben, dass Sie nun den Weg zum schnellen Geld oder ihren persönlichen Weg gefunden hätten. In Wahrheit aber gibt es kein schnelles Geld, und wer schnell zu Geld gelangt ist, verliert es ebenso schnell wieder. Wohlstand hingegen braucht Zeit, Geduld und das Glück eines einzigartigen Charakters.

$$\text{Kontinuität} = \text{Geduld} + \text{Disziplin} + \text{Input}^{\text{Konzentration}}$$

Störfaktoren umzingeln uns unser Leben lang. Sie sind das pure Gift für unseren Wohlstand. Diese Störfaktoren können Menschen, Ideen, Gedanken, Versprechungen oder materielle Ablenkungen sein.

Von Störfaktoren und der Freiheit

Wir leben in einer Welt der Störfaktoren. Vor 150 Jahren war Wohlstand von harter Arbeit und der Beschaffung von Ressourcen abhängig. Heute, in einer globalisierten Welt mit weltweiten Lieferketten, gibt es fast keine langfristigen Engpässe mehr. Wir kommen an die Materialien, Ressourcen und Menschen heran, die wir für unsere Unternehmungen brauchen. Kurzfristige Beschaffungskrisen seien hier einmal unbeachtet. Das Internet macht es möglich, Kontakte zu Menschen aufzubauen, die Tausende von Kilometern entfernt leben. Wir leben in einer Welt des Überflusses. Doch dieser Überfluss ist zu einem Störfaktor geworden. Wir werden täglich mit einer unglaublichen Menge an Informationen, Meinungen und Dingen bombardiert.

Heute besteht unsere Aufgabe nicht mehr darin, mehr Ressourcen zu beschaffen, sondern darin, uns auf die gegenwärtige Aufgabe zu fokussieren. Dabei müssen wir alle Störfaktoren, die uns im Weg stehen, gnadenlos eliminieren. Im Jahre 2019 verkündete das weltbekannte *Forbes Magazine* dazu den Leitspruch: »Busy is the new stupid.« Wer heute wie ein wildgewordenes Huhn von A nach B rennt und so viele Aufgaben wie nur irgend möglich in seinen Terminkalender stopft, der hat noch nicht verstanden, dass die Quantität des Outputs gegenüber der Qualität keine Rolle spielt. Der Autor und Universitätsprofessor Cal Newport schrieb dazu, dass Phasen der tiefen Konzentration, er nannte sie *Deep Work*, qualitativ hochwertigere Ergebnisse hervorbringen und kontinuierliche Phasen dieser tiefen Konzentration auch einen Einfluss auf unsere quantitativen Ergebnisse haben. In anderen Worten müssen wir alle Störfaktoren ausschalten, die uns davon abhalten, regelmäßig qualitativ hochwertige Arbeit zu leisten. Ich kann gar nicht genug betonen, wie wichtig und wesentlich diese Fähigkeit für Ihren Weg und Ihren finanziellen Wohlstand ist.

Wir scheinen jedoch in den letzten Jahrzenten immer mehr verlernt zu haben, wie konzentriertes Arbeiten funktioniert. Stattdessen schauen wir auf eine Jugend, die mit den Füßen wippend in kleine

Die einzige Lösung ist Reduktion statt Addition.

Bildschirme starrt und immer öfter Konzentrationsschwäche oder ADHS als ärztliche Diagnose erhält. Auch die angeblichen Heilmittel wie Marihuana helfen hier nicht wirklich weiter, sondern sind nur ein Vorwand für den Konsum einst illegaler Drogen. Die einzige Lösung ist Reduktion statt Addition.

Menschen, die sich auf das Wohlstandsspiel fokussieren und die Störfaktoren aus ihrem Leben eliminieren, verspüren eine Art der Freiheit, die die meisten Menschen niemals erreichen werden. Die Störfaktoren sind jedoch nicht nur Social Media, Smartphones und E-Mails. Auch toxische Menschen können Störfaktoren sein, wenn sie uns nicht weiterbringen, uns im Weg stehen oder ihre Unterstützung verweigern. Störfaktoren können ebenso Videospiele, Pornos, Fast-Food und auch materieller Besitz sein.

Sie haben richtig gelesen: Materieller Wohlstand kann ein Störfaktor sein. Statusspielende Menschen konzentrieren sich darauf, mehr Geld zu verdienen, um neue Dinge zu kaufen, bessere Dinge vor allem. Es darf nun kein Ford mehr sein, sondern ein Porsche muss her. Ein T-Shirt für 10 Euro kommt nicht mehr in die Tüte, sondern nur noch Marken- und Designerlabel. Man geht nicht mehr einfach in ein Pub, um ein Bier zu trinken und einen Burger zu essen. Nein, nun muss man im Trendrestaurant vegane Burger futtern und Shakes mit Spinat, Kiwi und Kohlrabi süffeln. Alles wird nun exklusiv und schick.

Wenn Sie statusspielende Menschen entlarven wollen, schauen Sie sich die exklusiven Straßen der Großstädte an. Auf der Königsallee in Düsseldorf oder in der Maximilianstraße in München finden Sie die statusspielenden armen Würstchen, wie sie sich an ihrem Champagnerglas festhalten, als könnte ihre Illusion jeden Moment implodieren. Der ganze Stress, um all das Geld zu verdienen, existierte von vornherein nur, um Luxus und Lifestyle zu erfahren. In Saint Tropez, auf Ibiza und im Winter in

Ischgl lässt man dann die Sau raus, um all den Stress schnellstmöglich hinter sich zu lassen. Das Ergebnis ist ein glamouröses Leben nach außen und eine sich selbst vernichtende Welt im Inneren. Der Blick für das Wesentliche fehlt und die Konzentration für das Wohlstandsspiel kann nicht gewonnen werden, solange der Fokus auf dem Ziel liegt, sich doch wieder abzulenken. Sie bemühen sich zwar, sich nicht abzulenken, hart zu arbeiten und redliche Ergebnisse zu erzielen, doch am Ende gelingt es Ihnen nicht. Es ist ein Teufelskreis, wie Abbildung 2 zeigt.

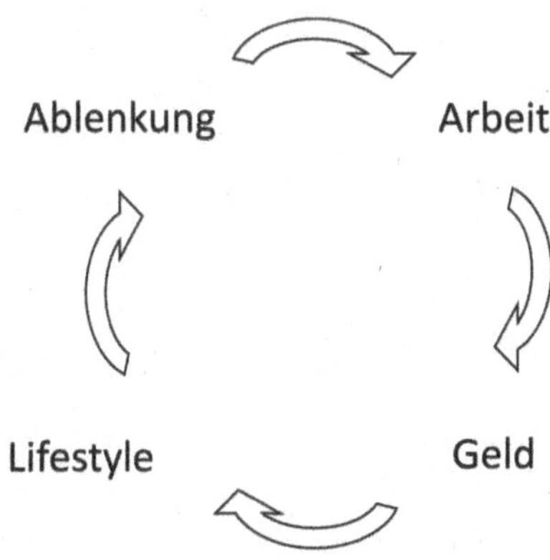

Am Ende haben statusspielende Menschen nichts anderes getan, als sich von einer Illusion blenden zu lassen. Diejenigen, die eines Tages diese Illusion durchschauen, fragen sich selbst bedauernd: »Warum habe ich nur all diese Zeit mit diesem Wahnsinn vergeudet?« Das Geld, das finanziell intelligenter hätte verwendet werden können, ist dann meist ebenfalls dahin. Teurer noch ist allerdings die Zeit, die niemals zurückkommen wird.

Ich werde häufig dafür belächelt, dass ich dafür plädiere, die eigenen Kosten in den Griff zu bekommen und seinen Lifestyle einem harten Downgrade zu unterziehen, statt permanent nach Upgrades zu suchen. Meine Ratschläge seien nicht modern, heißt es dann. Das mag sein, aber wichtiger als Ihr Lifestyle ist Ihre Freiheit. Sie können niemals frei sein, solange Ihr Besitz und Ihre Wünsche Sie besitzen. Nicht Sie besitzen Ihr Zeug, sondern Ihr Zeug besitzt Sie. Wer sich nicht von seinen immer größer werdenden Wünschen befreien kann, sperrt sich selbst in ein tiefes Gefängnis ein. Sie werden mit der Zeit abhängig. Die schlimmsten Abhängigkeiten für Ihre finanzielle Freiheit sind Ihre Wünsche und Ihr regelmäßiges Gehalt. Lassen Sie uns das genauer anschauen.

Nehmen wir an, Sie verdienen 3.000 Euro nach Steuern im Monat. Sobald sich Ihr Gehalt um 500 Euro erhöht, erhöhen sich auch Ihre Kosten. Ihr Lifestyle wächst nämlich automatisch mit. Der Ökonom und Statistiker Ernst Engel fand im Jahre 1857 heraus, dass Menschen mit steigenden Einkünften nicht mehr Geld für Nahrungsmittel oder Essenzielles ausgeben, sondern mehr Geld in Luxusgüter und Ausschweifungen stecken. Obwohl das Einkommen steigt, bleibt kein wirklicher Überschuss übrig. Einfach gesagt, steigen Ihre Ausgaben mit Ihren Einkünften automatisch mit. Zumindest so lange Sie nicht aktiv dagegenarbeiten.

An dieser Stelle höre ich dann häufig: »Herr Lahmer, noch weiter kann ich meine Kosten nicht senken.« Der SPD-Politiker Kevin Kühnert erklärte sogar zu dieser Thematik: »Ich finde es schräg, wenn Menschen mit fünfstelligem Monatseinkommen anderen erklären, wie man spart.« In Wahrheit jedoch sind wohlhabende Menschen genau aus diesem Grund wohlhabend: Sie sind sparsam, häufig sehr knauserig und zuweilen sogar geizig. Fragen Sie sich daher, was wirklich essenziell in Ihrem Leben ist, was notwendig ist, was Sie brauchen und ob Ihre Wünsche Sie kontrollieren oder Sie Ihre Wünsche im Griff haben. Selbstdisziplin ist eine wesentliche Eigenschaft erfolgreicher Investoren und finanziell intelligenter Menschen. Erlauben Sie sich ruhig den einen oder anderen Spaß. Doch in erster Linie muss Ihr finanzielles Wachstum im

Vordergrund stehen. Solange aber der bloße Konsum und Ihr Wunsch nach Anerkennung und Lifestyle den Ton angeben, stehen Sie sich und einer wahrhaftig wohlhabenden Zukunft im Weg. Es ist äußerst finanziell intelligent, sich zu mäßigen und trotz Wohlstand den Blick für das wirklich Essenzielle nicht zu verlieren. Auch Lifestyle kann ein Störfaktor sein. Der Vorteil an dieser einfachen Lebensweise ist, dass Geld aktiv gespart und gleichzeitig Störfaktoren reduziert werden. Mit weniger lebt es sich nach meiner Erfahrung deutlich leichter und besser. Dieser Rat entspricht zwar nicht dem modernen Zeitgeist von »Mehr ist besser«, aber ich lege ihn Ihnen ans Herz. Eliminieren auch Sie alle Störfaktoren und erkennen Sie, wie viel besser Ihr Leben dadurch wird.

Mit der Reduktion materieller Güter ist es natürlich nicht getan. Ihre Wünsche verbleiben ja immer noch bei Ihnen. Sie mögen nun vielleicht verzichten, weniger oder gar nichts mehr kaufen und allgemein weniger konsumieren, doch der Wunsch nach dem neuen Upgrade bleibt. Das ist der schwierigste Teil: seine eigenen Begierden, Wünsche und Gelüste zu kontrollieren. In Gesprächen mit den wohlhabendsten meiner Bekannten kommt dieses Thema immer wieder auf. Häufig heißt es dann, dass die Arbeit ja auch belohnt werden wolle – mit einer neuen Uhr, einem Auto, einer Reise, einem neuen Jagdgewehr oder einem Kleidungsstück. Das ist wahr, Belohnungen sind wichtig. Ich führe meist das Argument an, dass der vermehrte Besitz jedoch auch seinen Preis habe. Einerseits wurde er bereits in Euro, Dollar, Yen oder einer anderen Währung bezahlt. Auf der anderen Seite liegt das Teil nun herum, kostet Platz und damit Lagerkosten. Weiterhin sind Opportunitätskosten zu bezahlen, für all die Dinge, die das Geld hätte tun können, wenn man es nicht für diesen Luxus ausgegeben hätte. Mit anderen Worten: 15.000 Euro in einer Uhr sind totes Kapital, während die gleiche Summe in einer Aktie 4,5 Prozent Rendite erwirtschaften kann und somit 675 Euro jährlich für Sie verdient. Bei der Uhr arbeitet nur das Uhrwerk, die Aktie hingegen verdient für Sie bares Geld.

Ich erhalte dann meist nickende Zustimmung, woraufhin sich die Gruppe untereinander versucht zu übertreffen, wer welchen Gegenstand schon länger besitzt. »Meine Uhr trage ich seit 20 Jahren«, sagt einer. Ein anderer erwidert: »Meinen BMW fahre ich seit 15 Jahren.« Sparsamkeit liegt auch bei wohlhabenden Menschen voll im Trend, und das nicht erst seit ein paar Monaten, sondern schon immer. So sagte mir einst der Gründer von Euroimmun und Milliardär Prof. Dr. Winfried Stöcker: »Mein Mercedes ist uralt, aber er fährt. Warum sollte ich mir also ein neues Auto kaufen, solange mein Mechaniker ihn immer wieder repariert bekommt?« Er kann es sich sicher leisten, jedes Auto zu fahren. Doch Milliardäre üben sich gern weiterhin in den Tugenden, die ihnen zum finanziellen Aufstieg verholfen haben.

Wieder einmal beweist sich, dass Menschen, die das Wohlstandsspiel spielen, wohlhabender werden als Menschen, die das Statusspiel spielen. Gleichzeitig sind jene Menschen, die das Wohlstandsspiel spielen, häufig konzentrierter, weniger abgelenkt und mehr bei sich selbst. Sie kontrollieren ihre Wünsche und finden den Reiz am Verzicht. Statt Verzicht und Mäßigung mit etwas Negativem zu verbinden, empfinden sie Freude daran. Dabei ist dies keine Anleitung für ein asketisches Verhalten, sondern eine klare Erinnerung daran, dass wahrhaft wohlhabende Menschen keine Statusspiele spielen. Wenn Sie wieder einmal von den protzenden Brüllaffen in den sozialen und öffentlichen Medien hören, sehen, wie sie sich zur Schau stellen, dann erinnern Sie sich daran, dass diese Menschen im Statusspiel verloren sind und keinen wahren Wohlstand aufbauen können, bis sie nicht gelernt haben, dass ihr Ego sie gefangen hält. Machen Sie nicht den gleichen Fehler und lassen Sie Ihr Ego nicht über Ihre finanzielle Intelligenz und Zukunft richten. Das wäre ein kolossaler Fehler.

Tauschgeschäfte

Sparsamkeit ist das eine. Die Reduktion von Kosten ist gut und notwendig, doch wenn Sie nur Ihre Ausgaben reduzieren, während Ihre Einkünfte auf der gleichen Höhe verweilen, kommen Sie nicht voran. Sie drehen sich im Kreis, ohne vorwärtszukommen. Wenn Sie wirklich wohlhabend werden möchten, müssen Sie einen Weg finden, Ihre Tauschgeschäfte zu optimieren. Wenn Sie nur für Geld arbeiten, werden Sie niemals wohlhabend. Das sollte an dieser Stelle nichts Neues für Sie sein. Sie müssen bereits verstanden haben, dass ein Arbeitsplatz nur ein Tauschgeschäft Ihrer Lebenszeit gegen Geld ist. Für Ihre Zeit erhalten Sie einen Lohn, den Sie wiederum verwenden, um zu konsumieren, zu überleben, Notwendiges und Unwichtiges zu kaufen und um daraufhin wieder weiterzuarbeiten. So haben Sie es in der Schule gelernt und so hat Sie unsere Gesellschaft auf das Leben vorbereitet. In Wahrheit ist dieser Prozess nichts anderes als ein Hamsterrad (siehe Abbildung 3).

Wenn Sie nur für Geld arbeiten, werden Sie niemals wohlhabend.

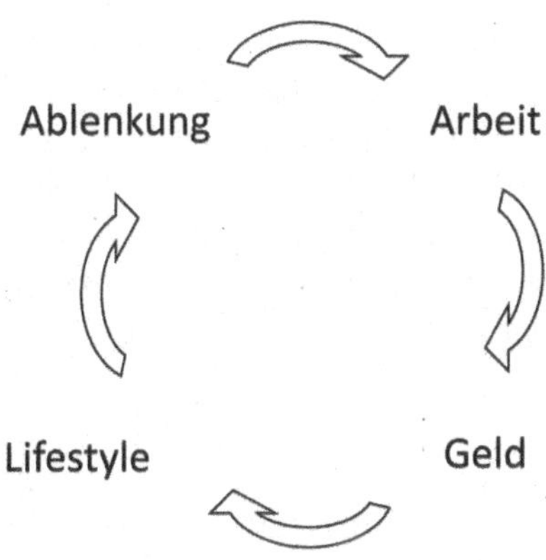

Schauen Sie sich hierfür als Beispiel einige sehr erfolgreiche und hart arbeitende Handwerker an. Sie verdienen gutes Geld, schuften dafür aber auch wie die Irren. Über die Jahre tauschen sie ihre Lebenszeit, ihre Gesundheit und ihre Nerven gegen Geld ein, das sie für ein Eigenheim, einen Mercedes und Urlaub ausgeben. Am Ende sterben sie. Das Leben kann auch so gelebt werden, doch wahrhaft wohlhabend werden Sie dadurch nicht. Es ist eine Lüge der Gesellschaft, dass man nur fleißig sein muss, um Wohlstand aufzubauen. Überdurchschnittlicher Fleiß und harte Arbeit gehören ohne Widerrede dazu, doch das allein reicht nicht aus.

Sie tauschen dabei das Einzige, was Sie wirklich besitzen und das auch noch endlich ist – nämlich Ihre Lebenszeit – gegen etwas unendlich Verfügbares ein – nämlich Geld. Selbst wenn alles Geld aufgebraucht wäre, würde es einfach neu gedruckt werden. Ihre Lebenszeit hingegen schwindet unwiederbringlich.

»Sollen wir jetzt alle unsere Arbeit niederlegen?«, mögen Sie sich fragen. Nein, denn Arbeit hat einen Sinn. Sie schafft Ergebnisse. Ihre Arbeit bringt ein Ergebnis zum Vorschein, das mehr Menschen dient als nur Ihnen. Das ist notwendig und absolut erforderlich für den Fortbestand und die Entwicklung unserer Art. Wenn wir Menschen nicht mehr arbeiten würden, würden wir anfangen, uns zu langweilen. Wohlhabende Menschen arbeiten häufig weiter, auch wenn sie längst finanziell unabhängig und frei sind. Die Arbeit selbst motiviert sie. Sie macht Spaß, bringt Freude, erschafft Neues und verändert diese Welt ein wenig mit. Wer Arbeit aber mit einem Weg zur finanziellen Freiheit verwechselt, beweist eine geringe finanzielle Intelligenz.

Arbeitnehmer versuchen häufig, ihre Zeit zu optimieren, ohne dabei zu bemerken, dass ihre Zeit einfach nur abläuft und nicht optimiert werden kann. Nur was Sie in der Ihnen gegebenen

Zeit tun, liegt innerhalb Ihrer Kontrolle und kann optimiert werden. Das Ergebnis entzieht sich zu einem Großteil Ihrer Kontrolle. Auch an dieser Stelle weise ich wieder darauf hin, dass Sie gleichgültig gegenüber dem Ergebnis sein sollten und sich stattdessen auf Ihre Taten konzentrieren müssen. Ihre Taten, wie die der Sparsamkeit, müssen durch kluge und finanziell intelligente Investitionen in Ihre Zukunft gestützt werden. Schauen wir uns daher einige Beispiele für kluge finanzielle Tauschgeschäfte an und vergleichen sie mit finanziell unklugen Tauschgeschäften:

Zeit vor dem Fernseher vs.
Zeit zum Lernen neuer Fähigkeiten

Zeit für Videospiele vs. Zeit für Bücher

Zeit für Party und Alkohol vs.
Zeit für Sport und gesunde Ernährung

Zeit für Zigaretten vs. Zeit für Meditation

Zeit für Konsum vs. Zeit für Investition

Wie und wo Sie Ihre Zeit investieren, ist eine der maßgeblichsten Entscheidungen Ihres Lebens und zeugt entweder von einer mangelnden finanziellen Intelligenz oder einer stark ausgeprägten finanziellen Intelligenz. Diese Entscheidung treffen Sie jeden Tag aufs Neue. Ihre Entscheidungen von heute bestimmen die Qualität von morgen. Wie Sie kluge Tauschgeschäfte tätigen und dabei der Knechtschaft des Kapitals, des Konsums, des Geistes und vor allem der Knechtschaft der Zeit, wie ich sie nenne, entgehen, habe ich in meinem Buch *Rebellion im Hamsterrad* ausführlich beschrieben. An dieser Stelle gehe ich da-

Ihre Entscheidungen von heute bestimmen die Qualität von morgen.

her nicht genauer darauf ein. Doch eines sei gesagt: Unsere Zeit vergeht schneller, als wir meinen, vor allem weil unsere eigene Wahrnehmung in dieser Hinsicht getrübt ist. Die Menschen verschwenden die meisten Tage, Wochen, Monate und Jahre, als würden sie ewig leben, ohne jemals herauszufinden, was sie alles sein könnten. Machen Sie nicht diesen Fehler. Kontrollieren Sie stattdessen Ihre Tauschgeschäfte und die Qualität der Entscheidungen, die Sie täglich treffen. Das beginnt bei der Kleidung, die Sie morgens nach dem Duschen für sich erwählen, und geht bis hin zu den Investitionen, für die Sie sich entscheiden, und den Dingen, die Sie täglich tun, bevor Sie sich schlafen legen.

All diese Entscheidungen müssen Sie täglich treffen. Mit jeder Entscheidung, die Sie treffen, schwindet ein Stück der Qualität zukünftiger Entscheidungen des Tages. Eine Entscheidungsträgheit entsteht. Sie ist der Grund, warum wohlhabende Menschen häufig die wichtigsten Entscheidungen auf den Vormittag legen. Sie wissen, dass sie abends keine Qualität mehr hervorbringen können. Dieses Phänomen ist auch der Grund, warum wohlhabende Menschen kleine Entscheidungen outsourcen oder vollständig automatisieren. Denken Sie beispielsweise an die immer gleiche Kleidung von Steve Jobs und Mark Zuckerberg. Wohlhabende Menschen haben auch oft eine Sekretärin oder einen Sekretär. Damit reduzieren sie eigene Entscheidungen, überlassen den Kleinkram des Lebens diesen fähigen Menschen und finden so mehr Zeit für wesentlichere Entscheidungen.

Der Unternehmer Naval Ravikant erklärte dies in seinem Podcast-Interview mit dem Autor Timothy Ferriss mit den Worten: »Ich werde für die Qualität meiner Entscheidungen bezahlt, nicht für meine Arbeitszeit.« Mark Zuckerberg sagte zum gleichen Thema: »Eine Entscheidung weniger wird meine Entscheidungen in den wichtigen Dingen besser machen.« Und der ehemalige US-amerikanische Präsident Barack Obama ließ ähnliches verlauten: »Ich trage nur blaue und graue Anzüge. Ich versuche, die Anzahl der Entscheidungen zu verringern. Ich möchte keine Zeit damit verschwenden, darüber nachzudenken, was ich essen oder anziehen werde, ich muss viele Entscheidungen in Betracht ziehen und treffen.« Finanziell intelligente Menschen drücken sich nicht vor Entscheidungen, sondern konzentrieren sich auf die Qualität ihrer Entscheidungen. Dafür unterwerfen sie sich selbst auferlegten Regeln, um auch zukünftig möglichst qualitativ hochwertige Entscheidungen zu treffen.

Weniger Entscheidungen =
qualitativ hochwertigere Entscheidungen

Eigentum

Eine der Hauptweisheiten zum Thema Wohlstand kommt aus der Mittelschicht und lautet: »Besitzen Sie Eigentum!« Das ist auch absolut korrekt. Dennoch wird diese Weisheit gerne völlig missverstanden. Eigentum setzen wir häufig mit einem Eigenheim gleich. Das Ergebnis ist, dass die Angehörigen der Mittelschicht lebenslang hart arbeiten, durchschnittlich gut verdienen, sich ein Eigenheim auf Pump in der Walachei kaufen und dieses dann 30 bis 40 Jahre lang abstottern. Das ist der finanzielle Supergau. Verliert man jetzt seinen Beruf, eine Finanzkrise rafft einen ganzen Sektor hin oder eine Krankheit führt zu Berufsunfähigkeit, so ist die kontinuierliche Zahlung an die Geldgeber für das Eigenheim gefährdet.

Zum Eigentum kann sicherlich auch das Eigenheim gehören. Doch Eigentum ist deutlich mehr. In erster Linie muss es aus Vermögenswerten bestehen, die einem ein Gehalt zahlen oder eine weitere Einkommensquelle generieren. Diese Vermögenswerte habe ich in meinem ersten Buch *Finanzielle Intelligenz* ausführlich beschrieben, weshalb ich dieses Wissen hier voraussetze. Es sei an dieser Stelle aber noch einmal darauf hingewiesen, dass ein Vermögenswert auch die Eigenschaft haben kann, kein zusätzliches Einkommen zu verdienen. Denken Sie an Gold, Platin, Silber oder Diamanten. Sie liegen im Tresor und erfreuen sich der langfristigen Wertsteigerung. Mehr aber auch nicht.

Wenn Sie finanziell frei werden wollen, brauchen Sie vorrangig Vermögenswerte, die Ihnen ein zusätzliches Einkommen ermöglichen. Zu ihnen gehören Immobilien, Wertpapiere und Unternehmen. Ihr eigentliches Einkommen, das wir als aktives Einkommen bezeichnen, da Sie für dieses aktiv arbeiten gehen und Ihre Zeit gegen Geld tauschen, darf niemals Ihr einziges Einkommensmittel sein. Während sich Statusspielspielende lediglich auf Stundenlöhne und Einkünfte konzentrieren, so richtet sich der Blick der Wohlstandsspielspielenden auf wahren Wohlstand und damit vorrangig auf den Aufbau weiterer Einkunftsquellen. Diese Einkunftsquellen sorgen für eine Rendite.

Wohlstand = Einkommen + Vermögen x Rendite

Das Hauptproblem, vor allem für die Einsteiger, ist die Auswahl der richtigen Vermögenswerte. Hierzu gibt es mehr Literatur, als Sie lesen können, mehr Meinungen, als Sie verkraften, und noch mehr Geschwätz, als gut ist. Die ehemaligen Bankberater wurden mittlerweile von YouTubern und Influencern abgelöst, die Anlageberatungen in 15-Minuten-Clips geben. Irgendwann hat ein junger Bursche, der noch grün hinter den Ohren war, empfohlen, in einen ETF zu investieren. Plötzlich erzählte eine ganze Schar an jungen Kerlen genau das Gleiche. Letztlich wurden ETFs oder Fonds als alleinige Anlageklasse für Einsteiger propagiert, da Immobilienkäufe für junge Menschen finanziell häufig kaum zu stemmen waren. Der Kauf eines Unternehmens oder größerer Anteile an einer Organisation standen nicht einmal zur Debatte.

Der ETF ist durch seine Bündelung auch eine tolle Geschichte. Die Rendite ist bei den gängigen ETFs relativ stabil. Die beliebten Klassiker wie der ETF MSCI World Index oder der ETF Vanguard FTSE All-World sind für traditionelle Anleger eine nette Sache. Doch werden ETFs und Fonds von einem Management verwaltet, das dafür natürlich auch regelmäßig eine saftige Gebühr haben will, welche die Rendite schmälert. Kaufen Sie hingegen selbst Aktien, entfällt diese Gebühr. Sie sind Ihr eigener Manager. Doch auch hier schreien die neuen Gurus auf. Ein eigenes Depot ginge davon aus, dass man den Markt schlagen müsse, und das wäre fast unmöglich. Also heißt es wieder: »Überlass den Kram den Profis.« In Wahrheit wissen die aber auch nicht mehr als Sie. Sie raten am Ende des Tages genauso, ob die Börsen hoch, runter oder seitwärts gehen oder gar einen Looping machen. Wer sich für seine finanzielle Zukunft auf Dritte verlässt oder am Börsenmarkt anfängt zu raten, muss geistig völlig umnachtet sein.

Vertrauen Sie Ihre finanzielle Zukunft nur einer Person an, nämlich sich selbst. Der Mensch, den Sie im Spiegel sehen, ist für Ihre Zukunft zu 100 Prozent verantwortlich. Auf ihn müssen Sie sich blind verlassen können. Das macht Ratschläge von Bankern und YouTubern möglicherweise interessant, mehr aber auch nicht. Alles, was Sie hören, ist nur eine Meinung, und Meinungen sind subjektiv.

Wer sein Geld zum Arbeiten bringen will, braucht keinen Lebenslauf und kein Bewerbungsanschreiben für die Kröten, und schon gar nicht die Hysterie, die am Börsen- oder Immobilienmarkt täglich ihre Runden dreht. Sie brauchen grundlegendes Fachwissen, Geduld und Beharrlichkeit. Das war es auch schon. Eigentum erschafft sich nicht von heute auf morgen. Es braucht seine Zeit. Häufig sind es mindestens 10 bis 20 Jahre. Wenn nicht sogar noch länger. Egal in welchem Alter Sie sind, der wichtigste Rat lautet: Fangen Sie an!

Sie haben wieder einmal im Leben eine Entscheidung zu treffen. Wollen Sie konsumieren oder investieren? Wollen Sie Status oder Wohlstand? Kaufen Sie sich einen neuen Mercedes oder stattdessen lieber bei der Mercedes-Benz Group direkt ein?

Wenn Sie sich für den finanziell intelligenteren Weg entschieden haben und statt 60.000 Euro für ein Coupé zu bezahlen, 50.000 Euro in Wertpapiere investiert haben, die Ihnen stattliche 7,4 Prozent Dividende jährlich ausschütten, und daraufhin 5.000 Euro beiseitelegen und für die restlichen 5.000 Euro eine Reise voller Erfahrungen und Erlebnisse machen, bemerken Sie, dass die 3.700 Euro jährliche Dividende viel attraktiver sind als das Auto. Ob ETF, Fond, Aktie oder sonst irgendeine Anlageklasse spielt im Grunde genommen gar keine Rolle. Das Ganze ist abhängig von Ihrer eigenen Präferenz und Anlagestrategie. Hauptsache ist nur, dass Sie investieren. Ich möchte aber an dieser Stelle die folgende rhetorische Frage einwerfen: »Warum einen ETF kaufen und auf Sicherheit spielen, wenn wir uns direkt bei einem Unternehmen einkaufen können, ohne ein Finanzprodukt zu benötigen?«

Mein persönlicher Rat lautet hier: Versuchen Sie doch, gleich einmal am Anfang jeden Monats einen festen Betrag zu investieren, bevor das Geld für Konsum draufgeht. Finanziell intelligente Menschen wissen: »Erst investieren und den Rest konsumieren.« Menschen ohne finanzielle Bildung machen es andersherum und wundern sich dann, dass kein Geld mehr für Investitionen am Ende des Monats übrig bleibt. Machen Sie Ihre Investitionen zur Priorität. Relativ schnell werden Sie merken, dass Konsum zwar nett ist, aber der richtige Rausch erst dann einsetzt, wenn Sie dicke passive Einkommensströme genießen, ohne dass Sie dafür aktiv arbeiten mussten. Das ist der wahre Segen, den Ihnen Eigentum bringt. Ein Eigenheim hingegen zahlt Ihnen kein Einkommen.

Versuchen Sie jedoch wohlhabend zu werden, indem Sie in kurzer Zeit möglichst viel Geld durch Arbeit verdienen, wird Ihnen der Fiskus einen Strich durch die Rechnung machen, denn jegliche Form von aktiver Arbeit unterliegt den höchsten Steuersätzen. Investitionen in Kapitalvermögen werden deutlich geringer besteuert. Das liegt daran, dass der Staat jedem Bürger einen Anreiz geben will, sein Geld zu investieren. Denn Investitionen führen zu mehr Wohlstand, Arbeitsplätzen, neuen Technologien und dem allgemeinen Fortschritt. Daran hat auch Vater Staat ein Interesse.

Machen Sie es sich zur Gewohnheit, Ihr Geld in Eigentum zu investieren. Eigentum bedeutet dabei auch, dass Ihnen der Vermögenswert gehört und Sie ihn kontrollieren. Wer glaubt, dass geschlossene Immobilienfonds oder Versicherungen Anlagen sind, hat nicht verstanden, dass Eigentum Ihrer Kontrolle unterliegen muss. Einst erklärte mir ein Anlageberater, dass ich bei ihm Gold kaufen könne. Kein echtes Gold, sondern nur die Zertifikate des Goldes. Das Gold selbst läge in einem anderen Land in einem Tresor, zu dem ich aber keinen Zugang hätte. Ich muss heute noch darüber lachen. Nein, Eigentum unterliegt Ihrer Kontrolle. Sie kontrollieren, ob Ihre Aktien bei Ihnen bleiben oder verkauft werden. Sie kontrollieren, ob Ihre Anteile an einem Unternehmen verkauft oder gehalten werden. Sie kontrollieren, ob

Finanziell intelligente Menschen wollen Eigentum kontrollieren.

Ihre Immobilie vermietet, selbst genutzt oder verkauft wird. Finanziell intelligente Menschen wollen Eigentum kontrollieren. Finanziell ungebildete Menschen wollen hingegen immer alles allein besitzen und zugesichert bekommen. Doch 10 Prozent von einem Unternehmen sind ein riesiger Schritt näher an Ihre finanzielle Freiheit als all die Ausreden der Taugenichtse und Menschen, die an der Startlinie schon aufgegeben haben oder noch nach der 100-prozentigen Lösung suchen.

Ich habe dem Typen von der Versicherung mein erstes Buch in die Hand gedrückt und gesagt: »Der Hinweis Gold war gut, aber eine Versicherung ist kein Vermögenswert.« Versicherer sind keine Anlageberater und auch überhaupt nicht an Ihrer finanziellen Intelligenz, Bildung oder Zukunft interessiert. Das ist Ihr eigener Job und für Bildung musste schon immer jeder selbst lernen. Wer seine finanzielle Zukunft an solche Berater oder Verkäufer outsourct, beweist seinen Mangel an finanzieller Bildung.

Hebelwirkungen

Während finanziell ungebildete Menschen nach neuen Anlagetipps suchen, haben finanziell intelligente Menschen verstanden, dass es eigentlich nicht um neue Formen von Vermögenswerten geht. Es geht stattdessen darum, neue Werte zu schaffen, die von der Gesellschaft gefordert oder in Zukunft gewollt sein werden. Wenn Sie Wohlstand aufbauen wollen, müssen Sie einen Weg finden, den Menschen das zu geben, was sie wollen oder brauchen. Dies ist abhängig von Ihren eigenen Fähigkeiten und besonderen Möglichkeiten. Sobald Sie gefunden haben, was die Menschen wollen, müssen Sie herausfinden, wie Sie diesen Bedarf skalieren können.

Dazu ein Beispiel: Zu Beginn waren es vor allem wohlhabende Menschen, die sich einen Chauffeur leisten wollten. Die Zeit, die man zuvor selbst fahren musste, konnte nicht vernünftig eingesetzt werden. Im Gegenteil, man stand im Stau, ärgerte sich über andere Autofahrer oder musste in teuren Taxis die nervigen Geschichten des Fahrers ertragen. Dann wurde Uber gegründet und plötzlich hatten nicht nur wohlhabende Menschen Zugang zu Chauffeuren, sondern jeder Mensch bekam durch die App seinen eigenen Fahrer. Ein Gegenbeispiel sind die Leistungen von Handwerkern. Ein Dachdecker kann nur eine gewisse körperliche Leistung pro Tag erwirtschaften. Wollen Sie diese Leistung verdoppeln, brauchen Sie zwei Handwerker. Doch wie das so mit den Handwerkern ist, wachsen diese nicht auf Bäumen und menschliche Kraft oder allgemein Personal ist nur ein Weg, um Leistungen zu skalieren. Finden Unternehmer kein Personal, entfällt die Möglichkeit, ihr Geschäft über den Menschen zu skalieren.

Die meisten Unternehmen der Vergangenheit setzten auf die Skalierung durch Personal – den Human-Faktor, wie es in der Betriebswirtschaft heißt. Menschen wurden zu Ressourcen, daher auch der Begriff Human-Ressource-Management. Bevor man anfing zu skalieren, wurde die unternehmerische Idee erst durch Kreativität und Einfallsreichtum möglich. Nachdem es Prototypen gab, kam dann die Frage nach der Skalierung. Heute hören Sie Menschen fragen: »Wie machen wir das Ganze groß?« Auch wenn die Frage etwas dümmlich wirkt, so zielt sie doch auf die Skalierung ab.

Wenn Sie eine andere Möglichkeit suchen, um eine Idee, ein Geschäft oder ein Investment zu skalieren, so suchen Sie nach einem Hebel. Ihr Einkommen können Sie nur dann exponenzieren lassen, wenn Sie die Hebelwirkung für sich nutzen. Die Hebelwirkung oder auch Skalierung wird durch folgende Hebel überhaupt erst möglich:

- Arbeitskraft
- Code
- Medien
- Kapital

Es gibt keine anderen Hebel derzeit. Die Hebelwirkung setzt sich daraus zusammen, dass Sie möglichst effizient diese Variablen für sich nutzen.

Hebelwirkung = Kapital + Arbeitskraft + Medien + Code

Dabei müssen Sie nicht alle vier Hebelwirkungen für sich nutzen. Häufig reicht es sogar aus, wenn Sie eine oder maximal zwei von diesen Hebeln für sich in Anspruch nehmen und diese meistern. Die menschliche Arbeitskraft ist von diesen Hebeln die älteste Form. Sie wird völlig überschätzt. In Zeiten der Industrialisierung konnten Sie durch Arbeitskraft Fabriken am Laufen halten, Minen betreiben und Fortschritt durch Muskelkraft gewährleisten. Heute laufen Fabriken über Programme, allgemeine Technik und Roboter, die unter dem Begriff Code zusammengefasst werden. Dieser Hebel ist die jüngste Form der Skalierung. So kommt es, dass immer mehr Jobs und Berufe verschwinden und durch den Hebel Code ersetzt werden. Wo es einst Taxifahrer gab, werden diese mittlerweile durch Uber-Fahrer ersetzt. Wo es Mitarbeiter an Fließbändern gab, werden diese zunehmend durch Roboter und Technik ersetzt. Immer weniger Mitarbeiter stehen noch an Fließbändern. Wo Reisebüros der Standard waren, werden diese durch Websites und diverse Medien ausgetauscht. Printmedien verschwinden mehr und mehr und weichen den digitalen Medien. Man mag sich noch in einigen Jahren darüber echauffieren, doch die Zeit läuft weiter und wer nicht mit der Zeit geht, geht mit der Zeit. Dieser Wandel ist nicht aufzuhalten.

Sie müssen also lernen, einen oder mehrere dieser Hebel für sich zu nutzen. Die meisten Menschen nutzen den Hebel des Kapitals für sich, indem sie Immobilien oder Wertpapiere erwerben. Der Hebel der Arbeitskraft, des Codes und der Medien hingegen steht nur den Selbstständigen, Freiberuflern und Unternehmern zur Verfügung. Es ist zwar eine Weisheit des einfachen Bürgers, aber eine ehrliche Weisheit, die besagt: »Wenn du wohlhabend werden willst, musst du dich selbstständig machen.« Die meisten wohlhabenden Menschen sind in irgendeiner Form selbstständig oder als Unternehmer tätig. Wenn auch Sie die Vorteile der drei von vier Hebeln nutzen wollen, gibt es keinen Weg daran vorbei.

Es gibt dabei verschiedene Möglichkeiten. Sie können – wie viele selbstständig oder freiberuflich tätige Menschen – Ihren Job behalten und nebenbei Ihr Geschäft aufbauen oder Sie kündigen Ihren Job sofort und gründen ein Unternehmen. Sobald Ihre Idee reift und wächst, kommen Sie nicht darum herum, Ihre gesamte Zeit in dieses Geschäft zu investieren. Sie sollten sich also darüber im Klaren sein, dass eine Firma einen gigantischen Teil Ihrer Lebenszeit in Anspruch nimmt und damit auch die Opportunitätskosten Ihres Lebens in die Höhe schießen. Viele Unternehmer klagen im höheren Alter darüber, dass sie so viele Dinge nicht gemacht haben, weil sie permanent am Arbeiten waren. Das hat viele Gründe, doch der Hauptgrund dafür bleibt, dass viele Selbstständige oder Unternehmer glauben, sie müssten permanent alles selbst leisten und machen. Sie können sich nicht von ihrem Betrieb distanzieren oder genügend Hebel einsetzen, ohne diese ständig überwachen und überprüfen zu müssen. Den dazugehörigen Spruch kennen Sie wahrscheinlich: »Vertrauen ist gut. Kontrolle ist besser.« Dieser Irrglaube führt in der Zukunft zu Bedauern und Klagen.

Nichtsdestotrotz kann die eigenverantwortliche Arbeit ein großer Segen sein. Niemand sagt Ihnen, wann Sie wo zu erscheinen haben, aufstehen müssen, mit wem Sie wann und wo zusammenarbeiten müssen und wofür Sie sich begeistern dürfen. Doch alles hat zwei Seiten. Als Arbeitgeber müssen Sie nun nicht nur die Arbeit machen, sondern auch die Arbeit finden und Aufträge an Land ziehen. Am Anfang ist das alles nicht so einfach. Bis zu dem Zeitpunkt, an dem Sie einen der Hebel für sich nutzen, scheinen Sie überall gleichzeitig sein zu müssen. Vom Privatleben verabschieden sich die meisten Unternehmer in dieser Zeit.

Das unternehmerische Leben birgt noch einen weiteren großen Vorteil: Als Unternehmer oder Unternehmerin wollen Sie nicht nur Geschäfte machen und neue Kontakte für zukünftige Geschäfte kennenlernen, die Welt um Sie herum wird Ihnen auch deutlich mehr zutrauen. Ihre Leistung wird häufig an Ihre Verantwortungsbereitschaft gekoppelt. Kaum jemand übernimmt täglich so viel Verantwortung wie Unternehmer und Unternehmerinnen. Die Macher und Erschaffer unserer Gesellschaft begründen den Wohlstand der Gemeinschaft. Je höher Ihre Verantwortungsbereitschaft als geschäftiger Mensch wahrgenommen wird, desto größer sind Ihre Chancen und Möglichkeiten.

Die Macher und Erschaffer unserer Gesellschaft begründen den Wohlstand der Gemeinschaft.

An dieser Stelle sei gesagt, dass es genügend Literatur gibt, die das Thema des Unternehmertums predigt, heiligt und auf ein Podest stellt. Sollten Sie mit dem Gedanken spielen, Ihr eigenes Unternehmen zu gründen oder ein bestehendes Unternehmen zu kaufen, um die Leitung dieses Betriebes zu übernehmen, sollten Sie sich vorab mit allen Vor- und Nachteilen des unternehmerischen Lebens auseinandersetzen und klären, ob Sie und Ihre Familie bereit sind, die Opfer zu tragen. Wenn das der Fall sein sollte, werden Sie merken, dass kaum ein Leben einem unternehmerischen Leben ähnelt. Sie werden nicht nur alle vier Hebel für sich nutzen können, sondern auch eine unvergleichliche Achterbahnfahrt erleben.

Sie sollten allerdings auch wissen, dass vor allem in Deutschland Unternehmer keine beliebte Berufswahl ist und kapitalistisch motivierte Menschen häufig auf Gegenwehr, Neid, Verachtung und Hass stoßen. In anderen Ländern mag dies anders sein. Doch je sozialistischer ein Staat ist, desto mehr werden seine Gründer, Unternehmer und Macher verabscheut. Dies sollten Sie bedenken. Doch genug davon an dieser Stelle.

Verantwortungsbereitschaft

Ihre Verantwortungsbereitschaft wird direkt mit Ihrer Person assoziiert. Je höher Ihre Verantwortungsbereitschaft ist, desto öfter möchten Menschen mit Ihnen zusammenarbeiten. Ist sie eher niedrig, wird man sich von Geschäften mit Ihnen schneller distanzieren. Dies gilt für Unternehmer wie auch für Arbeitnehmer mit Personalverantwortung. Die Verantwortungsbereitschaft ist daher nichts für jeden. Viele Menschen scheinen sie kategorisch abzulehnen, wundern sich daraufhin aber zu Unrecht, warum sie den Human-Faktor nicht skalieren können. Themen wie Leadership, Personalführung im Allgemeinen oder Kommunikationstraining zielen darauf ab, Ihre Fähigkeiten in diesem Bereich zu verbessern und zu festigen. Wer den Hebel der Arbeitskraft für sich nutzen möchte, muss diese Fähigkeiten erarbeiten. Charisma, Charm, Überzeugungskraft und Authentizität sind wesentliche Eigenschaften, die es dafür zu kultivieren gilt.

Wer Verantwortung übernimmt, erhält ein hohes Maß an Vertrauen. Sie schreiten voran, geben dem Rest der Gruppe Rückendeckung, etablieren sich als Beschützer oder, treffender gesagt, als Alphatier. Die Alphatiere unserer Gesellschaft sind

Anführer, Entscheider, Macher und all jene, die nicht nur träumen, sondern auch handeln. Sie haben eine Vorbildfunktion und etablieren sich in einer modernen Welt öffentlich und mittlerweile sogar digital. Wer heute zeigen möchte, dass er oder sie die Fertigkeiten und Eigenschaften eines Alphatiers besitzt, um führen zu können, muss einen Mythos und eine Marke um sich erschaffen. Es heißt »Vorbild«, weil Sie in erster Linie ein klares Bild in den Köpfen der Menschen von sich schaffen. Marke nennen wir es nur, weil dieses Bild einen Wert besitzt. Eines der heutigen Probleme ist, dass Menschen Marken erschaffen, die keine Qualitäten von Alphatieren besitzen. Auch das ist durch die Digitalisierung der Welt und das Internet möglich geworden. Eine Plattform konnte in den letzten 10 bis 15 Jahren für jeden möglich werden. Das hat Vor-, aber auch Nachteile.

In erster Linie ist es risikoreich, eine eigene Plattform aufzubauen, um auf dieser eine Marke zu schaffen, sie zu inszenieren und darzustellen. Sie laufen Gefahr, dass die Marke Ihr Ego umarmt, Sie die Bodenhaftung verlieren, in Arroganz abschweifen, sich wichtiger nehmen, als Sie sind, zu einem Menschen werden, der Sie nicht sind, oder genauer gesagt zu einem Kotzbrocken. Sie gehen ebenfalls das Risiko ein, von Menschen angegriffen zu werden, die Ihre persönliche Plattform weniger wertschätzen, als es Ihre Mitstreiter tun. Mitstreiter können dabei alle Menschen sein, die Ihrer Botschaft, Ihren Worten, Produkten oder Ideen folgen. Doch wo es Mitstreiter gibt, gibt es auch Kontrahenten. Wer in der Öffentlichkeit steht, verliert den gigantischen Vorteil der Anonymität. Besonders wenn klar wird, dass Sie wohlhabend und finanziell erfolgreich sind, geraten Sie sehr schnell in die Schusslinie von Neidern, Intriganten, Lügnern und auch Kriminellen.

Laut einem Forschungsbericht zu Wohnungseinbrüchen der nordrhein-westfälischen Polizei aus dem Jahre 2017 brechen Einbrecher besonders gerne bei jenen Menschen ein, die nach Geld aussehen, Ruhm und Besitz haben und in guten Wohngebieten leben. Einbruch ist dabei leider noch eine der harmloseren Straftaten, die Sie ereilen können. Wer gut sichtbar ist, ist ein leichteres Opfer für Cybermobbing, Hass, Stalking und auch körperliche Angriffe. Es gibt genug Menschen, die einen Hass gegen wohlhabende Menschen hegen und ihn auch ausleben. Selbst wenn Sie nicht gehasst werden, so kann auch die zu große Liebe Ihrer neu gewonnen Gemeinschaft (engl. *community*) ungesund werden. Schnell scharen sich statt klar denkenden Menschen nun Jünger um Sie herum, die Sie verehren und anhimmeln. Dies tut weder Ihrer Gemeinschaft noch Ihrem Ego gut. Sie laufen Gefahr abzudrehen und das Maß aller Dinge zu verlieren.

Wenn Sie sich dafür entschieden haben, eine persönliche Marke zu etablieren, dann kann dies auch ohne eine große Inszenierung geschehen. Eine persönliche Plattform für Ihre Marke müssen Sie dennoch schaffen. Hier ist es empfehlenswert, darauf zu achten, dass Ihre Marke auf Ihrer Expertise und Ihrem Renommee aufgebaut wird. Glänzen Sie durch Know-how und bodenständige Werte, die Sie zurückhaltend, überlegt, konzentriert und gefestigt wirken lassen. So laufen Sie zwar Gefahr, kein gigantisches Publikum anzuziehen, dafür jedoch eine qualitative Gefolgschaft zu etablieren, die Ihre Botschaft, Ihr Produkt und Ihre Ideen auch versteht.

Verantwortungsbereitschaft = persönliche Marke
+ persönliche Plattform + Risiken eingehen

Einfach gesagt: Sie müssen nicht von jedem geliebt werden, sollten sich aber vor jedem schützen können. Der Aufbau einer persönlichen Plattform darf kein Mittel sein, um aus Ihnen einen Star zu machen, sondern um jene Menschen

Sie müssen nicht von jedem geliebt werden, sollten sich aber vor jedem schützen können.

zu erreichen, denen Sie mit Ihren Leistungen dienen wollen. Wenn Sie keiner kennt, können Sie niemandem dienen. Dann spielt es auch absolut keine Rolle, ob Sie das beste Produkt, die beste Idee oder die besten Leistungen der Welt haben.

Verwechseln Sie Ihre persönliche Plattform nicht mit einem YouTube-Account, der zwei Millionen Follower hat. Sie müssen nicht unbedingt bei Social Media aktiv sein. Auch ich habe mich lange davor gedrückt und dennoch Erfolg haben dürfen. Ihre persönliche Plattform kann ein E-Mail-Newsletter sein oder ganz einfach Ihre eigene Kontaktliste. Sie können jedoch Ihre Plattform über Social Media erweitern.

Ihre persönliche Plattform müssen Sie zu jedem Zeitpunkt monetarisieren können. Wenn Sie zwei Millionen Fans auf YouTube haben, die jedoch keines Ihrer Produkte kaufen, wenn Sie es ihnen anbieten, dann haben Sie nur Fans, aber keine persönliche Plattform. Ja, die sozialen Medien haben es leichter gemacht, auch neue Kontakte zu knüpfen, ohne hierfür einzeln Klinken putzen zu müssen. Für die Menschen, die in ihren Leistungen bereits Expertise beweisen, ist die Etablierung einer persönlichen Plattform häufig ein heikles Thema. Sie wollen lediglich durch Ihre Expertise glänzen und glauben, dass Sie nicht aktiv für Ihre Person werben müssen. Das ist ein Irrtum, der Ihnen riesige geschäftliche Möglichkeiten raubt. Das Gegenteil davon kann jedoch auch der Fall sein. Mittlerweile werben viele Menschen für Ihre Leistungen, die alles andere als herausragend oder qualitativ hochwertig sind. Sie schaffen eine Marke und eine persönliche Plattform, die jedoch keinen wirklichen Wert für unsere Gesellschaft hat. So haben mehr und mehr Menschen eine große Gefolgschaft, jedoch keine Form der Monetarisierung. Auch das ist gefährlich.

Arbeiten Sie also nicht nur an Ihren Leistungen und Ihrem Know-how, sondern auch an Ihrem Renommee und Ihrer Reputation. Zu Ersterem werde ich in den kommenden Abschnitten noch mehr sagen, um Leistung und Know-how deutlich zu spezifizieren, da Sie ein ganz bestimmtes Fachwissen benötigen, um einen oder mehrere der vier Hebel vollkommen für sich zu nutzen. Ihre Reputation und Ihr Renommee müssen Sie hingegen mit allem verteidigen, was Sie haben. Stehen Sie hier noch am Anfang, lohnt es sich, darüber nachzudenken, wie Sie Ihre Reputation und Renommee verbessern oder in Szene setzen können. Wer bereits eine hervorragende Reputation aufgebaut hat, muss diese nun beschützen. Das ist im Grunde genommen ein Statusspiel. Statusspiele wird es auch immer geben. Doch in diesem Statusspiel finden Sie genügend Verknüpfungen mit Ihrem Wohlstand und sich selbst. Es ist daher finanziell intelligent, seine eigene Verantwortungsbereitschaft auch zu präsentieren.

Wer hier noch am Anfang steht, muss seine persönliche Plattform und seine Reputation erst einmal aufbauen. Der Aufbau eines solchen Renommees kann Jahre dauern. Glauben Sie daher nicht, dass Sie mit Anfang 20 bereits der neue große Pantoffelkönig werden. Die Ausnahmen fallen zwar auf, sind dafür jedoch umso seltener und meist auch genauso schnell wieder verschwunden, wie sie aufgetaucht sind. Ihr Renommee wollen Sie nicht dem Zufall überlassen, sondern aktiv gestalten und planen. Lassen Sie uns an dieser Stelle deshalb überlegen, wie Sie Ihr Renommee besonders stärken oder etablieren können.

Es ist klug, wenn Sie sich zwar in Szene setzen, jedoch Ihre persönliche Marke nicht zu einem Konstrukt der Medien werden lassen. Das, was Sie präsentieren, wollen Sie selbst auch noch sein. Sobald Sie zum Schauspieler werden und Ihr Leben die Bühne ist, haben Sie das Wohlstandsspiel verlassen und spielen wieder Statusspiele. Der Grat ist schmal. Achten Sie stattdessen darauf, dass Sie das verstärken, was sowieso schon da ist. Vermeiden Sie es, zu viele Persönlichkeiten zu erschaffen, die Sie dann mit Inhalten füllen müssen. Definieren Sie stattdessen klar, für welche Leistungen Sie bekannt sein und welche Leistungen Sie auch vertreiben möchten. Welches Wort oder welcher Begriff beschreibt Sie dabei am besten? Es können Stichworte sein wie: Vertriebserfolg, Nachhaltigkeit, Spiritualität, Atomphysik, Alarmanlagen oder vegane Ernährung. Im Grunde genommen können Sie für alles stehen. Stehen Sie nur nicht für alles gleichzeitig. Das wirkt wenig authentisch und verwässert Ihre persönliche Marke. Grenzen Sie Ihre Marke auf einen bis maximal drei Begriffe ein, die auch miteinander vereinbar sind. Industrieller Öko wirkt beispielsweise etwas fern von dieser Welt.

Bauen Sie daraufhin Ihre Botschaft auf. Ihre Botschaft kann das geschriebene oder gesprochene Wort, ein Produkt, eine Dienstleistung, Musik, Kunst oder Lyrik sein. Es gibt viele Möglichkeiten, Ihre Botschaft zu präsentieren. Denken Sie dabei nicht nur an Steve Jobs oder Elon Musk. Diese mögen eher schlechtere Beispiele sein, weil Sie für uns so fern erscheinen. Denken Sie stattdessen einmal an Hans-Peter Wild, der als Mr. Capri-Sun bekannt wurde und das deutsche Familienunternehmen Rudolf Wild GmbH & Co. KG und die Capri-Sonne zu einem Welthit machte. Mr. Capri-Sun steht unweigerlich für die Capri-Sonne – ein Fruchtgetränk ohne Chemie und ohne Glasflasche in einem flexiblen Beutel, das damit die Konventionen des Marktes brach. Der Erfolg spricht heute für ihn. Welcher Mr. oder welche Mrs. sind Sie?

Daraufhin beginnen Sie mit der Präsentation. Benutzen Sie hier den Hebel der Medien. Anstatt einen eigenen sozialen Kanal aufzubauen, können Sie auch bereits etablierte Kanäle anderer nutzen – sich in Podcasts einladen lassen, in Shows auftreten, in der Pres-

Verwechseln Sie nicht laute Marken mit präsenten Marken.

se einen wissenschaftlichen Artikel veröffentlichen oder bei Ihrem sozialen Engagement fotografiert und veröffentlicht werden. Tingeln Sie jedoch nicht von Show zu Show, wie es ein bekannter Gesundheitsminister tat, nur um sich in Szene zu setzen. Treten Sie entsprechend Ihrer Marke nur dort in Erscheinung, wo die Qualität Ihrer Marke auch unterstrichen wird. Qualität geht hier vor Quantität. Sind Sie zum Beispiel eine Führungskraft in einem Pharmaunternehmen, so wollen Sie sich beispielsweise dabei in Szene setzen, wie die Produkte Ihres Unternehmens kranken Menschen helfen, Sie wollen sich dafür aktiv dafür einsetzen, dass Rehabilitierungsmaßnahmen erschwinglich werden oder dass das Unternehmen sich sozial engagiert. Machen Sie mehr als nötig und glänzen Sie durch Großzügigkeit, Bescheidenheit, Freundlichkeit und Fürsorge. Insgesamt gilt: Das, was Sie sind, muss verstärkt und wahrgenommen werden. Sie wollen zu einem Vorbild werden, von dem man sagt: »So wie er möchte ich auch sein« oder »So eine tolle Frau möchte ich auch werden.« An die Gefühle, die Sie in den Menschen erzeugen, wird man sich erinnern.

Verwechseln Sie nicht laute Marken mit präsenten Marken. Bei Altkanzler Helmut Schmidt denken Sie wahrscheinlich an einen charismatischen SPD-Politiker, der beim Militär seine Führungsqualitäten erlernte. Sie denken vielleicht auch an die Talkshows und Podiumsdiskussionen, zu denen er eingeladen war. Sie denken an einen Mann, der sich nicht an Trends orientierte, sich eher unauffällig kleidete, für seine Heimat Hamburg bei der großen Flut einstand und sein Bestes für sein Land gab. Eine Marke zu sein, ein Vorbild zu werden, bedeutet nicht, in schrillen Farben durch die Shows der Welt zu ziehen oder sich für ein Magazin nackt auszuziehen. Sie können genauso gut eine Marke als Universitätsprofessorin werden, die ihr Renommee mit akademischen Errungenschaften unterstreicht. Was auch immer Sie tun, Sie müssen

Ihre Verantwortungsbereitschaft beweisen und klarmachen, dass Sie für langfristige und ernsthafte Geschäfte und Projekte der richtige Ansprechpartner oder die richtige Ansprechpartnerin sind.

Digitale Möglichkeiten

Niemals zuvor war es so leicht, eine Plattform für sich zu erschaffen, mehr Menschen zu erreichen und Verantwortungsbereitschaft zu präsentieren und auszuleben. Das Internet hat hierfür in den letzten 10 bis 20 Jahren unglaubliche Möglichkeiten geschaffen. Durch die weltweite Vernetzung sind Marken wie Facebook, WhatsApp, Instagram, Tesla, Netflix, Amazon, Google und viele mehr entstanden. Verständlich ist, dass junge, suchende Menschen diesen nacheifern wollen. Die Lust nach einem erfolgreichen Start-up-Unternehmen, dem eigenen Ruhm und der sozialen Anerkennung ist dabei sehr groß. Und doch ist es nur ein Statusspiel. Die Vorteile der Vernetzung und Digitalisierung sollten Sie dennoch für sich nutzen.

Mittlerweile erreichen manche Kinder mit Ihren YouTube-Kanälen mehr Zuschauer und Zuhörer als einige große TV-Produktionen und Nachrichtensender. Podcasts haben das Radio mittlerweile fast ersetzt und sogar Videospiele wurden zu einem Sport – E-Sport – deklariert, für den junge Menschen gigantische Gagen erhalten. Die Welt wird digitaler und dabei hat dieser Wandel gerade erst einmal angefangen. Tauschgeschäfte wurden durch den digitalen Wandel schnelllebiger. Verabredungen mit anderen Menschen wurden durch Tinder oder Bumble einfacher, und auch Jobs können durch die Vernetzung leichter vermittelt werden. In Bereichen, wo wir gestern noch gegen unsere Nachbarn konkurrenziert haben, treten wir heute mit der gesamten Welt in einen Wettkampf um Ressourcen und Erfolge. In Deutschland haben wir in den letzten Jahrzenten dekadent von unserem hohen Ross, das wir uns nach dem Zweiten Weltkrieg aufgebaut haben, auf den Rest der Welt niedergeblickt. Die anderen sind aber mittlerweile stark geworden. Wenn wir jetzt nach unten schauen – was wir immer noch tun –, finden wir sie dort nicht mehr. Indien, China und sogar Israel sind in vielerlei Hinsicht an uns vorbeigezogen. Sich auf dem Slogan einer nachhaltigen Demokratie auszuruhen, ist keine gute Strategie für uns. Wer nicht leistet, wird von denen überholt, die Leistung erbringen.

Es gilt daher, die digitalen Möglichkeiten vollends auszunutzen und den Wandel nicht zu verpassen. Das betrifft nicht nur die älteren Semester, die nun lernen, dass sie keine Fernbedienungen mehr brauchen und das Smartphone ihr Haus und ihre Medien steuert, sondern auch die jüngeren Semester, die verstehen müssen, dass die Digitalisierung nicht nur dem Entertainment und der Ablenkung dient. Mit ein wenig Zeit und Muße können heute Teenies beispielsweise lernen, wie ein Linux-Server funktioniert und ein NAS (Network-Attached-Storage) aufgebaut werden kann. Sie können die Systeme der Riesen wie Google, Netflix oder Amazon für kleines Geld selbst laufen lassen, eigene Programme schreiben und die wunderbare Welt von OpenSource für sich nutzen. Das Internet hat die Möglichkeiten der Bildung aus den Angeln gehoben. Sie finden zu nahezu jedem Problem und jeder Frage über die gängigen Suchmaschinen eine Antwort. Die Möglichkeit, dass andere Menschen das gleiche Problem bereits vor Ihnen hatten, ist nämlich sehr groß. In Foren, auf Webseiten und Blogs wird sich zu jeder Fragestellung ausgiebig ausgetauscht. Wer heutzutage noch Wissen wie eine Maschine auswendig lernt, anstatt zu lernen, wie und warum die Dinge funktionieren, läuft einem Bildungspfad hinterher, den die Digitalisierung längst abgeschafft hat (Grüße an dieser Stelle an unser Bildungsministerium).

Unabhängig davon, ob Sie bei den sozialen Medien aktiv sind, eigene Server betreiben oder eher analoge Möglichkeiten bevorzugen, Sie sollten Ihr Wissen mit digitalen Fähigkeiten erweitern. Tun Sie das nicht, dann werden Sie durch all jene abgehängt, die bereits verstanden haben, dass das Internet nicht nur der Belustigung dienen kann. Um am internationalen Markt zu bestehen und sich hier zu entfalten, brauchen Sie allerdings Fachkompetenzen, die über den digitalen Sektor hinausgehen.

Spezifische Fachkompetenz

Fachkompetenz können Sie am besten und leichtesten zu einem Thema erwerben, für das Sie bereits ein natürliches Interesse und eine natürliche Neugierde besitzen. Ohne echtes Interesse und Neugier werden Sie kaum Fachkompetenz auf einem Gebiet erlangen.

Um wohlhabend zu werden, brauchen Sie einerseits die Verantwortungsbereitschaft, von der wir bereits sprachen, und andererseits die Wirkung eines oder mehrerer Hebel. An dieser Stelle müssen wir nun Ihr Urteilsvermögen mit in die Gleichung bringen. Wir Menschen sind beispielsweise zu dem Urteil gelangt, dass jede Form von Fähigkeit gelehrt werden kann. So heißt es, dass jedes Thema an einer Schule gelernt werden könne. Das ist jedoch falsch. Sie können zwar jedes Thema erlernen, aber nicht jedes Thema beigebracht bekommen. Häufig ist ein Lernprozess das Ergebnis eigener Neugierde und Erfahrung. Die Urteile, die Sie im Lernprozess bilden, verbessern Ihre Fähigkeiten und geben Ihnen das Wissen, das nicht problemlos durch andere Menschen kopiert werden kann. Deshalb sind die Fähigkeiten besonders wertvoll, die sehr schwer zu erlernen sind.

Der Psychologe Prof. Dr. Paul Ekman wurde beispielsweise für eine Art von Wissen berühmt und wohlhabend, die nicht an Schulen gelehrt werden konnte. Er studierte die Gesichtsausdrücke verschiedener Menschen über den Globus verteilt und stellte bahnbrechende wissenschaftliche Erkenntnisse zum Thema der nonverbalen Kommunikation vor. Er entwickelte dadurch das Facial Action Coding System (FACS). Ekman reiste für seine Forschungen durch den Urwald in Papua-Neuguinea bis nach Japan und lernte jeden möglichen Gesichtsausdruck kennen, der durch 43 verschiedene Gesichtsmuskeln erzeugt werden kann. Diese Kenntnisse ermöglichten ihm seine Theorien zur Makro- und Mikroexpression, die er später staatlichen Behörden wie der CIA, dem FBI oder Sicherheitsunternehmen anbot und in Form von Trainings verkaufte.

Ein solches Wissen kann in der Schule nicht gelehrt werden, jedoch erlernt werden. Für diese Art der Fachkompetenz muss ein hohes Maß an intrinsischer Motivation und Neugierde vorhanden sein. Denken Sie auch an Thomas Alva Edison oder Nikola Tesla. Beide Wissenschaftler leisteten Herausragendes. Edison wurde berühmt und wohlhabend, während Tesla als armer Mann starb. Edison hatte die Fachkompetenz der Präsentation und des Verkaufs für sich gewonnen und genutzt, während Tesla lediglich ein genialer Wissenschaftler blieb und vom Verkauf und der Präsentation seiner Ideen wenig hielt. Der Verkauf ist eine Fähigkeit, die zwar theoretisch gelehrt werden kann, jedoch Talent und Geduld erfordert, um sie zu meistern.

Um wohlhabend zu werden, sollten Sie frühzeitig anfangen, konkretes Fachwissen in jenen Bereichen zu erlangen, in denen andere Ihre Kompetenz nicht so leicht kopieren können. Ihre Fachkompetenz sollte Sie dabei so unverzichtbar

Ihre Fachkompetenz sollte Sie dabei so unverzichtbar wie nur möglich machen.

wie nur möglich machen. Ein weniger berühmtes Beispiel ist dafür ein alter Schulfreund von mir. Er war bereits zur Schulzeit ein echter IT-Nerd und brachte sich verschiedene Programmiersprachen wie Python, Java und C++ selbst bei. Als er nach dem Abitur seine Ausbildung zum Techniker begann, setzte er bereits ganze Infrastrukturen von Servern und Applikationen zusammen. Seine Neugierde war riesig. Er sprach bereits von virtuellen Maschinen, als seine Kollegen noch über Tablets philosophierten. Seine Fachkompetenz verhalf ihm zu einer hervorragenden und überaus gut bezahlten Karriere. Damals sagte er noch zu mir: »Komm, lass mich dir Linux zeigen.« Damals hatte ich daran kein Interesse. Ich musste Jahre später das gesamte Wissen mühevoll nacharbeiten, dass ich durch ihn früher hätte erlernen können.

Erlangen Sie darüber hinaus Fachkompetenz in einem Bereich, der besonders schwierig oder komplex dargestellt und deshalb von den meisten gemieden wird. Ich habe ein Vermögen dadurch verdient, dass ich in meinen Zwanzigern Rechtsvorschriften für verschiedene Fachbereiche kennenlernte, die später im Sicherheits- und Transportwesen für Unternehmen unverzichtbar wurden und diese dazu zwangen, teure Experten wie mich einzukaufen. Kaum jemand wollte sich mit dieser komplexen Materie auseinandersetzen. Für meine unternehmerische Laufbahn war das wie Goldschürfen. Spezifische Fachkompetenz ist von unglaublicher Bedeutung für Ihren Wohlstand.

Spezifische Fachkompetenz erfordert
ein hohes Maß an Kreativität.

Spezifische Fachkompetenz
ist nicht so leicht kopierbar.

Spezifische Fachkompetenz wird
durch Anwendung erlernbar.

Ein anderes berühmtes Beispiel für Fachkompetenz ist die Fachkompetenz von Warren Buffet. Nach der Schulzeit ging Buffet zu Benjamin Graham, der gerade als Autor des Bestsellers *Intelligent Investieren* berühmt geworden war, und bot ihm an, kostenlos für ihn zu arbeiten. Graham antwortete ihm: »Du bist zu teuer. Kostenlos ist zu teuer.« Buffet hätte theoretisch Graham Geld für das Wissen und die Erfahrung bezahlen müssen, die er von Graham erhalten würde. Doch Graham akzeptierte Buffet, und so lernte Buffet zu investieren. Diese Fachkompetenz machte ihn später zum Milliardär. Auch Investieren ist eine Fachkompetenz, die man erlernen kann. Doch selbst wenn sich Ihre Bücherregale mit Literatur zum Thema Investment, Chart-Analysen, ETFs, Fonds, Dividendenadel oder Fundamentanalyse füllen, investieren lernen Sie erst durch die Anwendung. Wer sein Geld nicht investiert, kann nicht lernen, wie das Investieren funktioniert. Die Masse an existierenden Büchern kann Ihnen da nur begrenzt weiterhelfen, da sich die Erfahrung durch die Handlung einstellt. Investieren ist eine der Fachkompetenzen, die einen Hebel (Kapital) nutzt und dabei nicht einfach gelehrt oder kopiert werden kann. Finanziell intelligente Menschen wissen das und lernen daher frühzeitig, ihr Geld zu investieren.

Spezifische Fachkompetenz =
Wissen, für das die Gesellschaft nicht
problemlos andere Menschen ausbilden kann

Versuchen Sie, in einem bis drei Fachgebieten ein absoluter Experte zu werden. Wenn Sie zu den Top-5-Prozent der Experten in diesen Bereichen zählen und Ihr Wert bekannt und kommuniziert ist, werden Sie niemals zu wenig Arbeit finden oder zu wenig verdienen. Lernen Sie, Ihre Fachkompetenz so zu nutzen, dass Sie durch sie neue Dinge erschaffen, designen, gestalten oder produzieren können. Ihre Fachkompetenz muss zu einer Dienstleistung oder einem Produkt werden.

Denken Sie nochmals zurück an den Psychologen Ekman. Er erschuf aus seinen Forschungen Trainings für Mitarbeitende von Behörden und Unternehmen – Personalentwicklung im weitesten Sinne, wenn man es so sehen möchte. Ekman hatte die Fähigkeit kultiviert, Dinge zu erschaffen und nicht nur ein Experte in seinem Fachgebiet zu sein. Machen Sie es ihm nach.

Lernen Sie zu verkaufen

In allen Bereichen gibt es einige wenige Menschen, die sich zu den Top-Experten in ihrem Fachgebiet etabliert haben. Doch nicht alle davon sind auch als solche bekannt. Ihre Fachkompetenz ist eine wesentliche Säule Ihres Wohlstands und der Fähigkeit, diesen zu erreichen. Wenn von Ihren Leistungen jedoch keiner weiß, haben Sie bereits verloren, bevor das Spiel überhaupt beginnt. Wenn Sie lernen, wie man Dinge erschafft und verkauft, werden Sie unaufhaltsam sein. Eine der Fähigkeiten, an denen Sie unbedingt arbeiten müssen, selbst wenn Sie glauben, bereits alles zu wissen, ist das Verkaufen. Zusätzlich zu Ihrer Fachkompetenz und der Fähigkeit, daraus Produkte oder Dienstleistungen zu erschaffen, ist die Kompetenz des Verkaufs essenziell. Tauschgeschäfte und Handel sind ein natürlicher Bestandteil des Zusammenlebens und Überlebens unserer Spezies. Nichtsdestotrotz können Sie diese Fähigkeit bestimmt noch deutlich verbessern und Neues dazulernen.

Wenn Sie lernen, wie man Dinge erschafft und verkauft, werden Sie unaufhaltsam sein.

Die meisten Menschen schrecken eher davor zurück, sich in Szene zu setzen, ihre Arbeit, Produkte oder Dienstleistungen zu verkaufen. Doch selbst wenn Sie Arbeitnehmer sind und keinen unternehmerischen Weg einschlagen, so verkaufen Sie Ihre Arbeitszeit für Geld. Im besten Falle verkaufen Sie sogar echte Leistungen für Geld. Unabhängig davon verkaufen Sie sich. Schon beim Bewerbungsgespräch haben Sie versucht, sich selbst anzubieten und zu verkaufen. Ob Sie dies erfolgreich gemacht haben, hängt von Ihrer Kompetenz des Verkaufs ab.

Heute haben Sie die Möglichkeit, durch die Hebel des Codes und der Medien Ihre Verkaufstalente zu skalieren und unendlich oft zu multiplizieren. Sie haben die Möglichkeit, ein Verkaufsgespräch vor drei Menschen zu führen oder durch Audio- und Videoaufzeichnungen eine Präsentation vor Hunderten von Menschen täglich wieder aufs Neue zu halten, ohne dass Sie selbst vor Ort aktiv sind. Die allermeisten Menschen schrecken jedoch davor zurück, da sie sich unbewusst davor fürchten, von anderen abgelehnt zu werden. Sie vertreten deshalb die Ansicht, dass der Verkauf ein schmieriges und ekelhaftes Geschäft sei. So wird der Vertrieb oder Verkauf häufig mit aalglatten und hochnäsigen Idioten im Mercedes assoziiert, die durch eine goldene Rolex brillieren statt durch wahre Kompetenz. So möchte kaum jemand sein und deswegen lehnt man lieber das typische Bild eines Verkäufers ab. In Wahrheit ist das Verkaufen jedoch eines der natürlichsten Dinge dieser Welt. Selbst wenn Sie eine Partnerin oder einen Partner suchen, sind Dates nichts anderes als Verkaufsgespräche. Sie verkaufen sich selbst und hoffen, dass der andere Mensch Ihre Qualitäten erkennt. Interviews sind Verkaufsgespräche, Bestellungen im Restaurant sind Verkaufsgespräche, Telefonate sind Verkaufsgespräche und im Grunde genommen sind alle Formen zwischenmenschlicher Kommunikation ein Verkaufsgespräch, in dem A versucht, B etwas zu verkaufen, zu erklären, mitzugeben, verständlich zu machen oder von etwas zu überzeugen.

Verkauf = Skalierbare Menge + Überzeugungskraft + Vertrauen

Legen Sie daher so schnell wie irgend möglich den Glaubenssatz ab, dass das Verkaufen etwas Negatives sei und Sie es nicht nötig hätten, Ihre Leistungen zu präsentieren. Solange dieser Glaubenssatz besteht, werden Sie Ihre Kompetenz niemals zu Geld machen können. Betrachten Sie es einmal folgendermaßen: Der Irrglaube, nicht verkaufen zu müssen, weil Ihre Leistung so gut ist, ist die wahre Arroganz in diesem Fall. Wenn Ihre Leistungen oder Ihre Marke hervorragend sind, verdienen andere es auch, an ihr teilhaben zu dürfen. Wenn Sie Ihre Leistungen nicht anbieten und verkaufen, dann verwehren Sie anderen Menschen diesen Vorteil. Teilen Sie Ihre Leistungen – dafür sind sie da. Sie können jedoch nichts teilen, wenn Sie es nicht vorher verkaufen. So einfach ist das.

Wenn Sie diesen Glaubenssatz losgeworden sind, beginnen Sie mit der Präsentation Ihrer spezifischen Fachkompetenz. Verkaufen bedeutet zu überzeugen. Doch die Überzeugungskraft Ihrer Fachkompetenz reicht häufig nicht aus. Ich erinnere mich in diesem Zuge an einen Handwerker, der eine echte Koryphäe in seinem Fachgebiet war. Zur Besichtigung der Baustelle kam er morgens um halb 8 bereits durchgeschwitzt mit stinkendem T-Shirt. Der Mann roch so unangenehm, dass er noch so gut hätte sein können. Er erhielt den Auftrag nicht. Die Präsentation Ihrer Marke ist über Ihre Fähigkeiten hinaus genauso wichtig wie Ihre bloße Fachkompetenz.

Hat Ihr potenzieller Käufer Ihren Wert verstanden, muss er Ihnen auch vertrauen. Es fällt uns schwer, das nötige Vertrauen in Menschen zu stecken, die ganz anders sind als wir. Wir wollen Gemeinsamkeiten entdecken, die uns den

Wir kaufen aus emotionalen Gründen und rechtfertigen den Kauf durch rationale Gründe.

Kauf leichter machen. So kaufen Männer häufig Autos und lesen danach erst die Broschüre des Wagens, während Frauen Kleidung aus emotionalen Gründen kaufen und erst nach dem Kauf nach einer rationalen Rechtfertigung dafür suchen. Andersherum ist das natürlich auch möglich. Kaufen und Verkaufen müssen nicht immer rational sein. In erster Linie ist es ein sehr emotionaler Prozess, der am Ende rational gerechtfertigt wird. So nach dem Motto: »Die Jacke war im Angebot und ich spare 40 Prozent. Klar, dass ich sie kaufen musste.« Dass die Jacke jedoch immer noch 60 Prozent gekostet hat und man gar kein Geld gespart hat, übersieht man dabei nur allzu gern.

Wir kaufen aus emotionalen Gründen und rechtfertigen den Kauf durch rationale Gründe. Das ist ein universelles Gesetz, das nicht häufig genug wiederholt werden kann. Bedenken Sie dies beim Verkauf Ihrer Leistungen. Um emotional gekauft werden zu wollen, muss Ihr Käufer nicht nur einen rationalen, sondern auch einen dominanten emotionalen Grund dafür haben, Ihre Leistungen, Ihre Produkte oder Ihre Marke zu kaufen. Dafür brauchen Sie Vertrauen. Schaffen Sie bei Ihrem Gegenüber kein Vertrauen, kann Ihr Produkt noch so gut sein. Es bleibt unverkauft. Auf der einen Seite müssen Sie lernen zu verkaufen und diese Fähigkeit zu skalieren, auf der anderen Seite brauchen Sie beim Verkauf jedoch auch Überzeugungskraft und Vertrauen. Ohne diese Komponenten können Sie nichts vermitteln, weitergeben oder verkaufen.

Lernen Sie daher, wie Sie Ihre Leistungen verkaufen können. Literatur, Seminare oder ein Training können Ihnen hier weiterhelfen. Am Ende jedoch lernt der beste Verkäufer beim Verkaufen. Besonders jungen Menschen empfehle ich deshalb, während des Studiums oder in jungen Jahren einen Beruf im Vertrieb oder Verkauf. Je früher Sie diese Fähigkeit erlernen, desto besser für Sie. Selbst wenn Sie nach dieser Zeit nie wieder etwas mit dem Vertrieb zu tun haben wollen oder haben werden, so sind die gewonnenen Fähigkeiten für Sie ein absoluter Segen. Ich habe diesen Rat erhalten, als ich gerade volljährig wurde. Bereits ein Jahr darauf war ich im Vertrieb als Praktikant eingestellt worden. Hier lernte ich den Verkauf kennen. Durch die Seminare und Trainings, die mir der Arbeitgeber anbot, konnte ich wertvolle Lektionen erlernen, die mir viele Jahre später als Unternehmer besonders halfen.

Je besser Ihre Leistungen werden und je häufiger Sie sie verkaufen können, desto mehr Geld verdienen Sie. Dieses Geld können Sie dann wiederum investieren und wahren Wohlstand schaffen. Wer also glaubt, dass der Verkauf keine wesentliche Fähigkeit finanziell intelligenter Menschen ist, hat nicht verstanden, wie Wohlstand aufgebaut wird. Sie sind weder zu cool noch zu alt, um das Verkaufen zu lernen. Auch wenn Sie keinen Beruf im Vertrieb haben oder selbstständig sind, ist diese Fähigkeit von größter Bedeutung für Sie.

(Un-)abhängiges Einkommen

Wohlstand erreichen Sie, platt gesagt, wenn Ihre Ausgaben deutlich geringer als Ihre Einkünfte sind. Je größer die Differenz, desto mehr Geld haben Sie für Investitionen zur Verfügung. Menschen, die mit geringen Lebenskosten zufrieden sein können, genießen eine Freiheit, die für viele kaum vorstellbar ist. Ein leichtes Leben ist Freiheit. Je mehr Dinge Sie an sich und Ihr Leben binden, desto mehr stagnieren Sie. Sie haben einfach zu viel im Kopf, um sich auf das Wohlstandsspiel ausgiebig zu konzentrieren.

Doch mit der Reduktion Ihres Besitzes und dem Konsum ist es nicht getan. Das Gesamteinkommen muss steigen. Daran führt kein Weg vorbei. Einerseits sind Ihre Investitionen dafür da, um neues Geld zu verdienen, das wieder reinvestiert werden will, bevor es durch den Konsum vernichtet wird. Auf der anderen Seite aber muss auch Ihr aktives Einkommen steigen. Ihr Einkommen, das aus dem aktiven, passiven und Portfolioeinkommen besteht, muss langfristig steigen. Zu behaupten, dass der Arbeitgeber an Ihrem stagnierenden Einkommen schuld sei, ist eine Einstellung, die Ihre Verantwortungsbereitschaft negiert und von sich schiebt. Ihr Einkommen ist direkt mit Ihrer Verantwortungsbereitschaft gekoppelt. Je mehr Verantwortung Sie übernehmen, desto mehr verdienen Sie. Manager verdienen häufig sehr hohe Gehälter, nicht weil sie besonders viele Produkte produzieren, sondern für die Ergebnisse vieler verantwortlich sind. Gerät ein Unternehmen in ein schlechtes Quartal und erwirtschaftet deutlich weniger, so juckt das häufig Mitarbeiter der Operative kaum. Sie bekommen weiterhin ihr Gehalt. Das Management hingegen fängt an zu schwitzen, da es für diese Ergebnisse die Verantwortung übernehmen muss.

Sehen Sie daher so schnell es geht zu, dass Sie in Ihrem Fachgebiet an Verantwortung gewinnen und diese Verantwortung öffentlich übernehmen. Je größer Ihre Verantwortungsbereitschaft ist, desto höher sind auch die Chancen für eine Beförderung. In Wahrheit will kaum jemand Verantwortung übernehmen. Jene, die es tun, profitieren von höheren Gehältern. Wenn Sie vollkommen selbstverantwortlich sind, wie es bei Selbstständigen, Freiberuflern und Unternehmern der Fall ist, kennt Ihr Einkommen keine Grenzen. Ist dies erst einmal der Fall, müssen Sie damit beginnen, Ihre Ergebnisse durch einen der genannten Hebel zu multiplizieren. Hierfür brauchen Sie Ihr spezifisches Fachwissen, Ihre Kompetenz und die Fähigkeit, diese zu verkaufen. Sie verkaufen den Wert Ihrer Person und Ihrer Leistungen.

Einkommen = Verantwortungsbereitschaft +
Hebel + spezifisches Fachwissen

Wichtig ist, dass Sie möglichst frühzeitig damit beginnen, Ihre Einkünfte so breit aufzustellen, dass Sie nicht abhängig werden. Die meisten Menschen sind in ihrem Alltag und ihrem Beruf gefangen. Die wenigsten haben die Möglichkeit, ein paar Monate eine Auszeit zu genießen und zu reisen, wenn sie aufhören zu arbeiten. Die meisten müssen sofort wieder in Brot und Lohn zurück, da sonst die Lebenserhaltungskosten nicht getragen werden können. 29 Prozent aller Deutschen haben gemäß einer Umfrage des ING keine Rücklagen. Knapp die Hälfte der Befragten gab an, Rücklagen von etwas mehr als drei Monaten zu besitzen. Das ist ein Armutszeugnis. Und dabei werden wir als Weltmeister im Sparen betitelt. Wären wir lieber einmal Weltmeister im Investieren.

An dieser Stelle präsentiere ich Ihnen daher einmal die Überlebenskennzahl. Diese Kennzahl zeigt Ihnen die Monate an, die Sie ohne weitere aktive Arbeit überleben können. Für die meisten Deutschen scheint sie zwischen 0,5 und 3 Monaten zu liegen. Ziel sollte es sein, diese Kennzahl in die Höhe zu treiben. Dies können Sie einerseits durch Rücklagen tun, andererseits durch Einkünfte, die nicht aus Ihrer Arbeit stammen, und für diese brauchen Sie nun einmal einen oder mehrere Hebel, spezifisches Fachwissen und Verantwortungsbereitschaft. Egal wie Sie es auch drehen, ohne ein unabhängiges Einkommen können Sie keinen Wohlstand aufbauen. Ohne frühzeitige und regelmäßige Investitionen kann Ihr Geld nicht arbeiten und neues Geld verdienen. Dies klappt natürlich nicht über Nacht und erfordert Zeit und Geduld. Schnelles Geld währt daher häufig nicht allzu lang, da es auf keiner Grundlage erwirtschaftet wurde. Es fehlen die Investitionen. Konzentrieren Sie sich deshalb darauf, über einen langen Zeitraum kontinuierlich Geld zu verdienen, statt mit einem Schlag eine große Menge Geld zu erwirtschaften.

Wohin Sie Ihr Geld bringen und wo dieses arbeitet, spielt nur eine untergeordnete Rolle. Wichtig ist in erster Linie, dass Sie

Ihre Einkünfte nicht mit Konsum vernichten, sondern in Investitionen arbeiten lassen. Diese Investitionen können, unabhängig von der Anlageklasse, für die Sie sich entscheiden, gerade besonders attraktiv oder besonders unattraktiv erscheinen. Die meisten Investoren haben das Interesse, Anlagen bei günstigen Konditionen zu kaufen und teuer wieder zu verkaufen. Wir nennen dieses Geschäft auch ein »Gain-Loss Investment«. Das Problem bei dieser Art des Investierens ist, dass Sie weder eine Glaskugel besitzen noch die Zukunft durch Kräuterkunde vorhersehen können.

Wann ist also der Preis für eine Anlage günstig und wann ist er zu hoch? Das ist eine Frage, die durch verschiedene Analysen von Investoren gelöst werden will. Ein Großteil der Literatur im Bereich Investment versucht, diese Frage zu beantworten, und konzentriert sich mal mehr, mal weniger dabei auf eine einzelne Anlageklasse. Ein erfolgreicher Investor muss weise genug sein, um zu erkennen, dass weder eine Analyse die Realität darstellt noch ein Preis jemals hoch oder niedrig genug sein kann. Der Einstieg in ein Investment ist daher von dem Zeitpunkt abhängig und der relativen Höhe des Preises, für welchen der Investor bereit ist, das Investment zu kaufen. Diese relative Höhe ist wiederum von der Entwicklung der Anlage abhängig. Der heutige Preis der Anlage ist daher immer nur in Abhängigkeit von der Entwicklung der Anlage für die Zukunft zu sehen. Dabei können Sie sich für konservative oder moderne Anlageklassen entscheiden.

Konservative Anlageklassen

- Immobilien
- Ländereien
- Wertpapiere (Aktien, Fonds, Bond etc.)
- Unternehmen
- Rohstoffe (Gold, Silber, Platin etc.)
- Materielle Wertgegenstände (Oldtimer, Whiskey, Kunst etc.)

Moderne Anlageklassen

- Kryptowährungen (Bitcoin, Ethereum etc.)
- Digitale Güter (NFTs etc.)

Diese Anlageklassen können wiederum in verschiedenen Geschäftsbereichen etabliert sein. Vor allem die konservativen Anlageklassen kennen ihre Dauerbrenner. Als Dauerbrenner bezeichne ich die Geschäftsbereiche, in denen Anlagen unabhängig von Krisen oder Hochphasen immer Geld verdienen, da sie eine oder mehrere menschliche Bedürfnisse befriedigen. Diese Dauerbrenner können folgende Geschäftsbereiche enthalten:

- Transport/Logistik
- Lebensmittelindustrie/Gastronomie
- Wasser
- Rüstungsindustrie/Sicherheit
- Immobilien/Wohnraum
- Erotik
- Pharmaindustrie/Medizin
- Religion/eigene Entwicklung
- Kommunikation
- Unterhaltung

Menschen haben sich und ihre Güter immer von A nach B bewegt, müssen immer essen, trinken und für Hygienemaßnahmen sorgen, sich verteidigen und kämpfen, irgendwo in Sicherheit wohnen, sich fortpflanzen, sich heilen, miteinander leben und kommunizieren sowie an etwas glauben. Investitionen in diese Bereiche sind nach meiner Erfahrung immer mit positiven Renditen gesegnet.

Der Faktor Zeit

Wir Menschen überschätzen häufig unsere Fähigkeit, kurzfristig viel Geld zu verdienen, und unterschätzen die Möglichkeit des langfristigen Investments. Schauen wir uns dazu einmal ein Rechenbeispiel an.

Nehmen wir an, dass ich Ihnen 1.000 Euro gebe und Sie 12 Monate brauchen, um dieses Investment zu verdoppeln. Nach einem Jahr werden also aus den 1.000 Euro genau 2.000 Euro. Können Sie dieses Investment jedes Jahr wieder verdoppeln, haben Sie nach 5 Jahren bereits 32.000 Euro. Aus 1.000 Euro wurden 2.000, daraufhin 4.000, dann 8.000 und dann wiederum 16.000 Euro. Nach 10 Jahren sind wir bei einer Summe von über 1.000.000 Euro. »Jetzt zeigen Sie mir ein Investment, das sich 10 Jahre lang jedes Jahr verdoppelt«, bekomme ich dann von Menschen zu hören, die grundsätzlich skeptisch sind und immer noch glauben, dass ein Zauberinvestment dafür notwendig sei. In Wahrheit brauchen Sie kein Investment, sondern einen Hebel. Das Wohlstandsspiel besteht aus der Suche nach diesen Hebeln und der Arbeit, diese kontinuierlich zu bedienen.

Wir Menschen unterschätzen konsequent die langfristigen Möglichkeiten für unser Geld. Die Binsenweisheit »Wer früh anfängt zu sparen und zu investieren, hat später mehr von seinem Geld« trifft den Nagel auf den Kopf. Es ist der Faktor Zeit, der Sie wohlhabend machen wird. Denn je größer der Zeitraum, desto größer die Rendite. Doch Renditen können wir nur erwirtschaften, wenn wir kontinuierlich weiter investieren und unsere Investments stärken, statt sie zu liquidieren. Immer wieder sehe ich Investoren, die jahrelang in ein Investment Geld stecken, doch urplötzlich geht es ihnen nicht mehr schnell genug. Dann liquidieren sie die Anlage und kaufen sich von dem Geld einen Porsche oder andere Konsumgüter. Dies ist finanziell dämlich – freundlich ausgedrückt.

Investments wollen gehalten, versorgt, gefüttert und gestreichelt werden. Wer seine Investitionen langfristig hält, kann durch sie eine wundervolle Rendite erwirtschaften. Vorausgesetzt jedoch, dass diese Investitionen auch den notwendigen Cashflow abdrücken. Dies können bei Wertpapieren die Dividenden sein, bei Immobilien die Mieten oder bei Unternehmungen die Ausschüttungen. Wer seine Aktien zu einem niedrigen Kurs kauft, um sie am Hochpunkt wieder zu verkaufen, wird niemals von dieser Strategie Gebrauch machen können. Die alte Leier der Dividendenstrategie ist zwar eine langsame Strategie, doch sie ist eine, die Sie langfristig wohlhabend macht. Gefestigtere Menschen haben das bereits verstanden, doch in ihrer Jugend haben sie häufig Jahre mit unsinnigen oder gar keinen Investitionen vergeudet. Vor allem junge Menschen müssen daher verstehen, dass es keinen schnellen Wohlstand gibt und das Geld frühzeitig zur Arbeit gebracht werden will.

In Gesprächsrunden mit sehr erfolgreichen Investoren höre ich das immer wieder. Ganz beiläufig tut man die Wünsche nach dem schnellen Geld ab und bezeichnet die Propheten des schnellen Geldes als Scharlatane. Der Millionär von nebenan erklärt indessen, dass er nur noch von seiner Dividende und den Mieteinnahmen lebt. Er grinst süffisant und sagt: »Jede Strategie, die keine Hausfrau versteht, ist sinnlos. Geld investieren muss einfach und automatisiert laufen.« Glauben Sie bitte nicht, dass der langfristige Wohlstandsspieler täglich am Computer sitzt und Aktiencharts liest, geschweige denn bei YouTube nach der perfekten Anlageklasse sucht. Das Portfolio wird monatlich aufgestockt und dann wieder zum Arbeiten geschickt. Dort will man es ja schließlich nicht stören.

Ich kenne auch kein Investment, das sich grundsätzlich jedes Jahr verdoppelt. Das spielt aber auch gar keine Rolle. Sie brauchen nicht das eine hervorragende Investment, sondern eine hervorragende Strategie. Im Zuge dessen teile ich gerne mit Ihnen die einzige Strategie, die ich für zielführend erachte. Erstens, weil ich sie selbst erfolgreich praktiziere und die Ergebnisse wahrnehmen darf. Zweitens, weil Sie mir von dem einzigen Milliardär, den ich kenne, mit auf den Weg gegeben wurde, als ich die Recherchearbeiten für mein erstes Buch abschloss. Ich dachte mir: Wenn der das kann und mir empfiehlt, will ich das auch probieren. Bisher war diese Strategie immer ein Volltreffer. Vor allem weil sie so einfach ist. »Investiere regelmäßig in steigenden Zeiten und kaufe fleißig in der Krise nach«, sagte er mir. Getan wie gelernt. Während der Corona-Pandemie beispielsweise stürzten die Kurse in den Keller und so kaufte ich fleißig nach und verdiente ein nettes Vermögen zusätzlich zu meinen anderen Investitionen. Der Ratschlag schien seine Qualität zu besitzen. Doch auch der erste Teil ist nicht von schlechten Eltern. Wer fleißig und regelmäßig investiert, kann von Zinseszinseffekten und dem langfristigen Wachstum unserer Welt profitieren. Heute weiß ich: Jede Krise ist eine gigantische Chance. Doch natürlich ist sie das nur für die Menschen, die finanziell intelligenter sind.

Rendite auf Investitionen = »Kaufen und Halten«
+ Bewertung + Sicherheitsmarge

Dies führt mich zur Bewertung einer Anlage. Wann ist eine Anlage, ein Investment oder eine Chance interessant und lohnenswert? Hier scheinen die Meinungen weit auseinanderzudriften. Die einen behaupten, dass ein Investment nachhaltig sein und dem Trend der Zeit folgen muss. Die anderen behaupten, dass diese Nachhaltigkeit keine Rendite erwirtschafte und daher ein Investment lediglich das positive Wachstum im Blick haben müsse. Welche dieser Aussagen korrekt ist, ist schwer zu sagen. Weitere Aussagen kommen hier noch dazu und führen zu einem verzerrten Bild der Bewertung eines Investments.

In erster Linie ist die Bewertung eines Investments anhand verschiedener Variablen immer in Abhängigkeit von der eigenen Lebenszeit zu sehen. Da unsere Lebenszeit die einzige endliche Variable ist und nicht wiederverdient werden kann, ist die einzig sinnvolle Bewertung eine Frage des Einsatzes der eigenen Lebenszeit gemessen an den eigenen Wertvorstellungen. Die Frage lautet daher: »Wo arbeitet mein Geld so, dass meine Zeit gewürdigt wird?« Verdienen Sie 50 Euro in der Stunde und die Rendite Ihrer Investition erwirtschaftet Ihnen inklusive der Berechnung der aufgewendeten Zeit für Recherche, Analyse und der Bewertung lediglich 30 Euro, so ist das Investment zwar profitabel, aber wenig interessant. Wird Ihr Investment aber bereits nach einigen Monaten oder wenigen Jahren profitabel für Sie und beginnt, fleißig Geld zu verdienen, so sieht das Ganze schon erheblich anders aus. Doch woher wissen wir, ob ein Investment in der Zukunft Geld abwerfen wird? Ein Investment ist immer eine Kosten-Nutzen-Frage. Häufig übersieht ein Investor allerdings, dass es nicht nur um den Nutzen für sich selbst geht. Es geht auch um den Nutzen für andere. Denn ein Investment, das anderen Menschen dient und angenommen wird, wird auch langfristig Geld verdienen. Aus diesem Grund sprachen wir vorab die Dauerbrenner an.

»Wo arbeitet mein Geld so, dass meine Zeit gewürdigt wird?«

Um die Herausforderung der Rendite besser zu verstehen und die Variable der Zeit nicht aus den Augen zu verlieren, lassen Sie mich Ihnen folgendes Beispiel einer Investition geben. Ein Großteil junger Menschen hat in unserer heutigen Zeit erklärt bekommen, dass ein Studium ein Investment und Garant für finanziellen Erfolg sei. So strömen die Massen der frisch pubertierten Menschen nun an die Hochschulen und Universitäten. Das Geschäft der privaten Hochschule wird dabei immer attraktiver. Mehr und mehr solcher privaten Bildungseinrichtungen schießen aus dem Boden.

Ich habe selbst ebenfalls privat studiert und leider erst nach dem Studium die Rechnung dafür aufgemacht. Nehmen wir an, dass Sie in 5 Jahren einen Bachelor- und ein Masterstudium hinlegen. Dafür bezahlen Sie 50.000 Euro. Das sind 833,33 Euro pro Monat. Dazu kommen monatliche Miete, Lebenserhaltungskosten, Gas, Strom, ein Computer, das Internet und andere Kosten, die Sie als Student tragen. Schnell kosten Sie 5 Jahre Studium 135.000 Euro. Das ist eine Stange Geld. Jetzt stellt sich die Frage, ob diese Investition auch eine Rendite erwirtschaftet. Die meisten Studenten fangen mit einem Einstiegsjob und knapp 38.000 Euro Jahresgehalt an. Nachdem der Fiskus sich bedient hat und die Lebenserhaltungskosten für ein bescheidenes Leben bezahlt wurden, bleibt nicht mehr viel übrig. Selbst wenn Sie nun auf Konsum, ein neues Auto, Urlaub und Unsinn verzichten, so merken Sie, dass Ihr Investment erst in gut 10 bis 12 Jahren rentabel wird. Sie hoffen aber, dass Sie in der Zwischenzeit aufsteigen, Karriere machen und Ihr Gehalt steigern können, um so früher eine positive Rendite zu erreichen. Ihr Investment ist also unterm Strich auf Hoffnung aufgebaut. Doch wer hofft, hat bereits verloren. Bauen Sie niemals ein Investment auf Hoffnung auf. Bauen Sie es stattdessen auf Fachwissen, Expertise und einem Hebel auf.

Aus diesem Blickwinkel haben die meisten Studiengänge keine finanzielle Relevanz für Ihre Zukunft. Sozialwissenschaftliche Studiengänge sind für Ihren finanziellen Erfolg kaum von Bedeutung. Die wenigsten Vorstände haben nur BWL oder Geschichte studiert. Ich habe selbst ein Studium der

Betriebswirtschaft abgeschlossen und auch als Dozent in diesem Bereich Vorlesungen gegeben, würde es rückblickend allerdings niemals wieder tun. Das Wissen sozialwissenschaftlicher Fachbereiche können Sie im Selbststudium genauso gut und deutlich schneller und günstiger erwerben, wenn Sie nur die nötige Disziplin und Beharrlichkeit mitbringen. In der sozialwissenschaftlichen Forschung sieht es hingegen anders aus. Hier wird das Studium vonnöten sein. Obwohl das Studium der Philosophie oder Geschichte extrem interessant ist, so sind Studiengänge der Naturwissenschaften und Technik deutlich ertragreicher. Ein Studium des Ingenieurwesens, Elektrotechnik, Mathematik, Biologie, Chemie und vor allem der Bereich IT sind für die Zukunft von höchster Relevanz. Nun gibt es zwar auch Philosophen mit großem finanziellem Erfolg, doch beruht dieser Erfolg weniger auf ihrer Expertise der Philosophie als viel mehr auf dem Nutzen eines Hebels und ihrer finanziellen Bildung. So hart und unfair es auch klingen mag – die Vorstände der großen Konzerne und deren Management sind meist Ingenieure und keine Sozialpädagogen. Diese finden Sie stattdessen in der Politik.

Investieren Sie in sich selbst

Ein Investment in die eigene Bildung bringt zwar die beste Rendite, doch ist die Art der Bildung ausschlaggebend. Von größter Relevanz für Ihre finanzielle Zukunft ist Ihre finanzielle Bildung. Investieren Sie daher, so gut es geht, in Ihre eigene Bildung durch Seminare, Bücher, Kurse, Webinare, Online-Kurse oder ein Selbststudium. Darüber hinaus nutzen Sie dann für Ihre finanziellen Investitionen Anlageklassen, in denen Sie einen Hebel nutzen können, der Ihre Zeit würdigt. Fürchten Sie bei Ihrem Lernen kein Buch. Wie häufig nehmen wir die dicken Wälzer nicht in die Hand, weil wir glauben, dass es Ewigkeiten dauert, das Buch zu lesen und zu lernen, was der Autor vermittelt. Dabei ist das Unfug. Wer einen 500-Seiten-Wälzer bändigen will, kann dies leicht in 2 Wochen schaffen. Wer täglich 35 Seiten, also etwa eine halbe Stunde, liest und weitere 10 Minuten für Notizen und Bemerkungen aufwendet, erarbeitet sich in kurzer Zeit bereits ein großes Wissen. Wer das regelmäßig tut, kommt in wenigen Monaten in die Top-1-Prozent der belesenen Menschen.

Ein Großteil aller Bücher wird niemals von seinen Lesern zu Ende gelesen. Diesem Buch wird es nicht anders gehen. Ein Großteil aller Bücher wird sogar niemals gelesen, selbst wenn sie gekauft werden. Fürchten Sie kein Buch. Fangen Sie einfach an. Sie werden merken, dass sogar Physikbücher, alte Philosophie und Bücher der Logik und Mathematik für Sie kein Problem darstellen. Sie müssen nur anfangen. Belletristik hingegen ist für Ihre Bildung in den allermeisten Fällen weniger von Bedeutung. Wenn Ratgeber und Sachbücher einen Umhang der Belletristik erhalten, sollten Sie Ihre Finger davon lassen. Sobald das ganze Werk nur eine Geschichtenerzählung ist, ohne dass Sie dabei klare Konzepte und Modelle erlernen, sollten Sie das Buch lieber weglegen. Nicht selten glauben wir, dass wir ein Buch zu Ende lesen müssen, um sagen zu können, dass wir es gelesen haben, selbst wenn es noch so langweilig war. Wer regelmäßig erzählt, wie viele Bücher er gelesen hat, spielt Statusspiele. Wohlstandsspielende Leser suchen nach Wissen, neuen Ideen, einer neuen Perspektive und den richtigen Impulsen. Sie suchen nicht nach einer neuen Wahrheit, der perfekten Weisheit oder dem einen Investment, das sie zum Millionär werden lässt.

Lernen Sie die Grundlagen in den Bereichen Psychologie, Wirtschaft, Politik, IT, Mathematik, Logik, Physik und Philosophie kennen. Wenn Sie die Grundlagen verstanden haben, lernen Sie die Konzepte in diesen Bereichen kennen. Haben

Sie die Konzepte erst einmal verstanden, sollte jede weitere Lektüre Ihnen dazu dienen, neue Impulse und Gedanken zu fassen, um diese Konzepte zu erweitern oder zu verknüpfen. Ein Großteil der heutigen Literatur im Bereich der Persönlichkeitsentwicklung beispielsweise fußt auf grundlegenden Konzepten antiker griechischer Philosophie oder asiatischer Lehren. Ein sehr großer Anteil moderner Ratgeber besteht aus den Weisheiten alter Klassiker, die einfach nur neu aufbereitet worden sind. Lesen Sie, um zu lernen, nicht um sich zu unterhalten. Wenn Sie dann doch einmal zu einem Roman greifen, sollten Sie darauf achten, dass Ihr Geist bei diesem Buch nicht so zielgerichtet arbeitet wie in der Lektüre, in der Sie neues Wissen erarbeiten wollen. Wenn ein Ratgeber Sie unterhält, mag das etwas Gutes sein, doch im Vordergrund sollte immer Ihr Wissen stehen und die neuen Impulse, die Sie durch das Buch erhalten. Ein richtig gutes Buch bringt uns ins Handeln.

Streichen Sie bei all dem Wissen, das Sie sich aneignen, so gut es geht den Fachjargon und das Bullshit-Bingo, das Ihnen vorgespielt wird. Die allermeisten Themen sind relativ simpel. Selbst wenn Sie die Bücher des Physikers Richard Feynman lesen, werden Sie sich ohne große Physikkenntnisse die Grundlagen aneignen können und verstehen, wie spannend dieses Thema sein kann. Auch an der Börse ist das so. Natürlich werfen Fachleute und scheinbar besonders kompetente Menschen mit Abkürzungen und Fachbegriffen um sich. Doch im Grunde genommen reicht ein einfacher Grundkurs der Volks- und Betriebswirtschaft aus, um zu verstehen, dass eine Aktie nur ein kleiner Teil einer großen Firma ist, dieser Anteil einen Wert besitzt und sich im Zuge des Fortschritts der Wirtschaft weiterentwickelt und an Wert gewinnt. Einfach gesagt: Aktie kaufen, halten und langfristig verdienen.

Die allermeisten Dinge sind in der Sache relativ simpel. Kompliziert wird das Thema Börse, Volkswirtschaft, Unternehmensgründung und so viele weitere Themen erst, wenn Sie die Formel um den Faktor Mensch erweitern. Jetzt spielen irrationale Beweggründe und Emotionen eine Rolle. Diese können kaum in mentalen Modellen treffsicher dargestellt werden, obgleich die Psychologie doch hier ihr Bestes tut. Der Mensch bleibt ein unsicherer Faktor und zerstört durch Ungeduld, Ignoranz, Neid, Hass, Trägheit und Verbitterung die meisten Dinge, die langfristig gut hätten werden können. Es ist daher unmöglich, die Zukunft oder das Ergebnis menschlichen Handels vorherzusagen. Die Gleichung ist durch zu viele Variablen zu komplex geworden, als dass Sie treffsicher eine Vorhersage treffen können.

Finanziell intelligente Menschen verstehen, dass Sie Grundlagen in möglichst vielen Fachbereichen brauchen, um ein Verständnis verschiedener Modelle zu erlangen. Bauen Sie diese Modelle daher in Ihrem Geist solide auf. Sie erarbeiten sich mentale Modelle, die Ihnen einen Anhaltspunkt und ein Verständnis davon geben, wie die Welt funktioniert und wie die einzelnen Fachbereiche agieren. Lesen Sie daher, so viel es geht. Nicht um des Lesens willen oder um zu zeigen, dass Sie viel lesen, sondern weil Sie auf der Suche nach neuem Wissen und neuen Impulsen sind.

Verbessern Sie Ihr Urteilsvermögen

Wir sprachen es vorab an geeigneter Stelle an, um nun darauf konkret zurückzukommen: Ihr Urteilsvermögen. Wie gesagt, ist Ihr Urteilsvermögen für Ihre finanzielle Intelligenz besonders wichtig. Doch warum? Beginnen wir mit der Fragestellung, warum Geschäftsführungen und die Vorstandsvorsitzenden von DAX-Konzernen so viel mehr Geld verdienen, als es beim mittleren Management der Fall ist. Auf der einen

Seite spielt die bereits angesprochene Verantwortungsbereitschaft eine Rolle. Auf der anderen Seite jedoch ist es die Fähigkeit des Urteilsvermögens, die hier besonders ins Gewicht fällt. Nehmen wir Charlie Munger hierfür als Beispiel. Der Anwalt und Investor ist für sein unglaubliches Urteilsvermögen bekannt geworden, mit dem er, wie er sagt, sein Vermögen verdient. Munger und Buffet machten Berkshire Hathaway zu einer der erfolgreichsten Firmen der Welt. Beide sind fleißige Leser und besonders eifrig dabei, sich neues Fachwissen anzueignen – sogar noch im hohen Alter. Es ist die Logik dieser beiden Spitzeninvestoren, die sie zu Milliardären werden ließ. Diese Art von Logik bescherte ihnen ein unglaubliches Urteilsvermögen, um präzise einschätzen zu können, ob ein Investment sich lohnt oder nicht. Das macht den Unterschied zwischen kleinen, durchschnittlichen oder unglaublich guten Gehältern aus. Einschätzungen können nur dann präzise sein, wenn sie auf Fachkompetenz und Logik beruhen.

Die Fähigkeit der Logik ist nicht umsonst bereits vor 2.000 Jahren in allen Ausrichtungen der Philosophie zu finden und seither eine Fähigkeit, die Menschen in Spielen wie Schach oder Xiangqi kultivieren möchten. Die Mathematik ist in erster Linie ein Fachgebiet der Logik und weniger ein Bereich der Zahlenspielereien. An der Börse spielt Logik eine genauso wichtige Rolle. Die Urteile, die Sie fällen, bestimmen maßgeblich, ob Sie wohlhabend werden oder Ihr Geld verlieren.

Besonders positiv für Sie ist dabei, dass die Fähigkeit der Logik bei den allermeisten Menschen wenig ausgeprägt ist. Das liegt nicht etwa an der Dummheit des Volkes, sondern an dem chronischen Drang der Menschen sich abzulenken, anstatt an ihren Fähigkeiten zu arbeiten. Logik ist eine Fähigkeit, die entwickelt werden kann. Sie kann erlernt werden.

Doch dafür braucht es Zeit, Muße und Geduld – Eigenschaften, die Sie als Investor an der Börse, am Immobilienmarkt und auch in Unternehmen immens attraktiv machen. Ein hervorragendes Urteilsvermögen zeigt Ihnen, dass historisches Wissen, Wissen im Bereich IT, Technik und Informatik genauso eine Rolle spielen wie die Fähigkeit, den KGV einer Aktie zu beurteilen.

Nehmen wir den deutschen Investor und Historiker Dr. Dr. Rainer Zitelmann als Beispiel. Zitelmann ist für seine spezielle Persönlichkeit, doch vor allem für sein unglaubliches Fachwissen bekannt geworden. Seine Kompetenz unterstrich Zitelmann mit mehreren Doktortiteln und Publikationen. Es ist seine akademische Präzision, die seine Fähigkeit der Logik verbesserte und ihm dadurch die Möglichkeit gab, als Investor großen Erfolg zu erlangen. Ein weiteres Beispiel ist der kanadische Informatiker, Mathematiker und Milliardär David Cheriton. Er besitzt eine unglaubliche Logik und sein Urteilsvermögen ist legendär. Cheriton, der an der Stanford University unterrichtet, ist nicht nur akademisch genial, sondern auch ein erfolgreicher Investor. Seine Erkenntnisse und seine akademischen Errungenschaften ließen ihn in Google investieren, kurz nachdem der heutige Internetkonzern gegründet wurde. Seine Kenntnisse der Informatik halfen ihm, in den Bereichen Technik und IT erfolgreiche Investmententscheidungen zu treffen. Die Erkenntnis ist grundlegend: »Investiere in die Dinge, die du verstehst.« Ein drittes Beispiel für meine Hypothese ist der israelische Kryptologieexperte und sehr wohlhabende Wissenschaftler Adi Shamir. Er ist Professor am Weizmann-Institut und Gastprofessor an der École normale supérieure in Paris. Seine Erfindungen und Errungenschaften im Bereich der Kryptologie brachten Shamir ein außerordentliches Vermögen ein, das durch Dividendenzahlungen aufgrund seiner angemeldeten Patente nur noch weiterwächst.

Wieder einmal zeigt sich, dass finanziell intelligente Menschen in wenigen Fachbereichen exzellent sind und von vielen Fachbereichen grundlegende Kenntnisse besitzen. Kaum einer dieser Investoren studiert Börsenkurse, Aktienmärkte oder Immobilienmärkte bis ins kleinste Detail. Sie erarbeiten sich stattdessen durch Logik und kluges Urteilsvermögen ein grundlegendes Wissen über die wesentlichen Fachgebiete, verknüpfen dieses Wissen und treffen auf der Basis vieler Informationen durchdachte Investitionsentscheidungen.

Wer mit Hoffnung investiert, verliert.

Finanziell intelligente Menschen verbessern ihr Urteilsvermögen, indem sie auf Fachkompetenz und ein breites Spektrum an Informationen und Wissen vertrauen. Als Investor können Sie niemanden einstellen, der die Entscheidungen für Sie trifft. Sie müssen stattdessen selbst an Ihrer Fähigkeit der Logik arbeiten. Nicht umsonst haben wir manchmal das Gefühl, dass einige wohlhabende Menschen wie Philosophen und Gelehrte klingen. Ich empfehle Ihnen, nicht nur Literatur zum Thema Finanzen zu lesen, sondern sich vor allem an die Themengebiete Physik, Mathematik und Informatik heranzuwagen. Arbeiten Sie an Ihrer Fähigkeit der Logik. Erst an späterer Stelle wird es in diesem Buch um den Umgang mit Menschen gehen. Vorerst ist Ihr analytisches Fachwissen gefragt. Treffen Sie kluge Entscheidungen, die auf Erfahrung, Fachwissen und Kompetenz beruhen und nicht auf vagen Annahmen und Hoffnung. Wer mit Hoffnung investiert, verliert.

Von Stundenlöhnen und harter Arbeit

Im Jahre 1997 erschien der Bestseller *Rich Dad Poor Dad* von Robert Kiyosaki, der wie eine Bombe am Büchermarkt einschlug. Das Buch gilt seither als eines der Einstiegsbücher zum Thema Finanzen und Investment. Kiyosaki schrieb, dass reiche Menschen, die wir jedoch als wohlhabend präzisieren wollen, nicht für Geld arbeiten. Nur der Mittelstand und die Unterschicht würden für Geld arbeiten, so die Hypothese des Autors. Wohlhabende Menschen hingegen würden Unternehmen aufbauen, die wiederum Geld erwirtschaften würden. Diese Hypothese trifft im Groben auch den Kern der Wahrheit, doch ist sie so breit aufgestellt, dass genannte Investoren wie Cheriton oder Shamir hier gänzlich rausfallen. Ebenfalls müssen wir anerkennen, dass auch Unternehmensgründer laufende private Kosten haben und diese durch einen Stunden- oder Unternehmerlohn gedeckt sein wollen. Ganz so einfach, wie es Kiyosaki beschreibt, ist es dann doch nicht.

Ein Stundenlohn ist im Grunde genommen auch keine schlechte Sache. Es ist ein Lohn für Ihre Arbeit, die wiederum auf Ihrer Expertise und Ihrem Renommee beruht. Das Problem mit dem Stundenlohn ist der Irrglaube, dass Sie Ihr Leben lang Ihre kostbare Lebenszeit gegen Geld eintauschen müssen. Die Hypothese von Kiyosaki, dass Sie nur dann wohlhabend werden, wenn Sie aufhören können, Ihre Zeit gegen Geld zu tauschen, ist daher zwar korrekt, lässt jedoch einen großen Teil der Gleichung unbeachtet.

Zunächst einmal sollten wir feststellen, dass der Stundenlohn ein Konstrukt ist, das den meisten Menschen falsch erklärt wurde. Der Stundenlohn wurde als Auszahlung für geleistete Arbeit in Stunden deklariert. Nehmen wir an, Sie erhalten einen Stundenlohn von 50 Euro brutto oder 30 Euro netto. Sie arbeiten täglich 8 Stunden und erhalten daher einen täglichen Lohn von 240 Euro beziehungsweise einen Wochenlohn von 1.200 Euro oder anders ausgedrückt einen Monatslohn von 5.112 Euro ausgehend von 21,3 Arbeitstagen im Monat. So weit, so gut. Auf der anderen Seite Ihrer Gewinn- und Verlustrechnung zahlen Sie eine Hypothek, Miete, Lebensmittel, Versicherungen, ein Auto, Bildungskosten und vieles mehr. Diese Kosten zahlen Sie jedoch auch nachts, wenn Sie schlafen und nicht arbeiten. Ihr Stundenlohn beträgt zwar 30 Euro pro Arbeitsstunde, aber Ihr realer Stundenlohn, den Sie pro Stunde Ihrer Lebenszeit verdienen, liegt bei 10 Euro (240 Euro am Tag / 24 Stunden). Nun sind 5.112 Euro zwar ein ansehnliches monatliches Einkommen, doch bedarf es Ihrer Arbeit. Besitzen Sie keine weiteren Einkünfte, die nicht Ihrer aktiven Arbeit bedürfen und Ihr Arbeitgeber entscheidet sich dafür, Sie zu kündigen oder eine Abteilung komplett dichtzumachen, so sind die 5.112 Euro dahin.

Ihr realer Stundenlohn basiert also auf der Summe Ihrer aktiv geleisteten Arbeitsstunden und Auszahlungen aufgrund Ihrer Investitionen gemessen an Ihrer Lebenszeit. Im Grunde genommen belügt man Sie also, wenn es heißt, dass Sie 30 Euro die Stunde verdienen. Den wahren Stundenlohn können nur Sie kennen und sich errechnen, da nur Sie alle Ihre Einkünfte kennen und verstehen. In unserem Beispiel kostet Sie also jede Ihrer Stunden im Leben 10 Euro. Ihre Frau möchte, dass Sie sie kurz zur Arbeit fahren? 30 Minuten hin und zurück kosten Sie insgesamt 5 Euro inklusive Abnutzung des Autos und den Sprit oder die Energie. Sie müssen die Küche putzen und brauchen dafür 20 Minuten? In Wahrheit kostet Sie der Küchenputz 3,34 Euro. Ihr Nachbar will kurz mit Ihnen 15 Minuten lang über die Politik und die nervige Nachbarin von der Ecke diskutieren? Das macht dann einmal 2 Euro. Das sind noch kleine Beträge. Liegt Ihr Gehalt hingegen bei 2.130 Euro netto, kostet Sie jede Stunde 4,17 Euro und der Plausch mit dem Nachbarn 1 Euro. Dieser Euro tut hingegen mehr weh, als die 2 Euro gemessen an den 5.112 Euro pro Monat. Das Problem ist aber trotzdem das Gleiche.

Wer dieses Problem erkennt, glaubt nun, den Stundenlohn raufsetzen zu müssen. Ich nenne das respektvoll das Sachbearbeiter-Syndrom, da es meist Sachbearbeiter sind, die mir vorjammern, dass ihr Stundenlohn nicht hoch genug sei. Der Stundenlohn aber ist nicht das Problem, sondern der Einsatz der eigenen Zeit. Morgens mit den Kollegen 40 Minuten in der Arbeitszeit Kaffee zu trinken und zu plauschen, kostet den Arbeitgeber Geld, sie damit aber indirekt auch. Wie auch immer Sie es daher wenden und drehen wollen, Sie müssen Ihre Zeit nutzen. »Carpe diem«, schrieben die antiken Römer. Doch wie wir das tun sollen, das schrieben sie nicht.

Um Sie an dieser Stelle nicht im Stich zu lassen, möchte ich Ihnen natürlich dafür einen Ausweg zeigen, der paradox klingt. Setzen Sie sich einen lächerlich hohen Stundenlohn als Maßstab für Ihre Zeit. Sie haben richtig gelesen. Machen wir wieder einmal ein Rechenbeispiel, vor allem da finanziell intelligente Menschen rechnen können und mitunter dies der Grund dafür ist, dass sie wohlhabend werden.

»Was wäre, wenn meine Stunde nun 1.000 Euro kosten würde?«

Als ich einen Stundenlohn von 30 Euro verdiente, fragte ich mich: »Was wäre, wenn meine Stunde nun 1.000 Euro kosten würde?« Wie würde ich da leben und arbeiten? Würde ich noch Small Talk und Kaffee am Morgen tolerieren oder das auf weniger produktive Zeiten verschieben, in denen ich kognitiv nicht mehr so stark bin? Wie würde ich agieren? Ich möchte ehrlich sein und zugeben, dass ich mir am Anfang dieser Übung extrem dumm vorkam und mir sagte, dass niemand, den ich kenne, mir 8.000 Euro am Tag zahlen würde oder ich über 2 Millionen Euro im Jahr nur durch meinen Stundenlohn verdienen könnte. Mir hat bis heute auch noch keiner einen solchen Tagessatz bezahlt. Stattdessen darf ich einen Rabatt geben, den meine Kunden lieben, und gleichzeitig ein Vielfaches davon verdienen, was ich einst verdiente. Anfangs stieg mein Stundenlohn binnen weniger Wochen von 30 Euro auf 240 Euro. Bei 300 Euro sollte er eine Zeit lang stagnieren. Selbst Anwälte verdienen selten mehr. Einige Spitzenanwälte sollen, so heißt es flüsternd, 700 Euro pro Stunde verdienen. Die 1.000 Euro sind also nicht mehr weit. Ich kenne sogar einige Menschen mit einem Tagessatz von 8.000 Euro und mehr, die mich nur noch mehr darin ermutigen, meine Zeit wertzuschätzen, damit auch ich in naher Zukunft keinen Rabatt mehr geben muss. Für mich selbst jedoch kostet meine Stunde bereits 1.000 Euro. Ich tue einfach so als ob, selbst wenn ich einige Stunden für 1.000 Euro hergebe und andere für real 650 Euro über den Tisch gehen. Entsprechend wähle ich die Meetings, Verpflichtungen und Zeiten aus, in denen andere meine Zeit in Anspruch nehmen wollen oder ich meine eigene Zeit für mein Wirken und Leisten plane.

Wer den üblichen 15-Euro-Stundenlohn kennt, wird dies für Utopie und Schwachsinn halten. Der Sinn dieser Übung ist aber nicht, Ihren Stundenlohn von 15 Euro auf 15.000 Euro anzuheben. Es geht in erster Linie darum, dass Sie sich darüber Gedanken machen, wer Sie sein wollen, wie Sie arbeiten möchten und vor allem wie Ihre Zeit eingesetzt wird und was Sie diese kostet. Berechnen Sie einmal jede Ihrer Tätigkeiten in einem Zeitraum von einer Woche. Was kostet Sie Ihr Hobby wirklich? Was kostet der Spaziergang, der Einkauf, die Fahrt zum Fitnessstudio und das Training selbst? Was kostet Sie das Abendessen? Der fiktive zukünftige Stundenlohn ist in erster Linie ein Mittel, um Ihnen klar aufzuzeigen, wofür Sie Ihre Zeit verschwenden und was Sie dies kostet. Sie berechnen das mit Ihrem angestrebten Stundenlohn. Jedes Mal, wenn Sie Zeit verplempern, trödeln, rumgammeln, rumhängen und auf dem Smartphone in den Social-Media-Apps rumgeistern, kostet Sie dies Opportunitätskosten, die wir mit dem fiktiven Stundenlohn berechnen. Schnell merken Sie, was Sie das Gammeln und Abhängen wirklich kostet – Ihre Zukunft.

Der Wert der Arbeit

An diesem Punkt fragen sich dann die Menschen: »Und was ist mit meiner Freizeit und Urlaub? Soll ich da auch die Stunden berechnen?« Die Antwort ist einfach. Ja, das sollen Sie. Natürlich braucht unser Körper Auszeiten, Ruhe und Entspannung. Doch wenn Sie Urlaub machen, um von Ihrem Leben eine Auszeit zu nehmen, leben Sie das falsche Leben. In erster Linie ist Wohlstand ein Produkt sehr beharrlicher und disziplinierter Arbeit. Je anstrengender diese Arbeit körperlich oder geistig ist, desto mehr müssen Sie darauf achten, dass Sie nicht ausbrennen. Mehr dazu finden Sie im Kapitel »Gesundheit«.

Es sei aber an dieser Stelle gesagt, dass harte Arbeit unverzichtbar ist. Doch auch harte Arbeit ist häufig im Volksmund etwas völlig Missverstandenes. Sie arbeiten womöglich sehr hart, doch bei Weitem nicht so hart wie ein Handwerker oder ein Mitarbeiter in der Produktion, vorausgesetzt, dass dies nicht Ihre Profession ist. Das funktioniert nicht anders bei Spitzenmanagern, Unternehmern, Anwälten, Ingenieuren oder Investoren. Wer in seinem Metier Spitzenleistungen vollbringen will, muss lernen, lange Zeiträume hochkonzentriert an den wesentlichen Dingen zu arbeiten und sich nicht von Unfug ablenken zu lassen.

Der Mythos, dass harte Arbeit wohlhabend macht, hält sich zwar nach wie vor, doch immer häufiger nehme ich wahr, dass Stimmen lauter werden, die behaupten, dass man für Wohlstand überhaupt nicht arbeiten müsse oder alles ganz einfach von selbst am Strand mit einem Laptop und einem Online-Unternehmen möglich wird. Bewahren Sie sich vor diesen Narren und Scharlatanen, denn kein Ergebnis, das es wert ist, erschaffen zu werden, erfordert keine Arbeit. Alles, was in dieser Welt von Wert ist, will erschaffen, gepflegt und genutzt werden. Arbeiten Sie daher so hart Sie können und wenn Sie das erreicht haben, arbeiten Sie noch härter. Härter heißt jedoch nicht länger. Die Manager, die morgens um 6 Uhr ins Büro hechten und nachts um halb 2 erst das Licht ausmachen, haben in all diesen Stunden maximal 4 oder 5 Stunden effektiv und hart gearbeitet. Die restliche Zeit ist geprägt von Meetings, Quatschen, Kaffeetrinken, Excel-Tabellen, Organisationsproblemen und Kopfschmerzen. Diese Art der Arbeit ist nicht hart, sondern unüberlegt und dämlich. Den Preis für diese Dummheit zahlt Ihr Körper. Eine solche Art des Arbeitens führt dazu, dass Sie sich sehr schnell von jeglicher Form des Reichtums verabschieden können. Was sind schon Millionen wert, wenn Sie sie im Grab nicht nutzen können?

Es ist schwer zu sagen, wie viele Stunden ausreichen, um wirklich etwas zu bewegen. Doch Leistung wird nicht in Zeit gemessen, sondern an der Qualität des Outputs. Vermeiden Sie daher den Wunsch, geschäftig auszusehen. Ihr Chef wird höchstwahrscheinlich Ihre vielen Überstunden bemerken, sich aber maximal denken: »Ein Glück, dass ich das nicht machen muss.« Arbeiten Sie stattdessen sinnvoll und effektiv. Ich habe das meinem Team auch erklärt. Mir ist völlig egal, wie lange sie arbeiten oder ob sie bereits mittags heimgehen, solange das Ergebnis qualitativ hochwertig ist. Man mag es kaum glauben, aber seither arbeitet selten einer mehr als 40 Stunden in der Woche und die Ergebnisse sind hervorragend.

Seien Sie ungeduldig, wenn es darum geht, Ihrer Inspiration zu folgen und sich an die Arbeit zu machen. Mich juckt es auch permanent in den Händen und ich möchte etwas Neues erschaffen, schreiben, gestalten oder in Bewegung bringen. Seien Sie dafür umso geduldiger mit den Ergebnissen, denn diese lassen häufig

Seien Sie ungeduldig mit der Tat und geduldig mit dem Ergebnis.

sehr lange auf sich warten, vor allem da nicht alle Variablen des Ergebnisses Ihrer Kontrolle unterliegen. Seien Sie ungeduldig mit der Tat und geduldig mit dem Ergebnis. Alles, was Sie wollen und machen möchten, sollten Sie umgehend in die Tat umsetzen. Warum sollten Sie auch warten, wenn das Leben doch so kurz ist? Sie haben keine Zeit zu verschenken, da diese extrem wertvoll und Ihr Stundenlohn wirklich hoch ist.

Wenn Sie sich dann an die Arbeit machen, erfordert diese Arbeit Ihre gesamte Aufmerksamkeit. Um hochkonzentriert arbeiten zu können, arbeite ich in Phasen der hohen Konzentration, die der Pomodoro-Technik ähneln. Diese Phasen mögen für jeden unterschiedlich sein. Informatiker beispielsweise arbeiten häufig nachts, während ich bereits sehr früh meinen Tag beginne, um vor dem Frühstück schon produktiv gewesen zu sein. Diese Warnung daher nur vorab.

Ich starte meinen Tag sehr früh, meist bevor die Sonne aufgeht. Am Vormittag, das heißt bis 12 Uhr mittags, erarbeite ich alles, was gestaltet, erschaffen oder kreiert werden muss. Der Vormittag ist also für aktive Arbeiten geblockt. In dieser Zeit sind Telefonate, E-Mails, Meetings, Gespräche und der Kaffee zwischendurch verboten. Ich arbeite 50 Minuten hochkonzentriert an einer Sache, mache dann im Anschluss, nachdem ich aus der konzentrierten Phase von einem Timer geweckt werde, 10 Minuten Pause und beginne nach den 10 Minuten wieder mit 50 Minuten konzentrierter Arbeit. Um 12 Uhr steht das Mittagessen von einer Stunde an. Ich lasse mir hier gerne Zeit, um runterzukommen, das Essen oder einfach nur einmal die Natur zu genießen. Erst am Nachmittag steht der reaktive Block der Arbeit an. Hier dürfen Meetings, Gespräche, Telefonate und E-Mails ihre Zeit finden. Doch auch in dieser Phase plane ich feste Zeitblöcke im Kalender für E-Mails, Telefonate und Meetings ein. Dabei ist kein Meeting länger als 30 Minuten. Häufig belaufen sich Meetings maximal auf

15 Minuten. Im Meeting muss geklärt werden, was die derzeitige Herausforderung ist, welche Aufgaben wer erarbeitet, welche Ergebnisse bereits fertig sind, wann die unerledigten Dinge fertig sein werden sowie wann man sich wieder trifft und die Ergebnisse bespricht. An dieser Stelle helfen Checklisten, die während des Meetings abgearbeitet werden.

Harte Arbeit ist für Wissensarbeiter und all jene, die hohe kognitive Leistungen erbringen, daher abhängig vom Einsatz Ihrer Zeit und den Phasen der Konzentration. Je konzentrierter Sie sind, desto höher ist Ihr Output, der maßgeblich an Ihrem Wohlstand beteiligt ist. Je weniger jemand arbeitet, desto höher muss der Anteil der Phasen der Konzentration sein. Dahin zu gelangen, ist nicht nur verdammt schwer, sondern häufig auch nicht sinnvoll. Allzu oft bemerken wir, dass wenn wir Phasen der Konzentration lange und häufig aufrechterhalten können, wir so viel in unserem Leben erschaffen können, dass wir damit gar nicht aufhören wollen. An diesem Punkt beginnt Arbeit sich wie Spielen anzufühlen.

Schneiden Sie gnadenlos kurze Meetings oder sinnbefreite Treffen aus Ihrem Leben heraus. Seien Sie zu geschäftig, um noch schnell »mal einen Kaffee trinken zu gehen«. Verwechseln Sie dabei Geschäftigkeit nicht mit Beschäftigung. Seien Sie nicht permanent beschäftigt, aber jederzeit geschäftig. Nutzen Sie Ihre Zeit für all die Dinge, die wirklich etwas bewegen. Häufig werden finanziell intelligente und wohlhabende Menschen daher als kühl und unnahbar bezeichnet. Selbstverständlich fühlen auch wohlhabende Menschen den gleichen Schmerz und die gleiche Freude wie diejenigen mit einer geringen finanziellen Intelligenz. Sie kommen in erster Linie kühl herüber, da Sie sich wenig Zeit für zwischenmenschliche Kleinigkeiten während der aktiven Arbeitszeit nehmen. Die Arbeit an ihren positiven Beziehungen hat genauso wie die eigene Arbeitszeit ihren Platz. Mehr dazu im Kapitel zum

Thema positive Beziehungen. Gewöhnen Sie sich daran, dass Sie Menschen während Ihrer konzentrierten Arbeitszeit vertrösten müssen.

Seien Sie also gnadenlos und verbannen Sie alle Ablenkungen aus Ihrem Leben. Wenn jemand ein Meeting mit Ihnen will, fragen Sie, ob ein Telefonat ausreicht. Will jemand ein Telefonat, fragen Sie, ob eine E-Mail ausreicht. In den meisten Fällen reicht eine E-Mail völlig aus. Bei Notfällen müssen Sie natürlich erreichbar sein. Gab es einen Unfall oder einen echten Notfall, müssen Sie selbstverständlich da sein. Sie können beispielsweise an Ihrem Telefon, während Ihrer proaktiven Arbeitszeit am Vormittag, solche Einstellungen vornehmen, die nur echte Notfälle durchkommen lassen. So verhindern Sie, dass Sie gestört werden. Wann also sollten Sie Meetings abhalten? Meine Regel lautet: Wenn Ergebnisse besprochen werden, ist dies ein Meeting wert. Ein netter Plausch und die Planung der Weihnachtsfeier? Nein, danke.

Achten Sie darauf, dass Sie Ihre Arbeit ungestört leisten können, also Störfaktoren eliminieren. Und arbeiten Sie so hart wie Sie nur können an Ihren Ergebnissen. Nach einer Weile werden sich hervorragende Ergebnisse von ganz allein einstellen. Finden Sie einen Prozess, der für Sie funktioniert und Ergebnisse erschafft. Dann wiederholen Sie diesen Prozess immer und immer wieder.

Entfliehen Sie der Konkurrenz

Ein Großteil unserer kapitalistischen Welt basiert auf dem Gedanken, dass Konkurrenz belebt und wichtig ist. Für Ihre Leistungen und Ihren finanziellen Wohlstand hingegen ist das totaler Unfug. Der Mensch ist vor allem ein Ergebnis seiner eigenen Darstellung. Wir spiegeln unsere Umwelt. Wenn in Ihrer Umwelt alle Ärzte werden wollen, werden Sie das auch wollen. Wenn in Ihrer Umwelt alle rauchen, werden Sie auch zur Zigarette greifen. Solange wir hinter den Massen herrennen, werden wir niemals unser wahres authentisches Selbst sein können. Stattdessen bauen wir Fassaden auf, während wir mit der Masse mitschwimmen. Wir reden dann von Persönlichkeiten – abgeleitet vom lateinischen *persona*, was so viel bedeutet wie Maske. Es trifft den Kern, wenn wir erkennen, dass die Menschen und ihre Fassaden nur eine Maske sind, aber nicht ihr wahres Selbst zeigen oder authentisch leben.

Schwimmen Sie mit der Masse am Aktienmarkt mit, erhalten Sie lediglich unterdurchschnittliche Renditen. Kaufen Sie dort Immobilien, wo alle kaufen, heben Ihre Gewinne nicht ab. Der damalige Hype um die Telekom-Aktie ist dafür ein Beispiel. Der heutige Hype um den Bitcoin ist ein neues Beispiel. Die Masse dachte, dass die Telekom alle reich machen könne. Das Gegenteil war am Ende der Fall. Ähnlich verhielt es sich auch beim Bitcoin. Wer mit dem Strom schwimmt, wird nicht wahrgenommen, wenn er untergeht. Konkurrenzdenken ist ein Statusspiel. Man guckt permanent darauf, was andere machen. Ich kenne solche Investoren und Unternehmer. Keiner von ihnen hat Erfolg. Gewöhnen Sie sich an, Ihre Konkurrenz zu ignorieren. Gewinner schauen auf das Ziel. Der zweite Platz schaut auf den Gewinner. Die meisten Menschen – in egal welchem Geschäft – kopieren nur die Strategie eines anderen, statt ihre eigene Strategie zu finden. Das Ergebnis ist damit deutlich unter dem möglichen Durchschnitt, denn kein Prozess kann nur aufgrund einer rein visuellen Wahrnehmung reproduziert werden.

Gewinner schauen auf das Ziel. Der zweite Platz schaut auf den Gewinner.

Die gleichen Menschen kaufen in den Hochphasen ein. Sie glauben an Hypes, den nächsten Elon Musk, den nächsten Steve Jobs, die nächste Gewinner-Aktie, die neue Immobilienstrategie und das neue digitale Investment. Meiden Sie stattdessen jeden Hype. Seien Sie zurückhaltend, wenn die Masse in Euphorie ausbricht, und seien Sie euphorisch, wenn die Masse in Panik gerät. Wenn die Masse in Panik gerät, die Medien mal wieder nur Negatives berichten und Sie das Gefühl bekommen, dass Armageddon nahe ist, das Jüngste Gericht in Kürze folgt, die apokalyptischen Reiter bereits auf die Pferde aufgestiegen sind und die Welt in 10 Minuten implodieren wird, ist es Zeit zu investieren. Goldrausch! Wenn hingegen die Menschen in Goldgräberstimmung sind, sollten Sie sich zurückhalten. Die Geschichte ist voller Beweise für die Dummheit der Masse in den Zeiten von Hypes. Die Liste ist lang. Der Bitcoin, die Telekom-Aktie, Marylin Monroe und das Tamagotchi. Es geht immer so weiter.

Entfliehen Sie der Konkurrenz, indem Sie auf Ihr authentisches Selbst setzen, auf Ihre eigenen Fähigkeiten vertrauen und einen kühlen Kopf bewahren, während um Sie herum die Welt scheinbar untergeht. Ein Spaziergang durch die wundervolle Natur macht Ihnen dann schnell wieder klar, dass es halb so wild ist, wie alle glauben. Konzentrieren Sie sich auf Ihre Arbeit, auf das, was innerhalb Ihrer Kontrolle liegt und was Sie steuern können. Das sind Ihre Gefühle, Ihre Wünsche, Ihre Begierden, Ihre Aktionen und Reaktionen. Den Rest überlassen Sie dem Schicksal, Gott, Allah oder sonst wem.

Wer Konkurrenzspiele spielt, spielt nach wie vor Statusspiele. Solange Sie Ihren Blick auf sich selbst richten, spielen Sie ein dummes Spiel. Das Spiel, das wir Business oder Geschäfte nennen, besitzt eigentlich kein eigenes Fachwissen. Wir mögen zwar den Studiengang Betriebswirtschaft kennen, doch im Grunde genommen lernen Sie dort nicht, wie man kluge

Geschäfte tätigt. Im Gegenteil, Sie lernen wirtschaftliche Zusammenhänge und ökonomische Grundlagen sowie viel unnötiges Zeug, das Sie in der Realität niemals brauchen werden und sich auch innerhalb weniger Monaten selbst durch die passende Literatur hätten anlesen können. Die meisten Studiengänge sind Statusspiele. Ein Bachelor- oder Masterzertifikat ist ein Statusspiel. Nachdem mir das bewusst wurde, habe ich die Zertifikate von der Wand genommen. Peinlich!

Die meisten Studenten haben bereits als Schüler ihre Noten miteinander verglichen und schauen heute ebenfalls danach, wie hoch ihr Marktwert ist. Bei der Suche nach schnellem Sex oder einem geeigneten langfristigen Partner tun Männer und Frauen das Gleiche. Sie spielen Konkurrenz- und Statusspiele. In der Geschäftswelt ist das nicht anders. Die meisten verbringen ihre Zeit mit dem Aufbau eines Images, einer persönlichen Marke, dem Aufbau eines Lebenslaufs und dem Bezirzen von Vorgesetzten. Wer dumme Spiele spielt, erhält dumme Preise.

Wer dumme Spiele spielt, erhält dumme Preise.

Hier ein passendes Beispiel: Wir glauben oft, dass man der CEO, der Geschäftsführer oder der Inhaber eines Betriebes sein muss, um die Kasse richtig klingeln zu lassen. Doch das Gegenteil ist häufig der Fall. Laut dem Webportal Gehalt.de lagen die durchschnittlichen Bruttoverdienste eines Geschäftsführers in Deutschland im Jahre 2021 zwischen 131.000 und 234.000 Euro. Das ist sicherlich kein schlechtes Gehalt. Doch bedenken Sie, dass die meisten Inhaber der Firmen am liebsten ihr eigenes Geschäft regieren. Sie besitzen lieber 100 Prozent von etwas Kleinem als 0,5 Prozent von etwas Gigantischem. Unternehmer sind daher häufig sehr stark in ihren eigenen Unternehmen gebunden. Ist der Chef außer Haus, tanzen die Mäuse über die Tische. Investoren hingegen nutzen in erster Linie den Hebel des Kapitals für sich aus. Doch die Geschäfte, in die Sie investieren, müssen nicht nur gut geführt sein, sondern selbst einige Hebel nutzen. So gelingt einigen Unternehmern recht schnell der Sprung aus der Geschäftsleitung heraus aus dem Unternehmen, um Investor zu werden. Dies ist selbstverständlich auch für Angestellte der Fall, sobald ein Arzt, Anwalt, Handwerker oder Manager genug Kapital zusammen hat, um seine Investitionen für sich arbeiten zu lassen. Bei Selbstständigen funktioniert dies häufig deutlich schneller, da sie mehrere Hebel nutzen können, die Angestellten verwehrt bleiben. Menschen, die nach Titeln wie CEO oder Geschäftsleitung suchen und sich darüber definieren, finden sich häufig in Konkurrenzspielen wieder, während Investoren, die diese Statusspiele gegen Wohlstandsspiele eingetauscht haben, mühelos an ihnen vorbeiziehen und neue Werte erschaffen.

Werden Sie ein Investor

Es ist also klar, dass wir unser Geld arbeiten lassen müssen, Vermögenswerte statt Verbindlichkeiten kaufen sollten und der Konkurrenz entfliehen müssen. Wir brauchen Hebel. Das steht außer Frage! Doch so schwierig es auch klingt, Investor zu werden, so einfach ist es letztendlich. Wer sich ein Depot bei der Hausbank zulegt und dort bereits für kleines Geld eine Aktie kauft, ist bereits Investor. Ein sehr kleiner Investor, aber immerhin ein Investor. Glückwunsch, Sie dürfen wieder Statusspiele spielen. Die Art von Investoren, von denen ich jedoch spreche, haben sich selbst zum Produkt gemacht. Sie sind nicht für ihr Vermögen, sondern vielmehr für ihre klugen Entscheidungen, ihr brillantes Urteilsvermögen und ihren Charakter bekannt.

Wer einmal die Jahresversammlung von Berkshire Hathaway miterleben durfte, konnte ein schweigendes Publikum erleben, das wie gebannt an den Lippen von Buffett und Munger hing. Das Publikum war im Grunde genommen nur da, um die Weisheiten dieser beiden Ikonen zu hören. Dies ist natürlich die Spitze des Eisbergs. In Wahrheit gibt es viele unbekannte und kluge Investoren, die am Markt großen Erfolg haben. Auch hier in Deutschland. Wenn Sie den Blick einmal vom Fernseher und den dort bekannten Persönlichkeiten in der Runde von Löwen und Hyänen nehmen, erkennen Sie eine Vielzahl interessanter Investoren deutscher Gesellschaften, die sowohl in Start-up-Unternehmen als auch den Mittelstand oder größeren Unternehmen investiert sind. Von ihnen gibt es viel zu lernen. Sie sind nicht so laut wie die bekannten Fernsehmarken, doch nicht weniger erfolgreich. Sie spielen halt keine Statusspiele mehr. Viele von ihnen machen natürlich auch miese Geschäfte. Doch das spielt gar keine Rolle, da sie unterm Strich nur einen Großteil der Geschäfte positiv verlassen müssen oder eben ein bis zwei gigantische Investitionen getätigt haben, die den Rest der Menge auffangen.

Bevor unsere geliebte Börsen-Oma Beate Sander im Jahre 2020 verstarb, sagte sie zu mir: »Ich kann dir alle meine Aktien alphabetisch aufsagen.« Ihr Motto war: »Breit gestreut – nie bereut.« Ich denke noch heute an sie und ihren Rat, der sich öfter als ich zählen kann bezahlt gemacht hat. Sie hatte recht. Man muss im Durchschnitt nur häufiger das Spielfeld als Gewinner verlassen und sich darüber bewusst sein, dass jeder Investor auch Niederlagen einsteckt. Am Ende aber vermehrt kaum etwas so sehr das eigene Vermögen wie der Zinseszinseffekt, den Sie nur über einen langen Zeitraum für sich nutzen können. Der Hebel des Kapitals ist für den finanziell intelligenten Investor abhängig von der Zeit. Je länger sie ein profitables Investment halten, ohne es zu liquidieren, desto größer werden die goldenen Eier, die Ihre Gans abwirft.

Finanziell intelligente Investoren kaufen keine Scheinprodukte oder sind angestrengt in Fonds, Devisen, Anleihen oder

Bonds investiert. In erster Linie wollen sie direkt an einem Investment beteiligt sein. Neben ein paar Indizes sind die Anteile an Firmen interessant. Sie investieren direkt in Aktien. Sie kaufen keine Fonds von Immobiliengesellschaften, sondern kaufen direkt eine oder mehrere Immobilien. Sie kaufen keine Zertifikate von Gold, sondern direkt das Gold. Es geht um die Kontrolle des Investments. Es sind die rationalen Investoren, die Geduld, Charakterstärke und Mäßigung in die Waagschale legen, die finanziell erfolgreich und wohlhabend werden. Sie spielen Wohlstands- statt Statusspiele. Was ist mit Ihnen? Spielen Sie noch, oder investieren Sie schon?

TEIL II

Gesundheit

> *»Seien Sie vorsichtig mit Gesundheitsbüchern – Sie könnten an einem Druckfehler sterben.«*
> Mark Twain

Ich gestehe es Ihnen lieber gleich am Anfang dieses Kapitels: Ähnlich wie beim Thema Wohlstand und Finanzen ist das Geheimnis für Gesundheit gar kein Geheimnis und genauso leicht zu verstehen wie die langfristige Strategie für finanziellen Wohlstand. Das »Geheimnis« für Wohlbefinden, Kraft, Ausdauer und Gesundheit ist lediglich ein Teil einer Formel. Das Problem mit der Gesundheit ist im Grunde das Gleiche wie bei den Finanzen und dem Aufbau von Wohlstand. Es gibt mehr Meinungen und Weisheiten zu diesem Thema, als wir vertragen können. Sogar dem Allgemeinmediziner wird heute misstraut. Plötzlich heißt es, dass Akupunktur und Yoga alle Krankheiten verschwinden lassen können. Die Schulmedizin, wie sie genannt wird, sei voller Fehler und nicht mehr zeitgemäß. Doch das sind lediglich Meinungen. Selbst wenn Sie eine Erkältung haben, zum Arzt gehen und sich durchchecken lassen, ist die Diagnose, die Sie erhalten, nur eine Meinung und Einschätzung. Ich kenne das auch: Wo mehrere Ärzte sind, gibt es mehrere Meinungen. Ein Arzt sagte mir einst, dass ich ernsthaft erkrankt sei. Ein anderer meinte, dass ich nur einen Schnupfen hätte. Wie so häufig lag die Wahrheit irgendwo dazwischen. Beim Thema Gesundheit werden Sie tonnenweise mit scheinbaren Fakten, Studien und Informationen zugeschüttet. Ob das der richtige Weg ist?

In diesem Kapitel wollen wir nicht über neue Binsenweisheiten der modernen Medizin und der Ernährungswissenschaften sprechen, auch nicht über akademische Befunde zu den neuesten Sporttrends oder die magische Pille im Bereich Nahrungsergänzungsmittel. Unser Ziel ist lediglich, die Grundlagen für unsere Formel des Reichtums, in diesem Fall die Grundlage für die Variable unserer Gesundheit, zu erarbeiten und damit unsere Formel zu erweitern.

Reichtum = Wohlstand + Gesundheit
+ positive Beziehungen

Gönnen Sie mir den Spaß und lassen Sie mich mit der Frage Ihres Arztes in der Sprechstunde beginnen: »Wie fühlen Sie sich?« Das ist eine gemeine und schwierige Frage. Können Sie sie genau beantworten? Können Sie klar sagen, warum Sie sich mies oder hervorragend fühlen? Meist zielt die Frage nach Ihrem Befinden nur darauf ab, Ihnen den Einstieg zum Jammern zu erleichtern. »Ach, Frau Doktor, meine Waden und meine Oberschenkel und, ja, auch mein Kiefer – alles tut so weh.« Mit Ihrer Antwort weiß der Arzt nur, wo er in etwa ansetzen kann. Die Untersuchung wird dann mit einem traurigen Gesichtsausdruck und den Worten »Gute Besserung« beendet. Dann kommt der nächste Patient und alles beginnt von vorn. Können Sie sich die Verwunderung meines Arztes vorstellen, als ich durch seine Tür kam und auf seine Standardfrage antwortete: »Bombastisch, Doc. Saugut. Ich könnte Bäume ausreißen!« Mein Arzt war kurzzeitig völlig überfordert, dann schaute er auf ein Blatt Papier, das wie ein Auftrag aussah, und sagte: »Ach, wie immer einmal im Jahr ein großes Blutbild und alle Werte prüfen. Dann holen wir mal die Nadel heraus.« Plötzlich veränderte sich auch seine Körpersprache und der sonst so geknickt wirkende Mann wurde plötzlich positiv und humorvoll.

Das, was uns wirklich krank macht, ist unsere geistige Verfassung. Sie beeinflusst unseren Körper, unser Wohlbefinden, unsere Beziehungen und sogar unsere Finanzen. Ein gesunder Geist braucht einen gesunden Körper. Eine der wichtigsten Fähigkeiten, die Sie für Ihren finanziellen Wohlstand benötigen, ist die Fähigkeit, redliche Ergebnisse durch kluge Arbeit zu erzielen. Diese Arbeit können Sie nur leisten, wenn Ihr Körper in bester Verfassung ist. Niemand kann intelligent investieren, hart arbeiten, konzentriert etwas erschaffen oder kluge Entscheidungen treffen, wenn der Kopf wie ein Hammer auf dem Amboss hämmert und Schmerzen den Körper durchfluten. Sicherlich mögen die Gene auch ihren Beitrag leisten und erklären, wie einige täglich bei McDonalds essen gehen können und dennoch alt werden. Doch eine Formel darf auch Ausnahmen anerkennen. Wir wollen stattdessen ganz grundsätzlich darüber nachdenken, wie wir unseren Körper und unsere Gesundheit so stärken, dass wir die Qualität unseres Lebens verbessern, finanziell intelligente Entscheidungen treffen und gleichzeitig uns so attraktiv wie möglich für jegliche Chancen des Lebens machen können. Lassen Sie uns also diese ominöse Gesundheit, von der alle sprechen, genauer begutachten und definieren.

In erster Linie ist unsere körperliche Gesundheit in unsere mentale und unsere physische Gesundheit zu unterteilen. Nehmen wir an, Sie leiden regelmäßig unter Kopfschmerzen. Dies ist ein körperliches Problem, das aber Ihre mentale Verfassung nicht beeinflussen muss. Natürlich ist eine Grundhaltung im Sinne von »Don't worry, be happy« etwas schwieriger, wenn Ihr Kopf mit dem Hammer von Thor bearbeitet wird. Dennoch können Sie sich dafür entscheiden, eine positive Grundhaltung trotz des Schmerzes anzunehmen. Einige medizinische Erkenntnisse weisen sogar darauf hin, dass gut gelaunte und positiv gestimmte Menschen schneller heilen und der Körper besser regenerieren kann. Der bekannte Placebo-Effekt ist zwar nicht die Mutter aller Heilmittel, doch auch das Gegenteil dieses wunderbaren Effektes ist bekannt. Der so genannte Nocebo-Effekt beschreibt eine negative Grundhaltung des Menschen auf die verschriebene Medikation. Der Mensch glaubt, dass er trotz Medikamenten krank bleiben wird oder diese Medikamente ihm sogar zusätzlich schaden werden. Dieser Glaubenssatz beeinflusst tatsächlich das medizinische Ergebnis.

Unsere mentale Gesundheit spielt eine genauso große Rolle wie unsere physische Gesundheit. Bedenken Sie, dass wir körperliche Gebrechen meistens sehen können, Erkrankungen des Geistes jedoch für das bloße Auge häufig unsichtbar sind. Es sind lediglich Anzeichen zu erkennen, die auf eine negative Grundhaltung des Menschen hinweisen. Geht der Mensch gebeugt? Fällt seine Körpersprache in sich zusammen? Spricht der Mensch ruhig, langsam und betonungslos und atmet der Mensch schwer? Leider können diese Anzeichen nicht immer auf einen kranken Geist schließen. Was ist, wenn der Mensch schon immer eine ruhige und in sich gekehrte Art hatte? Sind ruhige Menschen damit automatisch geistig erkrankt? Wohl kaum.

In einer Studie verwiesen die Psychologen Saul Kassin und Gisli Gudjonsson darauf, dass der Mensch eine Art Grundhaltung hat, dessen emotionale Befindlichkeit anhand von einer Frequenz gemessen werden kann. Man spricht auch allgemein von der Basislinie. Ist die Grundhaltung der Person eher positiv, schwingen die positiven Emotionen auf dieser Basislinie, während starke Abweichungen von der Basislinie Negativität und die damit verbundenen Gefühle erst deutlich werden lässt. Ist ein Mensch grundsätzlich negativ, so ist dies seine Basislinie. Das Bemerkenswerte dabei ist, dass sich die Basislinie anpassen kann, sobald wir unsere mentale Grundhaltung anpassen. Das mag nach der alten Leier des halbvollen Glases klingen, doch in Wahrheit bestimmt Ihre eigene persönliche Wahrheit Ihre Wahrnehmung und damit Ihr Leben. Das, was Sie für wahr und richtig halten, bestimmt Ihr Geist, genauso wie die Dinge, die Sie für falsch erachten.

An dieser Stelle würde ich gerne behaupten, dass wohlhabende Menschen eine Art Übermensch und grundsätzlich positiver Natur sind und daher gesünder leben. Die Formel klänge so einfach. Hätten Menschen mehr Geld, so würden sie auch besser leben und gesünder sein. Doch die Wahrheit ist eine völlig andere. Ich erinnere mich dabei an all meine Geschäftsreisen durch diverse Länder, allen voran Deutschland. Auf diesen Reisen begegne ich beruflich bedingt den Geschäftsleitungen verschiedener Unternehmen. Man möge meinen, dass diese Leistungsträger überdurchschnittlich produktiv sein müssen und daher auf ihren Körper achten. Doch das Gegenteil ist häufig der Fall. Die Geschäftsleitungen und Leistungsträger erkennt man häufig an ihrer markanten Art. Ein schneller Stechschritt, ein schnellerer Atem, schneller gesprochene Worte, das Empfinden von Zeitdruck und ein ausgeprägtes Gefühl für die Dringlichkeiten des Tages sind nur einige von vielen Anzeichen, die ich beobachten konnte. Sie pressen eher alles aus ihrem Körper heraus, was das eigene System zu bieten hat. Wenn sie dann einmal krank sind, werfen sie eine Tablette ein und rennen weiter.

Ich habe einmal zu meinem eigenen Vergnügen in einer von mir angelegten, nicht repräsentativen Studie 100 Topmanager und Geschäftsführer in meinem Bekannten- und Kundenkreis im Hinblick auf ihre Gesundheit analysiert. Hierfür habe ich mündlich übermittelte Ergebnisse in Gesprächen mit »meinen Probanden« sowie meine eigenen Eindrücke gesammelt. Ich hatte schon vorab den Eindruck, dass Leistungsträger im Süden von Deutschland besonders aktiv und gestresst sind. Vor allem in den Ballungsgebieten deutscher Großstädte, in denen sich erfolgreiche Unternehmen rund um Stuttgart, München, Nürnberg, Mannheim und Frankfurt ansiedelten, fiel mir auf, wie unausgeglichen und gestresst die Leistungsträger der Unternehmen waren. Im Norden Deutschlands hatte ich dieses Gefühl nicht so stark. Eine negative Grundhaltung war eher im Süden deutlich zu erkennen, die sich auf das Leben der Beobachteten auch außerhalb der Arbeit auswirkte. Im Gespräch mit den Leistungsträgern selbst hörte ich dann: »Du musst permanent auf der Hut sein. Zu jedem Zeitpunkt kann etwas Unerwartetes passieren, das dich den Kopf kosten kann.«

Interessanterweise hören Sie diese Worte auch von Soldaten, die in Kriegsgebieten arbeiten und in der Heimat dann ein posttraumatisches Belastungssyndrom diagnostiziert bekommen. Die Soldaten können nicht abschalten und sind immer noch im Kampf- oder Fluchtmodus. Ähnlich erschien mir dies in den wirtschaftlichen Kreisen, obgleich sich Geschäftsführer in der Regel nicht vor fallenden Bomben und Gewehrsalven in Acht nehmen müssen. Ich habe von Anfang an bezweifelt, dass das von den Orten oder Städten abhängig war oder dass die Unternehmen dafür verantwortlich waren. Für die eigene Gesundheit waren schließlich die Manager und Geschäftsführer selbst verantwortlich.

Auf der anderen Seite beobachtete ich in meinem eigenen Bekannten- und Freundeskreis eine besonders entspannte und optimistische Grundhaltung bei den Leistungsträgern, die ihre Einkünfte durch mehrere Einkunftsquellen generierten und ihre Firmen nicht als das Maß aller Dinge ansahen. Interessant waren auch die häufig kongruenten Aussagen der Leistungsträger, die eher ungesund lebten: »Meine Firma ist mein Baby. Das Ding hat schon mein Großvater aufgebaut. Wir haben es groß gemacht.« »Meine Firma ist mein Leben. Hier werde ich auch sterben«. Obwohl der Erfolg der gesünder lebenden Leistungsträger nicht geringer ausfiel, so hörte ich von ihnen eher Sätze wie: »Ich lebe, um zu leisten, doch wenn ich nicht gesund lebe, kann ich nichts leisten« oder »Ein gesunder Geist erfordert einen gesunden Körper.«

Die moderne »Hustle-Culture«, die für ihre rigorose und unablässige Arbeit gefeiert wird, scheint sich nicht so positiv auf das eigene Leben auszuwirken, wie man vielleicht glauben könnte. Wer viel arbeitet, fleißig ist und sich auf die Qualität seiner Arbeit konzentriert, mag redliche Ergebnisse erzielen, die wiederum Er-

Wer nicht in seine Gesundheit investiert, investiert in seinen Untergang.

folg bringen. Diesen Erfolg kann man jedoch nicht allzu lange genießen, da der Körper irgendwann einfach nicht mehr mitmacht. Die endlosen Stunden vor dem Computer, die permanenten Geschäftsreisen, die langen Meetings, die quälenden und ohrenbetäubenden Gedanken noch spät in der Nacht fordern ihren Tribut. Man möge meinen, dass dies so zu sein hat. Doch ich habe anderes beobachten dürfen und festgestellt, dass die öffentlich präsentierte Meinung über erfolgreiche Menschen, die ihren Körper gegen die Wand fahren, häufig falsch ist und diejenigen, die diesem Leitbild folgen, ihre Gesundheit ebenfalls aufs Spiel setzen.

Das gute alte Unternehmertum Deutschlands und seine Leistungsträger sind nach wie vor stark verbunden, sie haben jedoch im Laufe des Wandels der Zeit vergessen, dass die eigene Gesundheit ein elementarer Bestandteil des eigenen Reichtums ist. Noch mal: Wer glaubt, dass Wohlstand allein glücklich und frei macht, hat noch nie einen bettlägerigen Millionär gesehen. Wer nicht in seine Gesundheit investiert, investiert in seinen Untergang.

Die Formel für Gesundheit

Was bedeutet Gesundheit eigentlich? Sprechen wir von der Gesundheit als bloßem positiven Zustand des Körpers, in dem wir Leistung erbringen können, uns gut fühlen und genug Kraft haben, um gut durch den Tag zu kommen? Was bedeutet Gesundheit für Sie?

Wir haben bereits festgestellt, dass sich die eigene Gesundheit in der physischen und psychischen Gesundheit widerspiegelt. Ein gebrochener Geist in einem gesunden Körper plagt den Menschen genauso wie ein gesunder Geist in einem gebrochenen Körper. Es sind beide Variablen, die in Einklang miteinander leben und existieren müssen. Wir wollen uns in diesem Kapitel deshalb darauf konzentrieren, diesen symbiotischen Zustand zu erreichen, um Körper und Geist so zu stärken, dass sie ihren Aufgaben nachgehen können, um das volle Potenzial, das in uns steckt, zu entfalten.

Unsere Gesundheit ist direkt abhängig von drei Faktoren. Zuerst sei hier die Ernährung genannt. Das mag nur allzu logisch klingen. Wer schließlich permanent nur Dreck in sich reinschaufelt, gibt dem Körper nicht die Nährstoffe, die er braucht, um Leistung zu bringen, fokussiert zu sein und das Leben in vollen Zügen zu genießen. Beim Thema Ernährung scheiden sich die Geister. Wer sich hier einliest und bewusst neues Wissen erlangen will, stößt ganz automatisch auf eine unfassbare Anzahl an verschiedenen Meinungen, die alle durch wissenschaftliche Erkenntnisse bestätigt werden. Es ist aber nicht nur so, dass wissenschaftliche Erkenntnisse Meinungen bilden. Leider funktioniert das auch anders herum. Beispielsweise wird Ihnen eine gewaltige Anzahl an verschiedenen Diäten präsentiert. In der einen heißt es, dass Sie nur noch veganes Essen zu sich nehmen sollten, in der anderen, dass Fleisch ein Segen für Ihren Körper sei, und in der nächsten wiederum, dass Sie ab 18 Uhr abends keine Kohlenhydrate mehr zu sich nehmen dürfen. Selbstverständlich gibt es zu jeder dieser Hypothesen auch eine Gegenstudie und eine gegensätzliche Meinung, die wiederum das genaue Gegenteil anpreist.

Wenn Sie immer nur nach dem heiligen Gral suchen, werden Sie genauso wie die Kreuzritter irgendwo in der Wüste stranden und dort nur trockenen Sand finden.

An dieser Stelle können wir uns den Spaß erlauben und einmal eine ganz neue Ernährungsweise anbieten. Wir machen eine

Bier-Diät. Ganz richtig. Wir brauchen nur noch jemanden, der dazu eine Studie herausbringt. Dann schreiben wir dazu einen Ratgeber, gehen ins *Morgenmagazin*, halten einige Bilder gesünderer und schlankerer Menschen in die Kamera und schon reihen wir uns in die Schlange neuer Ernährungscoaches ein, während wir uns abschließend mit einem Bier zuprosten. Wie klingt das? Richtig, nach einer absoluten Gaudi. Doch mal im Ernst. Wenn Sie immer nur nach dem heiligen Gral suchen, werden Sie genauso wie die Kreuzritter irgendwo in der Wüste stranden und dort nur trockenen Sand finden. So wie es sich bei den eigenen Finanzen verhält, wo die Menschen nach dem einen goldenen Investment, der einen gewinnbringenden Strategie und der einen hochpreisigen Businessidee suchen, so suchen die Menschen nach der einen lebensverändernden Sache, wenn es um ihre Gesundheit geht.

Bei der zweiten Variable, dem Fitnesstraining, verhält es sich ganz genauso. Neben einer gesunden Ernährung brauchen unser Körper und auch unser Geist ein gesundes und forderndes Training. An dieser Stelle melden sich wieder unzählige Experten zu Wort. Mal heißt es, dass Sie drei- bis viermal pro Woche schwere Gewichte im Fitnessstudio stemmen müssen. Wie oft? Logisch, sechs bis zehn Wiederholungen. Wer mehr als zehn Wiederholungen drückt, wird zu schlank und baut keine Muskeln auf. Das nennen dann die Kinder in ihren YouTubeTutorials »Lean Bulk«. Für alle, die nicht wissen, was das ist, sei es kurz und knackig erklärt. Das ist so etwas wie ein veganer Proteinmilchshake ohne Zucker, aber mit massenweise Stevia. Da gibt es im Vorteilspaket Rheuma und Parodontitis gleich mitgekauft. Im Sonderangebot, versteht sich. Was für ein Wahnsinn!

Andere wiederum behaupten, dass Sie auf dem neuen Fahrrad, das sogar im Wohnzimmer stehen kann, und einer Mitgliedschaft von 80 Euro im Monat, Teil einer Community werden, in der jeder 30 Kilo in 30 Tagen verlieren wird. Ein anderes Fitnesstraining zeigt Ihnen den Aufbau von 15 Kilo Muskelmasse und den Verlust von 15 Kilo Fett in nur 6 Wochen. Also, wenn *Men's Health* darüber schreibt und es sogar im *Playboy* steht, muss das doch wirken, denken sich dann so manche. Neben dem Beitrag ziert dann die Anzeige zu einer neuen Diät und den neuen Nahrungsergänzungsmitteln die Zeitschriftenseite. Die Pille, die Sie schlank macht. Über Nacht versteht sich. Also wird das Abo abgeschlossen. Nach einem Jahr für 960 Euro Mitgliedsbeitrag und 600 Euro für Nahrungsergänzungsmittel ist der Proband immer noch so ungesund wie vorher. Er klagt nun stattdessen über die Schlieren vom Fahrrad auf dem Parkettboden und sein Selbstbewusstsein ist geschrumpft: »Das funktioniert alles bei mir nicht. Mein Körper ist einfach anders.« Guter Punkt. Jetzt kommen die Ärzte und Bodybuilder ins Spiel, die verschiedene Körperformen analysieren und verständlicherweise auch wissenschaftlich darstellen. Ein kleiner zarter Mensch wird jetzt als »ektomorph« bezeichnet. Befinden Sie sich im Durchschnitt, sind Sie nicht mehr nur befriedigend, sondern »mesomorph«, und da heute niemand mehr die Wahrheit vertragen will, werden übergewichtige Menschen jetzt nicht mehr fett genannt, sondern »endomorph«. Klar so weit? Wundert es Sie da noch, dass wir bei all diesem Wahnsinn den Überblick über richtig und falsch verlieren?

Mittlerweile wird auch die dritte Variable Ihrer Gesundheit angegriffen. Das Thema Ihrer Ruhezeit und Ihres Schlafs wird mittlerweile zu einem Statistikwettbewerb. Dazu erscheinen am Markt Ringe, Uhren und Ketten, die Sie während der Nacht tragen und die Ihren Schlaf messen können. Doch die Geräte sind so unglaublich, dass nicht nur Ihre Schlafenszeit gemessen wird. Nein, die Dinger erkennen sogar, wann Sie träumen. Im nächsten Schritt und nach dem nächsten Update erwarte ich umfangreiche Funktionen über die Analyse meiner Träume. Wahrscheinlich ruft Siri dann Dr. Freud an und macht automatisch einen Termin zur Traumabehandlung.

Sie haben recht. Ich muss mich mäßigen, um dies nicht zu satirisch werden zu lassen. Doch dieser Wahnsinn um unsere Gesundheit hat mittlerweile ungesunde Züge angenommen, die uns den Wald vor lauter Bäumen nicht mehr sehen lassen. Es wird so immer schwerer für uns, den richtigen Weg zu erkennen.

Gesundheit = Ernährung + Training + Schlaf

In unserer heutigen Zeit sind Krankheiten genauso präsent wie noch vor 500 Jahren. Wir besitzen nur seither andere Mechanismen und Werkzeuge, um diese Krankheiten zu bezwingen. Ausrotten können wir nur die wenigsten. Während im Mittelalter und der Antike noch die Pest wütete, starben Anfang des 20. Jahrhunderts Millionen von Menschen an der Spanischen Grippe. Heute leiden wir an Grippen, Krebs, AIDS, Ebola und dem Corona-Virus. Wie können wir also unsere Gesundheit verbessern und aufrechterhalten, ohne dem Wahnsinn zu verfallen?

Um den Blick für das Ausschöpfen unseres Potenzials und auch unserer finanziellen Intelligenz nicht zu verlieren, sei an dieser Stelle gesagt: Nicht alle finanziell erfolgreichen Menschen haben ihre Gesundheit erfolgreich im Griff. Doch alle finanziell erfolgreichen Menschen, die in Ruhe und Harmonie mit sich selbst im Einklang sind und einen gesunden Körper als die Grundlage ihrer Leistungen anerkennen, haben ihre Gesundheit erfolgreich gemeistert. Das soll auch unser Ziel sein.

Ernährung

Wie bereits erwähnt, streiten sich die Geister über die richtige Ernährung. Die Frage danach ist jedoch vor allem an der eigenen Zielsetzung auszurichten: »Was will ich mit meiner Ernährung erreichen?« Das muss unsere erste Frage sein.

Erst dann können wir uns fragen: »Was werde ich mit meiner Ernährung erreichen?« Haben Sie keine Zielsetzung, können Sie getrost ungesunde Fettsäuren in sich hineinstopfen und ein Abo bei McDonalds oder einer anderen Fast-Food-Kette abschließen. Was Sie mit dieser Ernährung erreichen werden, ist klar. Sie werden übergewichtig, Ihr Körper wird langsamer, träge und anfälliger für Krankheiten sein. Außerdem werden Sie mehr Geld für größere Kleidungsstücke ausgeben müssen.

Als Leistungssportler verfolgen Sie auf jeden Fall Ziele. Ihre Ernährung ist nur auf Ihre Performance ausgelegt. Schwierig wird es, wenn Leistungssportler, die einen sehr geringen Prozentsatz unserer Bevölkerung ausmachen, der breiten Masse Empfehlungen für die Ernährung geben. Da Otto Normalverbraucher regelmäßig Spitzenleistungen erbringen sollte und nicht wie ein Sportler nur im entscheidenden Augenblick die Leistung abrufen muss, muss sich auch die Ernährung von beiden Menschen unterscheiden. Sicherlich gibt es Leistungssportler, die über einige Seasons hervorragend sein müssen. Doch die wenigsten sind dies länger als ein paar Jahre, weil dann die Gelenke oder die Nerven im Eimer sind. Für den Erfolg, den Ruhm und das Geld hat man einige Jahre lang alles aus dem Körper herausgepresst, um die darauffolgenden Jahre die Rechnung dafür zu bezahlen. Was wir öffentlich wahrnehmen, sind jedoch nur die Jahre der Leistung. Die Jahre des Niedergangs werden Ihnen nicht präsentiert. An ihnen werden sich höchstens die Sadisten der Medienlandschaft laben.

Was ist also Ihr Ziel und wie wollen Sie Ihren Körper so nähren, dass dieses Ziel bestmöglich unterstützt wird und auch nach dem Erreichen Ihrer Zielsetzung Ihr Körper weiterhin von Gesundheit gekrönt sein kann? Bei der richtigen Ernährung, wenn wir denn davon ausgehen wollen, dass es so etwas gibt, kommt es vor allem auf die Ausdauer an. Im Bodybuilding propagiert man beispielsweise Cheatdays. Die Idee ist, sechs Tage pro Woche diszipliniert zu essen und zu trinken. Am siebten Tag dann, wenn Gott ruht und keiner hinsieht, können Sie so viel in sich hineinstopfen und futtern, wie Sie wollen. Sie betrügen sich also an diesem Tag selbst. Ich halte von diesem System persönlich gar nichts, vor allem da ich mich nicht betrügen will, geschweige denn sechs Tage leiden möchte, um einen Tag gut zu leben. Wenn ich das gut fände, könnte ich auch an fünf Tagen die Woche einer furchtbaren Arbeit nachgehen, nur um am Wochenende richtig aufzuleben. Das ist natürlich Unfug.

Wenn Sie erst einmal Ihr Ziel definiert haben, gilt es, ein System für sich selbst zu finden, das diesem Ziel gerecht wird. Nach einer Weile werden Sie dann bemerken, dass Ihr Ziel Ihrem System gerecht werden muss. Ihr Ziel ist nach einer Weile erreicht. Nun suchen Sie sich ein neues Ziel. Die Prinzipien für Ihre Ernährung hingegen sollten gleich bleiben, um Ihre Entscheidungskompetenz nicht zu sehr zu belasten. Die Frage »Was essen wir denn heute mal?« ist ein klarer Indikator dafür, dass Sie kein festes System haben, das Ihnen dient.

Irgendwann schien einmal ein alter grauer Koch die Idee gehabt zu haben, dass Mahlzeiten abwechslungsreich und individuell sein müssen. Diese Idee ist zum Standard geworden. Ich habe sie einmal auf die Probe gestellt und mich vier Wochen lang von dem gleichen Gericht ernährt. Hähnchen, Brokkoli und Reis. Siehe da, es ging. Ich habe mich nicht besser, aber auch nicht schlechter als vorher gefühlt und meine körperlichen Werte hatten sich kaum verändert. Das lag zwar auch daran, dass dieses Gericht an Eiweiß, Kohlenhydraten und Fetten sehr ausgewogen war, doch darüber hinaus habe ich meinen Körper nicht wie ein Leistungssportler in diesem Zeitraum belastet. Ich habe dieses kleine Experiment auf eine

Anzahl von sieben Gerichten erweitert. Diese sieben Gerichte enthalten alle gesunden Fette, Kohlenhydrate und Eiweiße, die der Körper braucht. Für etwas Süßes schiebe ich Obst und hin und wieder nach Lust und Laune mal eine Tafel Schokolade ein. Dabei trinke ich ungesüßten Tee und Wasser. Das war es im Endeffekt. Seit Jahren sind meine Blutwerte, mein Cholesterin und alle weiteren wesentlichen Gesundheitswerte in Spitzenform. An dieser Stelle mögen die Zweifler sagen, dass diese Ernährung auch seinen Preis habe. Im Gegenteil, ich spare meist beim Essen und kaufe in den üblichen Geschäften ein, in denen niedrige Preise die Norm sind. Nur beim Fleisch und Fisch bin ich auf dem Wochenmarkt, um Qualität zu kaufen. Ganz einfach, oder?

Das Hauptproblem für viele ist nicht die Hauptmahlzeit, sondern die kleinen Zwischenmahlzeiten. Der Erfolg bei der eigenen Ernährung ist nicht abhängig von Geld, Zeit oder wissenschaftlichen Erkenntnissen. Er ist abhängig von der eigenen Disziplin und der bereits erwähnten Ausdauer. Ich wiederhole es wegen der Signifikanz dieser Wahrheit noch mal, in der Hoffnung, dass Sie es nicht vergessen: Der Erfolg Ihrer Ernährung hängt von Ihrer Disziplin und Ausdauer ab.

Der Erfolg Ihrer Ernährung hängt von Ihrer Disziplin und Ausdauer ab.

Wir glauben meist, dass wir einige Wochen eine harte Diät verfolgen, leiden und verzichten müssen, um zum Ziel zu gelangen. Das ist völliger Unsinn. Kurzfristige Veränderungen führen zu kurzfristigen Erfolgen. Sie brauchen stattdessen ein System, das zu jedem Zeitpunkt eine optimale Ernährung gewährleistet. Mit einem solchen System sind die Hungerzeiten und schwachsinnigen Diäten aus den Modemagazinen dahin und gehören auch für immer der Vergangenheit an. Haben Sie stattdessen nur ein kurzfristig laufendes System namens Diät, sind schon wenige Wochen nach der Diät all die Ergebnisse, für die Sie gelitten haben, wieder dahin.

Ich konnte dieses Verhalten einst bei einer Freundin bemerken, die mich um Unterstützung gebeten hatte. Sie wollte in einem Jahr 35 Kilogramm abnehmen und sich das ersehnte Kleid kaufen. Ihre Motivation war die Anerkennung anderer. Ich willigte ein und prügelte sie ein Jahr lang sechs Tage die Woche zum Sport und half ihr, ein System zu finden, das ihre Ernährung gänzlich veränderte. Obwohl sie lernte, dass der Zucker in ihren geliebten Süßigkeiten das pure Gift für ihren Körper war, konnte sie nicht so richtig davon fernbleiben. Nur durch ihren unbändigen Willen erreichte sie ihr Ziel am Ende des Jahres. Ihre Leistung war erstaunlich und herausragend. Doch nur wenige Monate nach diesem Erfolg hatte sie ihr einstiges Gewicht zurückgewonnen. Die Lust nach den Süßigkeiten war einfach zu groß. Sie ist das beste Beispiel dafür, dass der Wille und der Antrieb noch so groß sein können und man noch so intensiv trainieren kann, letztlich entscheiden die Disziplin und die Ausdauer über die erfolgreiche Ernährung.

Eines der Hauptprobleme ist unsere Konditionierung gegenüber Zucker, anderen ungesunden Kohlenhydraten und ungesunden Fetten. Wir reden uns ein, dass eine Tüte Lakritzstangen oder Gummibärchen gar nicht so schlimm sei. Doch aus einer Tüte werden zwei und aus zwei wird schnell eine Gewohnheit. Übergewicht durch zu viel Zucker und eine ungesunde Ernährung sind das Ergebnis von mangelnder Disziplin und falscher Toleranz. Selbst in unseren Grundschulen werden kleinen Kindern Schokomilch und andere Zuckerbomben angeboten. Von klein an lernen sie, dass Unmengen weißen Zuckers sozial verträglich sind, weil es alle so machen. Wenn es alle machen, dann ist es ja auch richtig so, nicht wahr? Nein. Wenn alle Menschen ihrer Vernunft folgen würden, gäbe es mehr finanziell intelligente Menschen.

Sollten Sie sich hier wiedererkennen, dann nur weil Sie zu viel Zucker und Übergewicht tolerieren. Sobald Sie aufhören, diese Dinge zu tolerieren, ändern sich Ihre Gewohnheiten und Ihre Ernährung. Intoleranz gegenüber einer falschen Ernährung führt dazu, dass wir tätig werden. Beginnen Sie also damit zu erkennen, was genau Sie jeden Tag zu sich nehmen. Ein Tagebucheintrag über die gegessenen Mahlzeiten und getrunkenen Getränke hilft hier sehr. Ich habe mir beispielsweise angewöhnt, meine Wasserzufuhr aufzuzeichnen. Da ich dazu neige, zu wenig im Verlauf des Tages zu trinken, habe ich damit begonnen, täglich die Gläser Wasser zu zählen, die ich trinke. Seitdem ich das tue, trinke ich mehr Wasser und weniger Säfte oder andere Getränke.

Ein weiterer Fehler, den wir begehen, ist, ungesunde und schädliche Nährstoffe zu tolerieren oder sogar zu zelebrieren. Leichtfertig sagen wir Dinge wie: »In Bayern ist Bier ein Nahrungsmittel« oder »Ein, zwei Schnäpse am Abend helfen beim Schlafen«. Im Gegenteil sogar. Versuchen Sie Ihren Alkoholkonsum, so weit es nur möglich ist, zu reduzieren. Alkohol ist – egal in welcher Menge – nicht gesundheitsförderlich. Wir reden uns den Alkohol nur schön. Wenn Sie aber abends zwei Schnäpse brauchen, um gut schlafen zu können, haben Sie ein ganz anderes Problem. Ihr Körper baut den Alkohol nur schwer über die Nacht ab und als Resultat leidet Ihr Schlaf und Ihre Erholungszeit.

Besonders jungen Menschen sei an dieser Stelle geraten, Abstand von denen zu nehmen, die schon mittwochs den Absturz am Wochenende planen. Es ist weder cool noch förderlich, sich die Kante zu geben, um daraufhin von den lustigen Geschichten des Absturzes zu berichten. Das zeugt nur von einer mangelnden Disziplin und einem schwachen Geist. Ich habe selbst als junger Mann zu viele Schnapsleichen sehen müssen und Partys häufig frühzeitig verlassen, da die meisten Gäste kaum noch ansprechbar waren. Schon damals sah ich die betrunkenen Menschen und war von dem unkontrollierten Verhalten angeekelt. Wo ist da der Spaß? Besonders in jungen Jahren sollten Sie gänzlich die Finger vom Alkohol lassen, auch wenn der Staat es Ihnen juristisch schon erlaubt. Dass der Staat nicht immer Ihr Bestes im Sinn hat, haben wir ja bereits bei Ihrer Finanzbildung gelernt.

Selbstverständlich sei niemandem das Glas Wein verboten. Entscheidend ist eben ein gesundes Maß. Wer vollkommen ohne Alkohol auskommt, kann allerdings die grandiosen Vorteile genießen, die der Verzicht mit sich bringt. Auch Ihre Brieftasche wird sich bei Ihnen dafür bedanken. Genauso verhält es sich auch beim Konsum anderer Drogen, allen voran Zigaretten. Drogen aller Art sind nicht nur unfassbar teuer und belasten Ihr Budget, sie schädigen auch Ihre Gesundheit enorm. Härtere Drogen bedeuten sogar den Untergang Ihrer finanziellen und gesundheitlichen Zukunft. Häufig kollabieren nicht nur Sie an ihnen, sondern auch Ihre Familie und Ihre geliebten Mitmenschen.

Die Regel finanziell intelligenter Menschen ist hier sehr einfach: Finger weg von Drogen und Zigaretten. Sie sind weder Gordon Gekko, der sich eine Zigarre anmachen muss, um besonders cool auszusehen, noch sind Sie Winston Churchill. Sie sind auch nicht Jordan Belfort, der sich eine Pille nach der anderen einwirft, um konzentriert zu bleiben. Es gibt kein modisches Accessoire, das Ihre Gesundheit wert ist. Ich habe kein Verständnis für die Menschen, die über ihre finanziell bescheidene Lage klagen und gleichzeitig aktiver Raucher sind oder wöchentlich drei Flaschen Wein trinken. Wenn wir von einem Durchschnittspreis von 10 Euro pro Flasche ausgehen, und ich weiß, dass ich damit einigen Weinkennern auf den Sonntags-Ausgeh-Schlips trete, sowie weiterhin von vier Schachteln Zigaretten pro Woche, so kommen wir immerhin auf Ausgaben von 38 Euro pro Woche. Wir sprechen also von fast 2.000 Euro pro Jahr für den Konsum von Dingen, die Sie abhängig machen, sozial verträglich und dennoch gesundheitsschädlich sind. Obgleich für Weinkenner der Geschmack ein Gaumenerlebnis sein mag, so ist für die breite Masse der öffentliche Verzehr von Alkohol häufig ein Mittel, um nicht sozial geächtet zu werden. Der heimische Verzehr von Alkohol ist meist nur eine ungesunde Gewohnheit. Die wenigsten von uns sind pure Genießer und echte Experten der Traubenfreuden. Bei härteren Spirituosen sieht es nicht anders aus.

Finanziell intelligente Menschen durchschauen jene Ideen, die durch die Gesellschaft toleriert oder zelebriert werden, jedoch in ihrer Natur keiner Vernunft unterliegen. Klarheit in ihren Gedanken und Handlungen, gestützt durch eine gesunde Ernährung und einen darüber hinaus gesunden Lebensstil, verbessert Ihre Fähigkeit, finanziell intelligentere Entscheidungen zu treffen. Das kann nicht genug betont werden.

Ich gebe Ihnen hier das Beispiel meines Bekannten Thomas. Binnen weniger Jahre schaffte es Thomas, in einem deutschen Großunternehmen die Karriereleiter hinaufzuklettern. Als Diplom-Chemiker konnte er sein enormes Fachwissen einsetzen und es durch neue Disziplinen erweitern. Frühzeitig begann Thomas in diverse Aktien zu investieren und sich als Investor fortzubilden. Sein regelmäßig steigendes Gehalt verbrauchte er nicht für Konsum, sondern für weitere Investitionen. Scherzhaft neckte ich ihn immer wieder, dass er zur Arbeit mit eigener Essensbox und einer Flasche Leitungswasser fuhr. Doch er lachte mich aus und rechnete mir Folgendes vor: »Schau mal, das Essen in der Kantine kostet mich am Tag 7 Euro plus weitere 1,50 für ein Getränk mit 0,5 Litern. Das bedeutet, dass ich über 2.170 Euro im Jahr für mein Mittagessen ausgebe. Das ist Wucher«. Thomas zahlte stattdessen durch sein vorgekochtes Essen, das er in der Firma nur warm machte, und das Leitungswasser, das er sich selbst mitbrachte, lediglich 4,45 Euro pro Mittagessen. Damit sparte er über 1.000 Euro im Jahr. Sie mögen denken, dass dies geizig sei. Der gleiche Mann jedoch verdiente am Aktienmarkt jährlich so viel Geld, dass er bereits nach 20 Jahren seiner Tätigkeit im Unternehmen dort nie mehr hätte arbeiten müssen. Er blieb jedoch und investiert seither die gesamte Summe seiner Nettoeinkünfte. Von den Dividenden kann Thomas bereits seit Jahren leben. »Du könntest dir die 8,50 Euro pro Tag aber leisten«, sagte ich damals zu ihm. Er lachte und sagte: »Du verstehst nicht. Das hat mit Sparsamkeit nichts zu tun. Es ist finanziell intelligent, sich auf seine Vernunft zu konzentrieren und für weniger Geld gesünderes Essen zu haben. Die Kantine bietet mir das nicht.«

Unser Verhalten ist häufig von Unvernunft und Dummheit geprägt. Das liegt nicht an unserer mangelnden akademischen Intelligenz, sondern an einem Mangel an finanzieller Intelligenz und der Unfähigkeit, die Kleinigkeiten im Leben durchzurechnen. Der Starinvestor Kevin O'Leary erklärte diesbezüglich, dass er niemals bei Starbucks einen Kaffee trinken würde. Die 4,50 Dollar würde er niemals für ein Produkt ausgeben, das lediglich 0,28 Dollar pro Tasse kosten würde. Dabei sei gesagt, dass O'Leary Multimillionär ist und wahrscheinlich so manch einen Starbucks komplett kaufen könnte. Der gleiche O'Leary jedoch sammelt teure Luxusuhren und besitzt mehrere privatgenutzte Immobilien überall auf der Welt. Gleichzeitig verweigert er jedoch die Nutzung eines eigenen Autos, da ihm dies, wie er sagt, zu teuer und finanziell unklug erscheine. Sie erkennen also, dass auch finanziell intelligente Menschen ihre Laster haben, sich jedoch in erster Linie der Vernunft verschreiben. Verschreiben auch Sie sich der Vernunft. Gestalten Sie für sich ein System, das Ihnen eine gesunde und finanziell intelligente Ernährung ermöglicht.

Verschreiben auch Sie sich der Vernunft.

Training

Haben Sie erst einmal Ihre Ernährung in einem funktionierenden System für sich definiert und erfolgreich getestet, so wollen Sie auch die zweite Variable für Ihre Gesundheit erarbeiten und entwickeln. Zusätzlich zu einer ausgewogenen und gesunden Ernährung sowie dem Verzicht auf unvernünftige und gesundheitsschädliche Genüsse ist ein intensives körperliches Training von großer Wichtigkeit.

In diesem Fachgebiet tummeln sich mittlerweile mehr Meinungen als wissenschaftliche Erkenntnisse und selbst diese werden, so scheint es mir, für private und egoistische Zwecke genutzt und verfälscht. Die meisten Ratschläge und Hilfestellungen bekommen Sie von Leistungssportlern oder Menschen, die den Sport zu einem großen Teil ihres Lebens haben werden lassen. Das Resultat ist ein exzessives Training, große Muskeln, eine athletische Figur und eine geballte Menge an Aufmerksamkeit anderer. Danach sehnt sich so mancher und sucht daher bei jenen Leistungssportlern und Ratgebern nach dem heiligen Gral des Fitnesstrainings. Das Produkt ist dann häufig eine Ansammlung grotesker und schon fast satirisch wirkender Ratschläge und Hilfeleistungen.

Doch die Wahrheit ist, dass die allermeisten von uns keine Leistungssportler sind und auch nicht werden wollen. Ist das bei Ihnen anders, so wird dieses Kapitel den Kern Ihrer Ziele nicht treffen. Ich habe volles Verständnis für den Maximal-Ansatz beim Training, da auch ich lange Leistungssportler war. Seitdem das aber keine Priorität mehr hat, erachte ich eher ein minimalistisches, aber vor allem intensives Training für zielführender. Für einen finanziell intelligenten Menschen ist es nicht sinnvoll, jede Woche stundenlang im Fitnessstudio zu leiden. Die hier gezeigten Erkenntnisse sollen also nicht bei dem Bodybuilding oder dem Leistungssport helfen, sondern die breite Masse der Menschen ansprechen, die lediglich ihren Körper in solch einer Verfassung brauchen, um das optimale Potenzial, das in ihnen steckt, in allen Lebensbereichen zu nutzen.

Training = Hohe Intensität x (Cardio + Krafttraining) + Ruhe

In erster Linie ist unser Training auf unsere persönlichen Ziele abzustimmen. Zweitens müssen wir die Bereiche unseres Trainings genau definieren. Ist es unser Ziel, an Kraft zu gewinnen, so sieht unser Training fundamental anders aus, als wenn wir nur unsere allgemeine Gesundheit durch Bewegungsabläufe stärken wollen. Noch einmal anders sieht unser Training aus, sollten wir das Ziel verfolgen, extreme Muskelmasse aufbauen zu wollen. Beginnen wir daher zunächst mit einem Blick auf das reine Krafttraining, wie wir es aus dem Fitnessstudio kennen.

Gewöhnlich absolvieren Menschen beim Krafttraining in den Fitnessstudios stundenlang verschiedene Übungen an Geräten oder Maschinen, um häufig den Muskel zu isolieren und durch hohes Gewicht so stark zu beanspruchen, dass er zum Wachstum angeregt wird. Man spricht unter Angebern auch von der sogenannten Hypertrophie. Eine Studie aus dem Jahre 2017 mit dem Titel »The Effect of Weekly Set Volume on Strength Gain« beschreibt, dass bereits 81 Prozent der maximal erreichbaren Kraft bei ein bis vier Sätzen pro Woche pro Übung erreicht werden können. In dieser Studie wurden vor allem solche Übungen betrachtet, die große Muskelgruppen im Körper beanspruchten. Weiterhin zeigte die Studie, dass ab einer steigenden Anzahl Sätzen zwar die Muskeln mehr beansprucht werden, jedoch der Nutzen geringer ausfällt, als in den ersten drei Sätzen. Mit anderen Worten: Wer intensiv trainiert und viele Sätze beim Krafttraining verwendet, holt zwar das Maximum aus seinem Körper heraus, braucht dafür jedoch auch umso mehr Zeit.

Ist Ihr Training nicht auf die maximalen 100 Prozent des möglichen Wachstums ausgelegt, sondern lediglich auf Ihre allgemeine Fitness, so mögen Sie sich bereits mit 80 Prozent der möglichen Resultate zufriedengeben. Die Studie bestätigt damit die allgemein bekannte Theorie des abnehmenden Grenznutzens auch beim Fitnesstraining. Genau an diesem Ansatz wollen wir als finanziell intelligentere Menschen ansetzen. Mit möglichst wenig Zeitaufwand wollen wir das optimale Ergebnis in einer bestimmten Zeit erreichen. Wir wollen unser Herz, unsere Muskeln und die Kalorienverbrennung anregen, um uns zu fordern und an Kraft zu gewinnen.

Eine andere Studie beschreibt den Umstand, dass bereits 30 bis 60 Minuten pro Trainingseinheit ausreichen, um an Kraft und Ausdauer zu gewinnen. Die gleiche Studie verweist aber auch darauf, dass das für die Zielgruppe, die Hypertrophie und große Muskeln anstrebt, leider nicht so einfach funktioniert. Statt also fünf Stunden pro Woche im Fitnessstudio die Ergebnisse zwischen 81 und 100 Prozent zu jagen, wollen wir uns auf kürzere Trainingseinheiten von zwei- bis dreimal pro Woche konzentrieren. Diese kürzeren Trainingseinheiten sollten so intensiv wie möglich ausfallen. Ein leichtes Training, das Ihren Geist, Ihre Disziplin und Ihren Körper nicht beansprucht, ist eine Zeitverschwendung. Bedenken Sie, dass diese Zeit, die Sie extra im Fitnessstudio vergeuden, nicht nur den Beitrag im Fitnessstudio selbst kostet, sondern auch Ihre kostbare Zeit und einen möglichen Stundenlohn, der höher als Ihr heutiger ist. Wir sprachen ja bereits davon.

Es ist daher finanziell intelligenter, wenn Sie Ihre Zeit für Ihr Training so einsetzen, dass sie optimal genutzt ist und Ihr Körper in der gegebenen Zeit das optimale Ergebnis erreichen kann. Neben dem gewöhnlichen Krafttraining sollte Ihr Training deshalb auch genügend ausdauernde Elemente involvieren, die Ihr Herz-Kreislauf-System beanspruchen. Ein Ausdauertraining, das Gewichte, das Training mit dem reinen Körpergewicht und verschiedene Bewegungsabläufe enthält, die Sie richtig in Fahrt bringen, isoliert keinen Muskel, fordert dafür aber das meiste von Ihnen ab. Gleichzeitig sollte Ihr Training das Verletzungsrisiko so gering wie möglich halten. Verletzten Sie sich beim Training und fallen dadurch acht Wochen aus, so haben Sie mit großen und schweren Gewichten auch nicht viel mehr erreicht. Gemäß der derzeitigen Forschung sind folgende Sportarten von besonderer Relevanz für den finanziell intelligenteren Menschen:

- Schwimmen,
- Laufen,
- Krafttraining mit dem Körpergewicht oder Gewichten,
- Fahrradfahren.

Interessanterweise sind drei dieser vier vorgeschlagenen Trainingsmethoden auch die drei Disziplinen, die von Triathleten abgefragt werden. Doch Vorsicht, die Verletzungsgefahr von ernsthaften Triathleten oder Ironman-Absolventen ist überdurchschnittlich hoch. In diesem Bereich sind Sie wieder als Leistungssportler aktiv und sollten Ihr Training nach anderen Maßstäben gestalten oder gar gestalten lassen.

Häufig beginnen finanziell intelligente Menschen mit einer dieser Sportarten und wollen sie relativ zügig auf ein exzellentes Level führen. Der Drang nach Spitzenleistungen, den finanziell intelligente Menschen allzu oft haben, führt auch bei dem eigenen Training dazu, dass man sich besonders viel abverlangen möchte. Vielfach erkennt man dieses Verhalten schon bei Kindern. Für mich war es in früheren Jahren das Schwimmen. Heute ist es das Langstreckenlaufen. Kinder sollten frühzeitig an einen intensiven Sport herangeführt werden, um auf der einen Seite das Teamverhalten, aber auch die körperlichen Anstrengungen kennenzulernen und diese als normalen Bestandteil des Lebens zu erkennen.

Entscheiden Sie sich am besten für eine oder zwei der vier möglichen Disziplinen und kombinieren Sie diese clever mit Ihrem Zeitplan und Kalender. Hier ein Beispiel dafür:

Tag 1: 30 Minuten laufen
Tag 2: Pause
Tag 3: Freies Krafttraining von 30 Minuten
Tag 4: Pause
Tag 5: Freies Krafttraining von 30 Minuten
Tag 6: 45 bis 60 Minuten laufen
Tag 7: Pause

Insgesamt beansprucht dieser sehr überschaubare Trainingsplan lediglich maximal 2,5 Stunden Ihrer Zeit. Das Krafttraining besteht dabei aus einem hoch intensiven Training. Ein gut aufgebautes Zirkeltraining oder ein Training mit dem eigenen Körpergewicht, optional mit Gewichten wie Kettlebells, Hanteln oder Bändern, kann dazu die Intensität des Trainings erhöhen. Besonders attraktiv ist dieses Training auch für all jene, die viel reisen oder geschäftlich unterwegs sein müssen. Die Laufschuhe und ein paar Sportsachen passen immer in den Koffer, und wer mit dem Auto unterwegs ist, kann schnell einmal die Gewichtsweste oder ein paar Kettlebells sowie eine Yogamatte hinten in den Kofferraum packen. Im Sommer kann damit draußen und im Winter im Hotelzimmer oder im Fitnessraum des Hotels trainiert werden. Für Ihr Training brauchen Sie keine 100 Euro fürs Monatsabo im Fitnessstudio um die Ecke – zu neudeutsch Gym – ausgeben. Die 1.200 Euro im Jahr zuzüglich Anmeldegebühr und Servicepauschale sparen Sie sich einfach. Weiterhin profitieren

Sie vom Vorteil des Wegfallens eines Reisewegs zum Fitnessstudio und vom Fitnessstudio zurück.

Das Prinzip Ihres Trainings ist also eher minimalistischer Natur und dennoch nicht weniger effizient. Um die bestmöglichen Resultate zu erreichen, ohne dass das Fitnesstraining Ihr gesamtes Leben bestimmt, konzentrieren Sie sich lediglich auf die Elemente, die das meiste aus Ihrer Zeit herausholen können. Haben Sie zusätzlich zu diesem Training noch ein Hobby wie Fußball oder Volleyball, so sollten Sie dieses Hobby getrennt von Ihrem eigentlichen Training sehen. Das ist natürlich nicht der Fall, wenn Ihr Hobby mitunter den Charakter von Spitzenleistungen tragen sollte.

Achten Sie weiterhin darauf, dass Ihr Training besonders intensiv ist. Haben Sie sich dafür entschieden, weiterhin im Fitnessstudio zu trainieren, was selbstverständlich auch in Ordnung ist, so ahmen Sie nicht die meisten Besucher nach, indem Sie nach 45 Minuten die Geräte mit Ihrem Handtuch verlassen und weder schwitzen noch nach körperlicher Belastung aussehen. Ihr Training muss Ihnen extrem viel abverlangen und Sie richtig fordern. Kommt Ihr System nicht in Fahrt, können Sie die kurzen Trainings nicht vollkommen ausschöpfen. Eine gesunde Portion Leid gehört bei einem funktionierenden und intensiven kurzen Training von 30 Minuten dazu.

Für ein intensives Training sind viele Trainingsmethoden sehr interessant, die einen genaueren Blick wert sind. Trainingsmethoden wie AMRAP (as many Reps as possible) oder EMOM (every Minute on the Minute) sind Trainingsmethoden, die Sie nicht nur intensiv fordern, sondern auch Ihre Zeit wertschätzen. Das AMRAP-Prinzip beschreibt ein Training, bei dem Sie sich pro Übung so viele Wiederholungen abverlangen, bis Ihr Körper nicht mehr weiterkann. Wenn Sie dieses Prinzip auf eine Übung wie Liegestütze anwenden, dann drücken Sie sich so lange vom Boden hoch, bis Ihr Körper vollständig versagt. Beim EMOM hingegen arbeiten Sie gegen die Zeit und versuchen in einer bestimmten Zeit so viel herauszuholen, dass Sie möglichst noch einige Sekunden pro Minute für eine Pause finden. Beide Trainingsmethoden sind extrem intensiv und sollten erst dann verwendet werden, wenn Sie Erfahrung mit dem intensiven Training gesammelt haben. AMRAP und EMOM heben die Intensität dann nur noch auf eine neue Ebene.

Doch genauso wichtig wie ein intensives und forderndes Training ist neben Ihrer Ernährung die Zeit, in der Sie sich ausruhen können und Ihr Körper sich regenerieren kann. Ignorieren Sie die Aufforderungen Ihres Körpers nach Ruhe und Pausen, riskieren Sie Verletzungen oder Krankheiten. Gleichzeitig wollen Sie Ihren Körper nicht einer dauerhaften Belastung aussetzen, sondern ihm Zeit zum Wachstum bieten. Tun Sie das nicht, dann ist das so, als würden Sie einen Ferrari im ersten Gang über die Autobahn jagen. Irgendwann macht das System nicht mehr mit und stellt den Betrieb ein. Die Ergebnisse finden Sie dann auf dem Schrottplatz oder im Krankenhaus. Achten Sie daher darauf, dass Sie genügend Pausen zwischen den Trainingseinheiten einbauen und mindestens ein bis zwei Tage Pause dazwischen einlegen. Dehnen Sie außerdem Ihre Muskeln genügend, um Verletzungen vorzubeugen und um Ihre Muskeln nicht zu steif werden zu lassen. Verschiedene Yogaeinheiten können wahre Wunder bewirken.

Schlafen

Ich erinnere mich daran, dass ich bei den Recherchearbeiten für mein erstes Buch auf viele Unternehmer, Manager, Anwälte oder Handwerker traf, die zwar finanziell äußerst erfolgreich waren, dieser Erfolg aber auf Kosten ihrer Gesundheit ging.

Die wenigsten von ihnen schliefen mal aus. Die meisten waren bereits um 5 Uhr morgens wach. Eine andere Gruppe von Leistungsträgern verschiedenster Berufe tat genau das Gleiche, jedoch ohne dafür die eigene Gesundheit zu opfern. Im Gegenteil sogar, sie verbesserten ihre Gesundheit kontinuierlich. Wie konnte das sein?

Diese Frauen und Männer standen ebenfalls frühzeitig auf und begannen bereits vor Sonnenaufgang mit der Arbeit. Am Abend vorher waren sie allerdings nicht etwa erst um 23:30 Uhr im Bett, sondern bereits um 21:30 Uhr. Statt abends noch lange vor dem Fernseher zu sitzen, verbrachte diese Gruppe an Leistungsträgern ihre Abende mit der Familie und beendete den Tag mit einer Abendroutine, die den nächsten Tag plante. Der Manager eines DAX-Unternehmens sagte mir dazu: »Plane deinen Tag am Abend vorher. Lege dir deine Sachen heraus, die du morgen anziehen wirst, um frühe Entscheidungen des Tages zu vermeiden. Packe deine Tasche, bereite deine Wasserflasche und vielleicht auch dein Essen am Abend vor.« Der morgige Tag beginnt am Abend vorher.

Der morgige Tag beginnt am Abend vorher.

Bevor Sie sich also Gedanken über eine Morgenroutine machen, sollten Sie sich vorab einige Gedanken über Ihre Abendroutine erlauben. Ich empfehle an dieser Stelle, entsprechend meiner Recherchen und Befragungen finanziell intelligenter Menschen, dass Sie am Abend bereits alle Unterlagen, Materialien und Dinge bereithalten, die Sie am nächsten Morgen brauchen. Haben Sie ein Training für den Morgen eingeplant, so legen Sie bereits am Abend vorher die Schuhe und die Trainingskleidung heraus. Außerdem können Sie schon Ihr Getränk für das Training vorbereiten. Legen Sie Ihre Arbeitskleidung heraus und schauen Sie am Abend vorher, dass die Schuhe sauber sind und die Kleidung frisch gewaschen und gebügelt für Sie am nächsten Morgen bereitliegt. Sie vermeiden so unnötige Entscheidungen und sparen gleichzeitig kostbare Zeit am Morgen.

Schlaf = kein Wecker + acht bis neun Stunden
+ Biorhythmus

Sobald alles erledigt ist, Sie möglicherweise Ihre Kinder ins Bett gebracht oder Ihren Partner von der Couch gezogen haben, sollten Sie ins Bett gehen. Die Frage nach der Uhrzeit ist hier nicht so leicht zu beantworten. Die Forschung verweist zwar darauf, dass acht bis neun Stunden Schlaf ideal sein sollen, doch andere Erkenntnisse zeigen, dass auch sechs Stunden Schlaf ausreichend sind. Auf der anderen Seite können Sie auch zu viel schlafen und sich nach dem Schlaf wieder völlig fertig fühlen. Wir leiden einmal mehr an den unterschiedlichen Meinungen und Hypothesen, die durch diverse Erkenntnisse wiederum bestätigt werden. Um das Thema nicht zu stark zu verkomplizieren, sollten Sie der Einfachheit halber Ihren eigenen Biorhythmus bestimmen.

Wann stehen Sie normalerweise auf und nach wie vielen Stunden Schlaf fühlen Sie sich kräftig und ausgeruht? Die meisten von uns brauchen acht Stunden qualitativen Schlaf, der nicht permanent durch eine volle Blase oder andere unvorhergesehene Ereignisse wie schreiende Katzen der Nachbarn oder überraschende Technopartys im Haus unterbrochen wird. Wenn Sie wissen, dass Sie um 6 Uhr morgens aufstehen, sollten Sie spätestens um 21:30 Uhr im Bett verschwunden sein. Für meine Leser mit wechselnden Schichten oder für die nachts arbeitenden Leser ist dies natürlich nicht anwendbar. Achten Sie darauf, dass die Ablenkungen während des Schlafs auf null reduziert werden. Entfernen Sie Ihre Smartphones aus dem Schlafzimmer und stellen Sie sicher, dass keine elektronischen Geräte Sie aus dem Schlaf reißen können. Nach

Möglichkeit und Belieben sollten Sie gänzlich auf Fernseher, Smartphones, Tablets und Spielekonsolen im Schlafzimmer verzichten. Die Smartwatch füge ich als Ausnahme an, da sie Ihren Schlaf nach Belieben messen kann, Ihnen interessante Daten über Ihr Schlafverhalten gibt oder einen Wecker für Sie bereithält. Sie sollten aber bestenfalls Ihren Schlaf so einüben, dass Sie in Zukunft ohne Wecker um eine bestimmte Zeit aufwachen. Lüften Sie eine halbe Stunde vor dem Schlaf nochmals gut durch, sodass Sie beim schlafen genügend frische Luft genießen können.

Es sei auch gesagt, dass Sie beim Thema Schlaf nicht knauserig sein sollten. Finanziell intelligente Menschen wissen, dass sie ein Drittel ihres Lebens im Bett verbringen. Sie kaufen daher qualitativ hochwertige Matratzen und Betten. Wenn es für Sie angenehm ist, können Sie eine Schlafmaske für vollkommene Dunkelheit anziehen. Zu den möglichen Unterbrechungen Ihres Schlafs kann auch ein schnarchender Partner zählen. Sollte das medizinisch nicht behoben werden können, sollten Sie trotz der Liebe und Gemeinsamkeit über getrennte Schlafzimmer nachdenken. Ihr Schlaf hat eine gigantische Bedeutung für Ihre Leistungsfähigkeit, Ihr Wohlbefinden und Ihre allgemeine Gesundheit. Wenn Sie schlecht schlafen, werden alle Bereiche Ihres Lebens darunter leiden. Das sollten Sie unbedingt vermeiden.

Schreiben Sie sich am besten also eine Morgen- und Abendroutine auf, die das Idealszenario beschreibt, das Sie anstreben wollen. Bedenken Sie, dass wir nicht immer die perfekte Morgen- und Abendroutine meistern und manchmal unvorhergesehene Dinge dazwischenkommen, die uns einige Minuten stehlen oder uns durcheinanderbringen. Kommen Sie in dem Fall einfach gelassen wieder zurück zu Ihrer Routine. Jegliche Form der Aufregung vor dem Schlaf ist pures Gift für Ihre Ruhe. Schauen wir uns einmal eine solche mögliche Routine an:

20:15 Uhr – Lesen
21:00 Uhr – Kleidung, Essen und Getränke für morgen vorbereiten
21:30 Uhr – Ins Bett gehen
22:00 Uhr – Schlafen
06:00 Uhr – Aufstehen und Hygienemaßnahmen
06:15 Uhr – Training
06:45 Uhr – Duschen und Anziehen
07:00 Uhr – Frühstücken
07:45 Uhr – Mit der Arbeit beginnen oder zur Arbeit fahren

Dies ist selbstverständlich nur ein Beispiel. Einige Menschen lesen lieber morgens und treiben abends Sport. Wie auch immer Ihr Plan aussehen mag, erarbeiten Sie ihn eigenständig. Eine Vorlage aus dem Internet wird Ihnen nicht weiterhelfen. Das Internet kennt weder Ihren eigenen Ablauf oder Ihren Biorhythmus noch Ihre angestrebten Gewohnheiten. Sie können zusätzlich für den Abend oder Morgen nach Belieben eine Checkliste entwerfen, die Ihnen dabei helfen soll, ein Gefühl dafür zu bekommen, welche Dinge Sie am Abend und Morgen erledigen und vorbereiten möchten. Ihr Leben soll keiner Checkliste folgen, jedoch ist eine kleine Checkliste ein tolles Werkzeug, um eine neue Gewohnheit zu etablieren. Für Ihre Inspiration darf ich Ihnen hier einen Vorschlag machen. Folgende Fragestellungen könnten Sie als Checkliste für sich nutzen:

Checkliste am Abend

- ❑ Ist die Küche geputzt und sauber?
- ❑ Ist die Wohnung sauber?
- ❑ Ist der Kalender aktuell?
- ❑ Sind alle Beteiligten über die morgigen Aufgaben informiert?
- ❑ Ist die Reisetasche gepackt?
- ❑ Liegt meine Kleidung für morgen bereit?
- ❑ Sind die Endgeräte für morgen aufgeladen?

- ❑ Ist die Haustür abgeschlossen?
- ❑ Ist das Schlafzimmer gelüftet?

Checkliste am Morgen

- ❑ Sind die Zähne geputzt?
- ❑ Ist die Dusche gesäubert?
- ❑ Ist das Badezimmer wieder sauber?
- ❑ Hatte ich genug Zeit für ein Training?
- ❑ Kenne ich die heutigen Termine?
- ❑ Habe ich meine Liebsten richtig verabschiedet?

Wenn Sie den Eindruck haben, dass eine Checkliste Sie an übliche Dinge erinnert, so liegen Sie richtig. Eine Checkliste vermag es, Ihre Konzentration am Morgen auf das Wesentliche zu lenken und unnötige Fragestellungen zu vermeiden. Abends wiederum gehen Sie gelassen ins Bett, da Sie wissen, dass alles erledigt ist. Finanziell intelligente Menschen wollen bereits am Morgen den Tag gewinnen und überlassen deshalb nur wenig dem Zufall. Schreiben Sie jedoch nicht seitenweise Checklisten. Eine Checkliste sollte auf eine DIN-A6-Seite passen oder von Ihrem Smartphone gelesen werden können und die wesentlichsten Punkte auflisten, die Sie abhaken können. Sobald Sie Ihren Abend und Morgen kontrollieren, schaffen Sie sich Raum für qualitativ hochwertigen Schlaf. Danach heißt es nur noch: Gute Nacht.

Mentale Gesundheit

Nachdem wir über unsere physische Gesundheit, unsere Kraft, Ausdauer und Schnelligkeit sprachen, haben wir uns darüber Gedanken gemacht, wie wir die Grundlage für unser Wohlbefinden schaffen. Durch die richtige Ernährung und genügend Ruhephasen sowie qualitativ hochwertigen Schlaf haben wir das Fundament gesetzt, das auch unserer mentalen Gesundheit zugutekommt.

In den letzten Jahren hat das Thema der mentalen Gesundheit stark an Interesse gewonnen. Im *Journal of Health Monitoring* des Robert Koch Instituts über die gesundheitliche Lage der erwachsenen Bevölkerung in Deutschland aus dem Jahre 2021 finden sich hierzu einige interessante Daten. Rund 8,8 Prozent aller Frauen und 7,5 Prozent aller Männer gaben an, depressive Symptomatiken zu haben. Allein in der Altersgruppe zwischen 18 und 29 Jahren gaben 11,6 Prozent der jungen Frauen an, unter einer depressiven Symptomatik zu leiden. Bei der unteren Bildungsgruppe der Frauen waren es 13 Prozent und bei den Männern der unteren Bildungsgruppe sogar 13,4 Prozent. Das statistische Bundesamt veröffentlichte dazu auf seiner Webseite, dass im Jahre 2017 rund 266.000 Patientinnen und Patienten aufgrund einer Depression vollstationär im Krankenhaus behandelt werden mussten. Die Zahl dieser Behandlungsfälle hatte sich somit in den letzten Jahren mehr als verdoppelt. Im Jahre 2017, schon vor der Corona-Pandemie und den damit einhergehenden steigenden Zahlen von Depressionen aufgrund von Isolation und mangelnder sozialer Kontakte, hatte jeder zehnte Patient in Deutschland die Diagnose Depression in der Patientenakte stehen. Ebenfalls gab die Kammer für Psychotherapeuten in Nordrhein-Westfalen im Jahre 2020 an, dass die Hälfte aller Depressionen bei Frauen diagnostiziert worden waren.

Unterm Strich ist die Datenlage alarmierend und die Zahlen mentaler gesundheitlicher Probleme und Krankheiten erhöhen sich. Hierzu mögen sicherlich auch solche Menschen gehören, die keine wirkliche Krankheit haben, sondern lediglich nach einem Grund suchen, der Arbeit fernzubleiben. Auf der anderen Seite werden bei diesen Daten jedoch auch all die Menschen vergessen und nicht angegeben, die aus Scham oder Angst niemals zum Arzt gegangen sind und ihre Depression als schlechte Phase abgetan haben. Die Dunkelziffer wird also weitaus höher liegen.

Zur mentalen Gesundheit sei gesagt, dass es dabei nicht nur um Erkrankungen geht, die vorrangig als Depression diagnostiziert werden. Auch ein mangelndes Selbstwertgefühl, soziale Ängste, Essstörungen, Panikattacken und das fehlende Vertrauen in die eigenen Fähigkeiten und Möglichkeiten oder Zukunftsängste gehören mittlerweile dazu. In der Medizin sind die mentale Gesundheit und die damit einhergehenden Krankheiten bereits anerkannt. Heute bekommen Soldaten beispielsweise eine posttraumatische Belastungsstörung, kurz PTBS, diagnostiziert, während Männer im Ersten und Zweiten Weltkrieg noch mit den Symptomen einfach in einer Bar klarkommen mussten. Durch den Fortschritt der Medizin kann Menschen mit diesen Krankheiten heute besser geholfen werden. In erster Linie aber ist der Patient schon vor der Diagnose gefragt. Es gilt die oberste Regel: Jeder muss sich selbst helfen, auch wenn Ärzte und Psychotherapeuten einen dabei fachkundig unterstützen können.

Die Krankheiten des Geistes sind vielfältig und befallen alle Altersgruppen, Geschlechter, Hautfarben, Religionen und Menschen unterschiedlichster Herkunft. Ob eine solche Krankheit auch Sie ereilen wird, kann ich nicht sagen, jedoch können wir einige Gemeinsamkeiten finanziell intelligenter Menschen im Hinblick auf ihre mentale Gesundheit feststellen und versuchen, diese selbst zu kultivieren. Wir können uns also vor einer Erkrankung des Geistes lernen zu schützen.

Finanziell intelligente Menschen legen ein ganz besonderes Augenmerk auf ihre mentale Gesundheit. Es besteht der Irrglaube, dass wohlhabende Menschen deshalb mental stark sind, weil sie viel Geld hätten. Es ist jedoch genau andersherum: Wohlstand und Reichtum wurden aufgrund von mentaler

Wohlstand und Reichtum wurden aufgrund von mentaler Stärke überhaupt erst möglich.

Stärke überhaupt erst möglich. Es ist daher von größter Wichtigkeit, dass ein bedeutender Teil Ihrer Entwicklung und Fortbildung als finanziell intelligenter Menschen in Ihre mentale Stärke fließt. Nicht selten treffen Sie Investoren, Unternehmer, Privatiers, Selbstständige und finanzstarke Angestellte eben nicht nur auf Finanzkongressen oder Messen, sondern auch bei Meditationsveranstaltungen, in Yogakursen, Seminaren über die eigene persönliche Entwicklung und bei Gruppenreisen mit dem Fokus auf Ruhe, Meditation, Kontemplation und Atemübungen. Der Milliardär Ray Dalio sowie der ehemalige Yahoo-Manager Jeff Weiner und die Cisco-Topmanagerin Padmasree Warrior schwören beispielsweise auf die Kraft der täglichen Meditation.

Ihre mentale Gesundheit ist in erster Linie das Ergebnis von klar definierten Praktiken, die Sie regelmäßig durchführen sollten. Hierzu gehören in erster Linie die Meditation, aber auch Spaziergänge in der Natur ohne Unterbrechungen durch Smartphones, E-Mails oder Kurznachrichten. Bereits die physischen Aktivitäten und Ihr Training werden Ihre mentale Gesundheit verbessern. Durch Meditation unterstützen Sie diese noch einmal enorm.

Ich habe ebenfalls die Erfahrung gemacht, dass regelmäßige Meditation einen unglaublichen Fokus schafft und gleichzeitig den Geist beruhigt und die eigene Atmung stärkt. Meditieren ist schon lange nichts mehr nur für Mönche im tiefen Gebirge oder in fernöstlichen Klöstern. Die Meditation ist mittlerweile im Westen angekommen und erfreut sich an mehr und mehr Anhängern. Auch die wissenschaftlichen Erkenntnisse zum Thema sind beeindruckend. Regelmäßige Meditation stärkt das Immunsystem, verbessert die allgemeine emotionale Befindlichkeit und baut Stresshormone im Körper ab. Gleichzeitig stärkt das Meditieren die Leistungsfähigkeit und reduziert das Risiko von Herzerkrankungen und Schlaganfällen. Das regelmäßige Meditieren senkt ebenfalls den Bluthochdruck und sorgt somit für ein gestärktes Allgemeinbefinden. Bevor ich nun seitenweise die Vorteile der Meditation aufliste, wollen wir feststellen, dass die regelmäßige Meditation eine unglaubliche Technik ist, die Sie in Ihren täglichen Alltag integrieren sollten. Auch immer mehr finanziell intelligente Menschen nutzen sie für sich, um ihre mentale Gesundheit zu stärken. Im Grunde genommen muss nur noch jemand daherkommen und erzählen, dass die Meditation auch das Sexleben verbessert, und schon würde in jedem Haushalt meditiert werden.

Einige der Praktiken, die wir bereits angesprochen haben, sowie jene, die ich im Verlaufe des Buches noch ansprechen werde, zielen auch darauf ab, Ihre mentale Gesundheit zu stärken. Bevor Sie sich also selbst als depressiv diagnostizieren und glauben, dass eine Meditation Sie retten wird, so sollten Sie erst einmal feststellen, ob Sie nicht einfach nur von Deppen umgeben sind. Doch dazu mehr im Kapitel über positive Beziehungen.

Die Meditation kann Sie nicht retten. Auch dieser Gedanke wäre wieder die Suche nach einem Heiligen Gral. Tatsächlich ist es eine Kombination aus der regelmäßigen Praxis verschiedener hervorragender Möglichkeiten, zu der auch die Meditation gehört, die Ihre mentale Gesundheit langfristig stärken.

Doch was bedeutet es eigentlich zu meditieren? Während in der fernöstlichen Meditation der Fokus darauf liegt, sich vom Strom Ihrer Gedanken zu befreien und Ihre Aufmerksamkeit auf das Hier und Jetzt zu richten, so finden Sie beispielsweise in einer stoischen Meditation, die im antiken Griechenland und nicht in Asien ihren Ursprung fand, eine Art der Kontemplation, die versucht, den Gedanken zu fassen und intensiv über ihn nachzudenken. Was ist denn jetzt der richtige Weg, um zu meditieren? Auch innerhalb fernöstlicher Meditationspraktiken schwören einige Menschen, die eine Technik gefunden zu haben, die der Knüller zu sein scheint. Wie immer misstrauen wir auch hier dem Hype und erkennen, dass jede Meditationspraxis zum Erfolg führt, solange sie nur regelmäßig praktiziert wird. Wie, wo und wann Sie meditieren, ist daher nicht von Bedeutung. Wie regelmäßig Sie meditieren, ist viel wichtiger.

Bei der Meditation wollen Sie in erster Linie an einem ungestörten Ort ohne Ablenkungen zur Ruhe kommen, es sich bequem machen und Ihre Augen schließen. Sie beginnen, sich auf Ihren Atem zu konzentrieren und diesen tiefer werden zu lassen. Sobald Ihnen Gedanken dazwischenkommen und Ihnen einen Strich durch die Rechnung machen wollen, lassen Sie diese einfach weiterziehen und kommen zurück zu Ihrem Atem. Das war es im Grunde. Was jedoch nach einem Klacks klingt, ist zu Beginn unfassbar schwer. Wer bei einer stoischen Meditation hingegen den Gedanken fasst und durchdenkt, der muss gleichzeitig alle anderen Gedanken ausblenden und sich ebenfalls nur auf eine Sache konzentrieren. Dies ist nicht weniger einfach. Meditieren braucht kein Sitzkissen, Apps oder teure Kleidung. Sie können jederzeit und an jedem Ort meditieren. Für Anfänger sind jedoch häufig einige Hilfestellungen und Anleitungen hilfreich.

Behüten Sie Ihre mentale Gesundheit wie Ihren Augapfel. Wenn Sie merken, dass Sie Ihre Konzentration darauf richten, anderen zu gefallen, es anderen recht zu machen und dadurch möglicherweise Ihren eigenen Frieden zu gefährden, so sollten Sie schleunigst damit beginnen, sich wieder auf sich selbst zu besinnen. Alles, was Sie Ihren Frieden kostet, ist zu teuer. Obgleich Sie im Leben immer Wid-

Alles, was Sie Ihren Frieden kostet, ist zu teuer.

rigkeiten ausgesetzt sein werden, die an Ihrem Geist und Ihrem Wohlbefinden nagen, so sollten Sie dies immer als Übung betrachten. Wenn jemand versucht, Ihnen Ihre Ruhe zu nehmen, dann sagen Sie sich: »Das ist eine Übung des Lebens. Das ist eine Übung, um meine Ruhe zu bewahren. Dieser Mensch ist eine Übung.« Ist eine Situation für Sie besonders frustrierend, dann sagen Sie sich auch hier: »Dies ist nur eine Übung, um meine Ruhe und meinen Frieden zu bewahren.«

Machen Sie sich klar, dass äußere Einflüsse Sie nur dann belasten können, wenn Sie es zulassen. Die Kontrolle über Ihren Seelenfrieden und Ihre Ruhe obliegt nur Ihnen. Wer schnell aus der Haut fährt, beweist ein schwaches Gemüt und einen noch schwächeren Charakter. Selbstverständlich geht das auch finanziell intelligenten Menschen so. Einige sehr erfolgreiche Menschen sind cholerisch veranlagt und neigen zu Wutanfällen. Obwohl sie wohlhabend sind und Erfolg haben, sind sie jedoch nicht reich. Sie sind Sklaven ihrer eigenen Emotionen. Wo ist da der wahre Reichtum und wie könnte man trotz des Geldes damit frei leben? Man kann es nicht. Freiheit bedeutet Freiheit von den Dingen, die einen knechten. Diese Dinge liegen nicht nur im Außen, sondern vor allem im Innen. Wer ein Sklave seiner Emotionen ist, wird niemals wahrhaft reich werden. Kein Wohlstand und auch kein Besitz, Training oder Mensch kann einen davor bewahren.

Wer ein Sklave seiner Emotionen ist, wird niemals wahrhaft reich werden.

So erging es Markus. Er war der Sprössling eines erfolgreichen Unternehmers in meiner Heimatregion. Nach dem Bachelor half Markus seinem Vater im Familienbetrieb, um das Unternehmen voranzutreiben. Die beiden waren ein echt gutes Team und die Firma blühte noch weiter auf. Innerhalb von drei Jahren wuchs das Unternehmen auf über 150 Angestellte und einen ansehnlichen Millionenumsatz. Markus wollte, ähnlich wie sein Vater, Millionär werden. Er wollte jedoch dafür von anderen die Anerkennung und das Lob. Sein Vater war mit dem Alter aber ruhiger geworden und riet Markus von seinen Zielen ab. Er sagte ihm: »Junge, das Ergebnis muss dir egal sein. Die Firma ist bereits erfolgreich. Du wirst so oder so keine finanziellen Probleme haben. Wir haben doch alles. Wir müssen uns nur auf die Firma konzentrieren. Wenn es der Firma gut geht, geht es uns gut.« Doch Markus sah das gänzlich anders. Innerhalb eines Jahres wechselte Markus zwischen drei exklusiven Fahrzeugen, kaufte sich teure Kleidung, die seinen Status repräsentieren sollte, und lernte eine neue Frau kennen. Mit dieser flanierte er nun in den entsprechenden Kreisen der Sprösslinge erfolgreicher Frauen und Männer in Hamburg. Da der Erfolg in der Firma stimmte, übersah Markus' Vater das neue Verhalten seines Sohnes zunächst großzügig.

Nach einer Weile bemerkte sein Vater allerdings, dass Markus nicht den gleichen Einfluss und Respekt in der Firma genoss wie er selbst. Insgeheim verachteten die Mitarbeiter des Unternehmens Markus' neues großkotziges Verhalten. Er nannte sie Angestellte, während sein Vater selbst die Fensterputzer seines Dienstleisters als Teammitglieder bezeichnete. Markus ließ sich morgens im Geschäft Kaffee und Frühstück bringen, während sein Vater es selbst besorgte und für das Team mitbrachte. Markus ließ sich von einer Sekretärin Anrufe durchstellen, während der Vater lieber selbst ans Telefon ging. Markus' Höhenflug hatte den Zenit erreicht. Sichtlich frustriert und verzweifelt sagte sein Vater zu mir: »Es lief doch gut. Was habe ich falsch gemacht? Seine Mutter und ich haben ihn so nicht erzogen. Wir sind so nicht.« Die Mitarbeiter des Unternehmens lehnten Arbeitsanweisungen des Juniors ab, konzentrierten sich wieder mehr auf den Senior, der wiederum versuchte, den Junior im Unternehmen so zu etablieren, dass der Senior das Unternehmen verlassen konnte. Der Plan ging nicht auf.

Markus plagte eine innere Leere, die er versuchte, durch äußere Dinge zu füllen. Er wusste, dass er finanziellen Überfluss hatte, jedoch verstand er nicht, dass er nicht finanziell intelligent genug war, um diesen auch so einzusetzen, dass es sowohl für sein Team als auch für ihn und seine Mitmenschen positiv von Nutzen sein konnte. Markus rannte hinter den Meinungen anderer her, die er für bessere Menschen erachtete als sein Team. In noblen Kreisen suchte er nach der Bestätigung seiner Person. Bei einer Frau, die an seinem Geld und seinem Status interessiert war, suchte er Liebe und Geborgenheit. Markus war ein Suchender, der hinter einer Fassade sein wahres Selbst versteckte und sich vor der Welt verbarg. Dies ist nicht nur menschlich sehr unklug, sondern hat langfristig auch Auswirkungen auf die eigenen Finanzen und den Wohlstand. Sein schwacher Geist und die fehlende Charakterstärke führten dazu, dass Markus immer weniger zu dem Mann wurde, der er hätte sein können.

Mentale Stärke

Mentale Stärke erfordert Übung. Sobald Ihr Geist so stark ist, dass er durch äußere Dinge nicht korrumpiert werden kann, kann sich Ihre finanzielle Intelligenz vollständig entfalten. Finanzielle Intelligenz drückt sich nicht durch ein großes Bankkonto aus. Finanziell intelligente Entscheidungen haben Auswirkungen auf Ihr gesamtes Leben. Dazu gehört Ihre Gesundheit, Ihr Vermögen und auch Ihre Beziehungen. Beobachten Sie finanziell intelligente Menschen, so können Sie sehr leicht die mentale Stärke dieser Menschen ausmachen. Sie strotzen nicht nur vor Selbstbewusstsein. Nein, finanziell intelligente Menschen, so kann ich die Ergebnisse meiner Recherchearbeiten zusammenfassen, sind vor allem:

- unglaublich auf ein Ziel fokussiert,
- fähig, sich selbst zu disziplinieren und zu kontrollieren,
- imstande, Widerstände und Niederlagen als temporären Zustand zu betrachten.

Alle diese drei Eigenschaften resultieren aus einer überdurchschnittlichen mentalen Stärke. Diese mentale Stärke ist somit ein Faktor der finanziellen Intelligenz, der auf keinen Fall unterschätzt werden darf. Sehr einfach gesagt sind finanziell intelligente Menschen keine Waschlappen. Sie sind in der Lage, ihren Fokus über sehr lange Zeiträume so zu bündeln, dass alles außer ihrem Ziel irrelevant wird. So kommt es, dass finanziell intelligente Menschen häufig den ganzen Tag damit verbringen, an ihren Zielen zu arbeiten. Obwohl so ein 14 bis 15 Stunden langer Tag auch finanziell intelligenten Menschen zusetzt, ist die Motivation intrinsisch bedingt und führt sie zu Höchstleistungen und einem Fokus, der einer Besessenheit ähnelt.

Finanziell intelligente Menschen können ihre emotionale Lage, ihren Gemütszustand und ihre Empfindungen so weit kontrollieren, dass der Eindruck entstehen könnte, sie wären kalt und abgeklärt. Was als Kälte häufig missverstanden wird, ist eine Form der mentalen Stärke, die finanziell intelligente Menschen nicht auf alles reagieren lässt. Finanziell intelligente Menschen haben gelernt, dass Gespräche, Ereignisse und Ergebnisse Impulse hervorrufen und einen emotionalen Zustand in ihnen wecken, der sie häufig zu sofortigen und überstürzten Handlungen verführen möchte. Wer seine finanzielle Intelligenz jedoch zur Perfektion entfaltet, lässt diese Impulse vorbeiziehen. Sie müssen nicht auf alles, was Sie hören, sehen oder fühlen, reagieren. Hier kann Ihnen die Meditation weiterhelfen. Lassen Sie die Gedanken einfach wieder gehen. So bekommen Sie auch die Fähigkeit, Niederlagen oder Widerstände nur als temporären Zustand anzuerkennen. Sie fühlen den Drang, sich vor dem Erreichen Ihres Ziels zu belohnen, weil Sie denken, dass Sie das verdienen? Dabei handelt es sich nur um eine Emotion und einen Impuls. Lassen Sie sie gehen und konzentrieren Sie sich wieder auf Ihre Arbeit. Sie haben ein schwieriges Gespräch zu führen und treffen auf emotionale Menschen, die sich selbst nicht kontrollieren und in Gefühlsausbrüchen versinken und möchten ebenfalls entsprechend emotional darauf reagieren? Lassen Sie diesen Gedanken los. Sie haben immer die Wahl, bevor Sie reagieren, dem Impuls zu widerstehen.

Nehmen Sie beispielsweise den Impuls des Zorns oder des Ärgers. Wenn wir etwas hören oder sehen, das uns kränkt, unser Ego angreift oder uns beleidigt, dann wollen wir emotional reagieren und unserem Zorn Ausdruck verleihen. Das ist jedoch ein kindisches Verhalten und zeigt, wie wenig Selbstdisziplin Sie besitzen und wie gering Ihre mentale Stärke ist. Sie können stattdessen den Impuls fühlen und sich sagen: »In Ordnung, ich werde mich später darüber ärgern.« Wenn Sie Ihren Zorn auf später verschieben, werden Sie merken, dass Sie zu einem späteren Zeitpunkt gar keinen Ärger mehr empfinden. Der Zorn wird vergangen sein. Stattdessen können Sie sich auf den Moment konzentrieren und aus der jeweiligen Situation das Allerbeste machen.

Menschen mit einer überdurchschnittlichen mentalen Stärke haben eine deutlich bessere Chance, finanziellen Wohlstand aufzubauen, finanziell intelligent zu werden und auch in ihren Beziehungen zu wachsen und zu gedeihen. Jedoch werden wir nicht mit einer solchen mentalen Stärke geboren. Wir müssen diese Fähigkeit erst erlernen und kultivieren. Doch Stärke ist ein Produkt von Widrigkeiten und da die meisten Menschen vor Schwierigkeiten und schweren Zeiten davonrennen, um ihrem natürlichen Instinkt nach Schutz und Sicherheit gerecht zu werden, entwickelt sich bei den allerwenigsten von uns das, was wir als unbändige mentale Stärke betiteln können. Anders gesagt gibt es mehr Schafe als Wölfe und mehr Fische, die mit dem Strom schwimmen, als Haie, die im Strom ihr Fressen finden.

Ihre mentale Stärke ist die Nummer eins unter den Fähigkeiten, die Sie kultivieren müssen, um finanziell intelligenter zu werden. Mentale Stärke verbessert Ihr gesamtes Leben, macht Sie ruhiger, friedlicher, konzentrierter, ausdauernder und stärker. Das Schöne ist, dass jede Form von Widrigkeiten Ihre mentale Stärker verbessern kann. Dazu gehören intensive Trainingseinheiten genauso wie private Herausforderungen und Probleme. Ich möchte jedoch betonen, dass Widrigkeiten nur eine Chance für mentale Stärke sind und nicht automatisch mentale Stärke fördern. Doch warum ist das so?

Der später gefeierte Schriftsteller Anton Tschechow (1860–1904) wuchs in erbärmlichen Verhältnissen auf. Seine Familie war bettelarm, sein Vater ein Schläger und Trunkenbold. Seine Geschwister hatten sich früh mit ihrem Leben in der Hölle abgefunden. Schon in ihrer Kindheit plagten sie Depressionen, Angstzustände, suizidale Gedanken und ein mangelndes Selbstbewusstsein. Anton jedoch verließ seine Familie, um Arbeit zu finden. Obwohl er auch in den kommenden Jahren mit seiner Vergangenheit zu kämpfen hatte, stellte er sich seinen inneren Dämonen. Er sagte sich, dass er weder seine Vergangenheit sei noch sein Vater. Statt ihn zu hassen, wollte er ihm vergeben, sein Leben selbst in die Hand nehmen und es nach seinen Werten und Prinzipien leben. Seinem Bruder wollte er diese Einstellung ebenfalls vermitteln. Der verstand das jedoch nicht, suhlte sich stattdessen in seinem Selbstmitleid und vergeudete somit sein Leben und seine Möglichkeiten. Anton Tschechow hingegen studierte, wurde Mediziner und veröffentlichte als Schriftsteller einige herausragende Werke. Mehrere Kinder waren also mit der gleichen Kindheit, mit den gleichen Widrigkeiten und Problemen konfrontiert und dennoch entwickelten sich zwei von ihnen in völlig entgegengesetzte Richtungen. Lag das an den Genen? Nein, es lag an der inneren Einstellung und dem Entschluss, die Widrigkeiten als Chance zu nutzen. Anton Tschechow entwickelte solch eine mentale Stärke, an der es seinem Bruder mangelte.

Der Weg zur mentalen Stärke ist eine bewusste Entscheidung, die Sie treffen müssen. Häufig klagen wir, dass uns niemand versteht, uns niemand liebt und wir es schwer haben. Das ist jedoch nicht der Fall. Jeder Mensch trägt sein eigenes Päckchen. Sie können die Probleme Ihrer eigenen Person erkennen, doch nicht die einer anderen. Wir sind blind für die Gesamtheit der Probleme anderer Menschen und sehen uns zu häufig als Mittelpunkt des Universums, während wir vergessen, dass Milliarden von Menschen die gleichen Probleme wie wir haben oder bereits gehabt haben. Unser Schicksal mag einzigartig sein, doch unsere Probleme sind es nicht. Es ist somit Ihre Aufgabe zu erkennen, dass Ihre Probleme Widrigkeiten darstellen, die eine Möglichkeit für Sie sind, daran zu wachsen. Hätten Sie keine Widrigkeiten im Leben, so könnten Sie nicht besser werden, keine mentale Stärke aufbauen und diese Fähigkeit für Ihre finanziellen Ziele einsetzen. Beten Sie nicht für die Lösung Ihrer Probleme, sondern lieber für die Stärke, diese Probleme zu meistern. Entwickeln Sie mit jeder Herausforderung und jedem Schmerz in Ihrem Leben eine neue Form der mentalen Stärke, so werden Sie beruflich, privat und auch finanziell davon immens profitieren. Suhlen Sie sich nicht in Mitleid und belügen Sie sich nicht selbst über die Umstände Ihres Lebens. Nichts wiegt schwerer als die Lüge gegen sich selbst.

Nichts wiegt schwerer als die Lüge gegen sich selbst.

Seien Sie daher vorsichtig damit, andere zu kritisieren. Testen Sie zunächst die Kritik, die Sie für andere hätten, an sich selbst. Schnell werden Sie merken, dass Sie nicht besser sind als andere Menschen und Ihre Mitmenschen, genauso wie Sie auf einem einzigartigen Weg sind, der von Steinen, Tretminen und Fallen gepflastert ist. Konzentrieren Sie sich stattdessen darauf, solch eine mentale Stärke zu entwickeln, die Sie beflügelt, Ihnen Kraft und Ausdauer verleiht und mit der Sie auch anderen Menschen eine Unterstützung sein können. Ist es Ihr Ziel, finanziell erfolgreich zu werden, Karriere zu machen und geschäftliche Erfolge zu feiern, dann müssen Sie diese Art der Verantwortung, von der wir bereits sprachen, auch für andere übernehmen. Das jedoch erfordert eine immense mentale Stärke, für deren Kultivierung Sie zuvor selbst verantwortlich sind.

Ihre mentale Stärke erlaubt es Ihnen zudem, eine ablenkungsfreie Zone aufzubauen. Finanziell intelligente Menschen schaffen sich bewusst solche ablenkungsfreien Zonen oder Zeiten, in denen sie hochkonzentriert an ihren Aufgaben arbeiten oder alternativ sich eine Auszeit von all ihren Anforderungen und Verpflichtungen nehmen. Da unserem Körper nur ein gewisses Maß an Aufmerksamkeitsspanne täglich zur Verfügung steht, müssen Sie lernen, diese intelligent einzusetzen. Je disziplinierter Sie das tun, desto mehr verbessert sich auch Ihre mentale Stärke und so auch Ihre Gesundheit.

Verbringen Sie möglichst viel Zeit damit, an Ihrer mentalen Stärke zu arbeiten und dadurch Ihr Selbst zu stärken. Heißt es denn nicht schließlich: Selbstbewusstsein, Selbstliebe, Selbsterkenntnis, Selbstwahrnehmung, Selbstvertrauen und Selbstwertgefühl? Keines dieser Wörter inkludiert Ihr Ego oder Ihr Image. Bereits im ersten Kapitel sprachen wir darüber, dass Sie an Ihrer Reputation arbeiten und eine Marke verkörpern sollten, die Ihre Werte unterstreicht und dadurch Ihren Wert gegenüber anderen kommuniziert. Dies steht nicht im Kontrast zu den jetzigen Gedanken. Im Gegenteil sogar. Ihre Marke und die Darstellung Ihres Charakters darf keine erfundene Persönlichkeit sein, sondern sollte Ihrem wahren Selbst entsprechen. Persönlichkeiten sind eine Fassade, das wahre Selbst ist sich jedoch seiner selbst bewusst. Es heißt nicht umsonst Selbstbewusstsein, da Sie sich Ihrer selbst bewusst sind. Persönlichkeiten suchen das Glück in äußeren Verhältnissen und schaffen es somit, ihr Selbst von der Welt, in der sie leben, zu trennen. Eine Persönlichkeit besitzt keine wahre mentale Stärke. Mentale Stärke ist für eine Persönlichkeit nur ein Schauspiel.

Wenn Sie Ihre finanzielle Intelligenz zur Perfektion führen wollen, müssen Sie daran arbeiten, sich vollständig auf Ihr Selbst zu verlassen und es zu entwickeln. Ich halte daher nicht viel von Persönlichkeitsentwicklung. Ich bin stattdessen ein Befürworter der Selbstentwicklung. Die Weiterentwicklung Ihres Selbst bewahrt Sie vor unnötigen Krankheiten des Geistes und fördert ein authentisches Leben, das Sie nicht vorspielen müssen. Finanziell intelligente Menschen strotzen nur so vor Selbstbewusstsein. Einige verlieren sich manchmal in einer unschönen Art der Arroganz. Das soll nicht unser Ziel sein. Stattdessen wollen wir unsere finanzielle Intelligenz in allen Bereichen etablieren und an unserem Selbst arbeiten. Machen Sie sich daher klar, dass ein mangelndes Selbstbewusstsein häufig die Ursache einer mangelnden Selbst-Wirksamkeit ist. Sie müssen lernen, dass Sie die Fähigkeit besitzen, aus jeder Situation etwas Gutes und Produktives zu machen und das Blatt zu Ihren Gunsten zu wenden. Machen Sie sich bewusst, dass, egal wie schlimm es läuft, egal wie viel Geld Sie verlieren, egal wie viele Freunde oder Familienmitglieder Sie verlassen, Sie dennoch überleben werden und das Leben durch diesen Verlust nicht enden wird. Leiden Sie nicht unnötig in Ihrer Vorstellung. »Wir leiden mehr in unserer Vorstellung als in der Gegenwart«, schrieb der römische

Staatsmann Lucius Annaeus Seneca. Lassen Sie also nicht einen schlechten Tag oder eine Reihe negativer Gedanken über Ihre Entscheidungen bestimmen oder gar Ihre gesamte Gesundheit torpedieren.

Investieren Sie einen großzügigen Anteil Ihrer Zeit und Energie in die Entwicklung Ihres Selbst und Ihres Charakters. Achten Sie darauf, dass Sie dabei Ihren Körper durch Fitness und intensives Training fordern, ihm aber ebenso Erholung und genügend Schlaf gönnen und ihm gesunde und unbehandelte Nahrungsmittel zuführen. Achten Sie auf Ihre Gesundheit genauso wie auf Ihre Vermögenswerte und Ihr Budget, so werden Sie schnell merken, wie sich die Qualität Ihres Lebens und auch die Ihrer Finanzen gleichmäßig entwickelt und entfaltet. Seien Sie finanziell intelligenter und verwechseln Sie nicht Reichtum mit Wohlstand, indem Sie vergessen, dass Sie nur eine Gesundheit besitzen, jedoch mehrere Vermögenswerte besitzen können.

TEIL III

Positive Beziehungen

»Es muss von Herzen kommen,
was auf Herzen wirken soll.«
Johann Wolfgang von Goethe

Kaum eine Fähigkeit beeinflusst Ihre finanzielle Intelligenz und Ihren Wohlstand so sehr wie Ihre Fähigkeit, qualitativ hochwertige Beziehungen zu anderen Menschen aufzubauen. Ihr Nettovermögen ist direkt mit Ihrem Netzwerk verbunden. Wen kennen Sie? Wie gut ist Ihr Kontakt? Was zeichnet Sie als Freund, Partner oder Kollegen aus? Die allerwenigsten Menschen machen sich darüber Gedanken, wie Sie ein besserer Freund, Liebhaber, Partner, Kollege oder eine bessere Führungskraft werden können. Zu häufig sind wir mit uns selbst so sehr beschäftigt, dass wir gänzlich vergessen, dass wir nun einmal nicht die einzigen Menschen auf diesem Planeten sind. Einige wenige scheinen sich aus egoistischen Gründen Gedanken darüber zu machen, wie sie ihr Netzwerk vergrößern können, um daraus Profit zu schlagen. Für diese Menschen sind die eigenen Kontakte und Beziehungen nur ein Mittel zum Zweck. Ich halte das für wenig finanziell intelligent und werde daher auch nicht auf solche Praktiken eingehen. Wir Menschen merken schnell, wenn man unsere Freundschaft, unsere Güte oder Offenheit nur als Mittel zum Zweck sieht und uns ausnutzt. Wonach wir uns alle stattdessen wirklich sehnen, sind offene und ehrliche Beziehungen. Beziehungen, an denen unser Gegenüber wahrhaftig interessiert ist. Wir wünschen uns alle einen Partner, der uns liebt, einen Chef, der sich wirklich um uns sorgt, einen Freund, der ernsthaft an uns denkt, und Kollegen, die uns glaubwürdig unterstützen möchten.

Zu Beginn sprachen wir davon, dass Ihre Verantwortungsbereitschaft und Ihre Authentizität direkt mit Ihrem Wohlstand verbunden sind. Das liegt vor allem daran, dass diese Eigenschaften besonders anziehend sind und Menschen mit diesen Qualitäten häufig ein hohes Maß an Vertrauenswürdigkeit zugeschrieben wird. Wer Vertrauen gewinnt, kann Freundschaften aufbauen, Kunden für sich gewinnen und Menschen von sich begeistern. Auf der Grundlage von Vertrauen können Sie Berge versetzen. Doch es ist nicht nur Ihr Vertrauen in andere, das entscheidend ist, sondern auch das Vertrauen anderer in Sie.

Viel zu häufig machen wir Menschen scheinbar negative Erfahrungen mit anderen Menschen. Wir erschaffen uns somit unsere eigenen Vorurteile und glauben, dass wir aufgrund vergangener Erfahrungen nun immer solche Menschen treffen oder alle Menschen hinterlistig oder unecht sind und schlechte Absichten gegenüber uns hegen. Diese negativen Vorurteile richten jedoch in erster Linie nicht über andere, sondern über unser eigenes Leben. Der römische Kaiser und Imperator Marcus Aurelius schrieb dazu in sein Tagebuch vor über 2.000 Jahren: »Wenn du morgens aufwachst, sage zu dir selbst: Die Menschen, mit denen ich heute zu tun bekomme, werden übergriffig, undankbar, unverschämt, unehrlich, eifersüchtig und verdrießlich sein. Sie sind so, weil sie gut von böse nicht unterscheiden können.« Der mächtigste und reichste Mann der damaligen Zeit begann seinen Morgen mit den Gedanken, dass Menschen nicht perfekt sind und er täglich diesen Menschen begegnen würde. Er veranschaulichte sich diesen Gedanken, um sich selbst einzugestehen, dass auch er gut von böse nicht unterscheiden und auch er solch ein Mensch sein könnte, wenn er denn nicht etwas dagegen tun würde. Ja, auch wir begegnen jeden Tag solchen schlechten Menschen. Dies ging nicht nur dem römischen Imperator so. Dieser Umstand darf für uns aber kein Grund sein, andere Menschen zu verteufeln oder ihnen lediglich schlechte Absichten zu unterstellen. Unsere Vorurteile gegenüber anderen Menschen vernichten nicht nur qualitativ hochwertige Beziehungen, sondern auch unglaubliche geschäftliche Möglichkeiten.

Als ich das vor einigen Jahren bemerkte, musste ich mir eingestehen, dass ich negative Vorurteile gegenüber anderen Menschen hatte. Ich sagte mir, bereits bevor ich neue Menschen kennenlernte, dass das nichts werden könne, ich wieder gelangweilt werden würde und diese Menschen mit großer Wahrscheinlichkeit nur einfältige Narren sein würden. Diese Vorurteile korrumpierten meine Beziehungen und zuweilen auch meine geschäftlichen Möglichkeiten, ohne dass ich es merkte. Als ich vor vielen Jahren diese Einstellung überdachte, entschloss ich mich dazu, eine Kehrtwende in meiner Sichtweise gegenüber anderen Menschen zu machen. Ich habe seither Geschäfte in allerlei Ländern mit allerlei Menschen verschiedenster Religionen, Kulturen, Hautfarben und Geschlechter getätigt. Ich habe mit ungebildeten Menschen und mit Akademikern mit Titeln, die ich vorher gar nicht kannte, Geschäfte gemacht. Viel besser aber noch ist, dass ich Freunde und neue Bekannte in allerlei Ländern gefunden habe, die ich aufgrund meiner negativen Vorurteile niemals hätte kennenlernen können.

Bevor Sie sich also daran machen, neue Geschäftspartner kennenzulernen, Ihr Netzwerk zu erarbeiten oder herauszufinden, wie Sie Ihre gemeinsamen Finanzen mit einer Partnerin oder einem Partner regeln, müssen Sie bei sich selbst beginnen. Fragen Sie sich, ob Sie negative Vorurteile gegenüber anderen Menschen hegen und ob diese Ihre vergangenen Beziehungen zu ihnen korrumpiert haben. Waren möglicherweise nicht immer andere daran schuld, dass Beziehungen oder Freundschaften vernichtet wurden? Wenn Sie schuld waren, können Sie sich dann selbst verzeihen oder den anderen Menschen verzeihen und weitermachen? Fragen Sie sich, wie Sie welche Eigenschaften entwickeln möchten, um anderen Menschen offener und herzlicher zu begegnen und neue Kontakte zu knüpfen. Welche Fähigkeiten wollen Sie sich dafür aneignen? Wer hier eine Unterstützung braucht, dem darf ich mein *Arbeitsbuch zur*

Finanziellen Intelligenz ans Herz legen. Hier erarbeiten wir genau diese Fragestellungen gemeinsam.

Wenn Sie bei sich selbst begonnen und die grundlegenden Fragen beantwortet haben, wie Sie auf andere Menschen wirken möchten, wie Ihnen das gelingen kann, wie Sie wahrgenommen werden wollen, welcher Mensch Sie sein möchten, wie Sie neue Kontakte knüpfen können und welche Menschen Sie in Ihrem Netzwerk haben möchten, so können Sie damit beginnen, qualitativ hochwertige Beziehungen zu anderen Menschen zu etablieren. Diese Beziehungen unterteilen wir in romantische, geschäftliche, familiäre und freundschaftliche Beziehungen.

Liebe ist nicht genug

Bei dem Thema Geld in romantischen Beziehungen trennen sich häufig die Geister. Liebe mache blind, heißt es hier nur allzu häufig, oder dass das Thema Geld in Beziehungen nichts zu suchen habe. Daraufhin legen die meisten Paare Ihre Konten einfach zusammen, weil sie glauben, dass das normal sei. Das Thema Geld und Liebe ist sicherlich kein einfaches. Doch lassen Sie uns einen gesunden Weg finden, hiermit so umzugehen, dass es die romantische Beziehung stärkt, statt sie zu torpedieren. Machen Sie hier Fehler, kann es Sie Ihr gesamtes Vermögen, Ihre Gesundheit und einen Teil Ihrer Zukunft kosten.

Jetzt mal Hand aufs Herz und nicht geflunkert! Würden Sie jemals einem Menschen die Hälfte Ihres gesamten Vermögens schenken, weil Sie ein so schönes, wohliges Gefühl im Bauch und der Brust haben? Würden Sie diesem Menschen all das schenken, selbst wenn er sie hintergangen und betrogen hat?

Würden Sie diesem Menschen fortlaufend jeden Monat Geld bezahlen, nur weil dieses Gefühl doch einmal so stark war? Rational gesehen schütteln wir hier den Kopf und fragen uns, ob wir noch alle Tassen beisammenhaben. Niemals würden wir so etwas Dummes tun. Doch Gefühle sind nicht rational und empirisch gesehen ist eine Emotion 27-mal stärker als die Ratio. Ihr Verstand setzt aus, wenn Sie verliebt sind. Mae West wusste: »Alle Männer sind gleich, bis auf den, den man gerade kennengelernt hat.« So ist das mit der Liebe. Ihre Vernunft ist weg und zwar per Express. Ich höre daher regelmäßig von Bekannten, dass sie ohne juristischen Schutz den Bund der Ehe eingegangen sind, gemeinsame Konten führen oder vor dem Zusammenziehen niemals offen über Geld gesprochen haben. »Unsere Liebe wird all das besiegen und schaffen«, heißt es dann. Nein, wird sie nicht, denn Liebe hat weder an der Börse oder bei der Bank noch in einem Budget oder Portfolio etwas zu suchen. Entsetzt muss ich mir immer wieder an den Kopf fassen, wenn ich sehe, was Menschen im Namen der Liebe tun.

Im Jahre 1967 schrieb ein junger Mann namens John Lennon den Song *All You Need Is Love*. Alles, was wir brauchen, sei Liebe. Eine kühne Behauptung, die jenen Song Lennons unsterblich und weltberühmt machte. Der gleiche Mann jedoch schlug auch zwei seiner Ehefrauen, verließ sein Kind und verletzte verbal mehrfach seinen jüdischen und schwulen Manager mit homophoben Beleidigungen. Der Musiker Trent Reznor schrieb 35 Jahre später den Song *Love is not enough*. Liebe ist scheinbar doch nicht genug. Obwohl Reznors Song ebenfalls bekannt wurde, erlangte er bei Weitem nicht die Anerkennung wie John Lennons Klassiker. Reznor schaffte es allerdings, trotz Drogen- und Alkoholproblemen, seine Sucht zu bezwingen, lernte eine Frau kennen, heiratete sie und bekam mit ihr zwei Kinder. Zu guter Letzt beendete er ganze Touren und kündigte seine Arbeiten an einem Album, um zu Hause bei seiner Familie zu sein und sich um sie zu kümmern. Liebe ist nicht genug.

Womöglich ist die Liebe etwas, das wir idealisieren. Wir haben eine schöne Vorstellung von etwas, das sowohl Hollywood, Herzschmerzromane und die Musik seit einer Ewigkeit mit gefühlter Leichtigkeit auf einen Thron erheben. Gut möglich also, dass die Liebe eben nicht alles ist und auch nicht genug ist. So kam es, dass ich mich eines vergangenen Tages ebenfalls in einem solchen Gespräch wiederfand und meine junge Gesprächspartnerin zu mir sagte: »Schatz, willst du Geld sparen oder willst du, dass ich glücklich bin?« Nach dieser Frage musste ich erst einmal ein paar Sekunden innehalten. Auf der einen Seite war ich als ihr Freund nicht allein dafür zuständig, dass sie glücklich war, und außerdem spare ich gerne Geld, wenn ich es denn kann. Klar, auch ich möchte vernünftige Geschäfte tätigen und nicht über den Tisch gezogen werden. Auf der anderen Seite war ich gerne großzügig. Als ich nun so dastand und einige Sekunden schwieg, schob sie die Frage hinterher: »Aber Schatz, du liebst mich doch, oder?« Oh, solche rhetorischen Fragen und manipulativen Gemeinheiten sind mir sehr zuwider. Das ist geistige Dialyse! So etwas saugt das letzte bisschen Männlichkeit aus einem raus. Frauen schaffen es in diesen Momenten, durch Hundeblicke, große Augen und kleine Tränchen ganze Welten zu verwandeln, Berge zu versetzen und Flüsse aufwärts fließen zu lassen. Das Schlimme daran ist, dass wir Männer es lieben.

Sie blickte mich also mit diesen großen wundervollen braunen Augen an, presste beide Arme nach unten zusammen und schwankte leicht von einer Seite zur anderen, während sie ihre Frage wiederholte. Raten Sie einmal, was ich daraufhin sagte? Richtig, ich antwortete

Egoisten lieben nicht, und Liebe ist nie egoistisch.

kurz und knapp: »Das kommt darauf an.« Ich hätte auch so etwas sagen können wie: »Liebes, sehe ich aus wie eine Sparkasse, die geräumt werden will, oder wie eine Kuh, die man melken kann?« Das Letzte, was ich von ihr hörte, waren die Worte: »Wenn du mich liebst, dann gibst du auch alles. Ich tue das dann auch.« Was sie eigentlich damit meinte war, dass ich ihr die Pforten zu meinen Konten und Vermögenswerten öffnen sollte und sie dafür im Gegenzug im Schlafzimmer alles im Reinen halten würde. Da ich aber kein Freier und sie bei Gott keine Prostituierte war und Liebe auch kein materielles Tauschgeschäft ist, lehnte ich dankend ab. Ich habe nie wieder etwas von ihr gehört. Ähnliches gilt natürlich auch für das weibliche Geschlecht, das genauso gut als Bank ausgenutzt werden kann, denn auch Männer können Frauen in einer Partnerschaft nur als ein Mittel zum Zweck sehen.

Wahre Liebe existiert ohne Bedingungen. Sie ist bedingungslos und niemals egoistisch. Egoisten lieben nicht, und Liebe ist nie egoistisch. Doch Liebe ist nicht genug, um eine gesunde und erfolgreiche Beziehung zu führen. Sie brauchen so viel mehr für eine funktionierende zwischenmenschliche und romantische Beziehung. Wenn Ihre Beziehung halten soll, müssen Ihr Partner oder Ihre Partnerin und Sie miteinander auch über die unschönen Dinge des Lebens reden können. In einer funktionierenden Beziehung herrschen daher zwei wesentliche Faktoren:

Positive romantische Beziehung =
Anziehung + Kompatibilität

Die Anziehung ist laut wissenschaftlicher Erkenntnisse chemisch bedingt. Es ist das warme Gefühl in unserer Bauchgegend, die Sicherheit und das Vertrauen, das wir empfinden, wenn wir jemandem begegnen. Es ist die sexuelle und romantische Anspannung, die wir spüren. Es ist das Unerklärliche in dieser Welt, für das Millionen von Liedern, Gedichten und Bücher geschrieben wurden. Doch Liebe ist nicht genug. Anziehung ist nicht genug. Eine Beziehung, die nur aus der Anziehung besteht, wird keine Zukunft haben. Ihr Partner und Sie müssen kompatibel sein. Dazu gehören ähnliche oder kongruente Lebensvorstellungen, Ansichten, Werte, Meinungen und Ziele. Viele Beziehungen enden, obwohl es romantisch bombastisch gut läuft. Der Grund: Es herrscht keine Kompatibilität vor. Ist man hingegen nur kompatibel und findet keine Anziehung, wird daraus maximal eine Freundschaft. Friendzone, auf Neudeutsch.

Die Anziehung wird sich mit den Jahren in Ihrer Beziehung verändern. Sie wird nicht schlechter, nur eben anders. Wenn Sie es bis hierhin überhaupt schaffen wollen, müssen Sie gemeinsam an Ihrer Kompatibilität arbeiten und sie verbessern. Nicht alle Ihre Werte, Ansichten, Meinungen und Ziele werden kongruent sein können. Dann wäre Ihr Partner ein Klon von Ihnen. Stattdessen müssen Sie eine Grundvorstellung teilen, wie Ihre Beziehung funktionieren kann. Für diese müssen Sie unweigerlich miteinander kommunizieren. Beziehungen, in denen man aufhört miteinander zu kommunizieren, sind bereits tot. Es reicht nicht aus, lediglich über schöne Dinge in der Beziehung zu sprechen. Sie müssen auch über die unbeliebten und unangenehmen Themen Ihrer Partnerschaft sprechen können, ohne dabei gleich Erdbeben auszulösen oder die Grundfeste Ihrer Partnerschaft zum Einstürzen zu bringen.

Finanziell intelligente Beziehungen

Sprechen Sie daher unbedingt mit Ihrem Partner oder Ihrer Partnerin über Geld. Auch wenn wir uns alle einig darüber sein sollten, dass Liebe die Grundvoraussetzung für eine funktionierende Paarbeziehung ist, so sollten Sie, sobald Ihre Beziehung ernst wird, auch über Geld sprechen. So zeigte eine Studie der Edelman Intelligence, dass die meisten Liebesbeziehungen aus Geldgründen scheitern. 59 Prozent der Ehen in dieser Studie gingen aufgrund von finanziellen Gründen in die Brüche. Weitere 20 Prozent der Probanden gaben an, sich mindestens einmal mit ihrem Schatz wegen finanzieller Themen in die Wolle gekriegt zu haben. Die gleiche Studie ergab aber auch, dass glückliche Paare zu einem frühen Zeitpunkt in ihrer Beziehung Themen wie die Kreditwürdigkeit, Einkommen, Studienkredite, Zahlungsverläufe bei Rechnungen, Schulden, langfristige finanzielle Ziele und Sparmaßnahmen besprochen haben.

Natürlich ist dieses Thema nicht wirklich sexy. Besonders am Anfang unserer Beziehungen haben wir alle möglichen Dinge im Kopf und meist gar keine Zeit für solche ernsten Themen, auch weil wir unsere Hände von unserem neu gefundenen Schatz nicht lassen können. Dass dies nicht die Zeit ist, um über Aktienportfolios zu sprechen, ist verständlich. Doch sobald die Beziehung ernst wird oder man gar darüber nachdenkt zusammenzuziehen, muss das Thema Geld auf den Tisch. Am besten noch, bevor Sie zusammenziehen. Wenn Sie dann über die Details sprechen, sollten Sie ganz klar zu verstehen geben, dass Ihnen die Beziehung ernst ist, Sie aufgrund von Liebe zusammenziehen, aber für diese Liebe auch ein Fundament bestehen muss. Dieses Fundament ist eben nicht nur die Liebe, sondern auch das Thema Geld.

Ähnlich verhält es sich mit dem Thema Kinder. Wenn Sie entscheiden, Kinder großziehen zu wollen und sich an die Familienplanung machen, sollten Sie dringend grundlegende Fragen der Erziehung und Wertevermittlung klären. Dies sollten Sie tun, bevor Sie den Kinderwunsch in die Tat umsetzen. Nachher kann es Sie Ihr gesamtes Vermögen kosten.

Klären Sie mit Ihrem Partner oder Ihrer Partnerin, was Sie dem Kind vermitteln wollen und für sein Leben mitgeben möchten. Nichts verwirrt Ihren Nachwuchs mehr, als wenn sich die Eltern nicht einig sind und unterschiedlich agieren. Ihr Kind wird sich automatisch den leichteren Weg abschauen, der jedoch leider häufig der falsche ist.

Bei allen anderen zwischenmenschlichen Beziehungen gilt, dass Ihre Finanzen kein Thema sein sollten. Wahre Freunde interessieren sich weder für Ihren angeblichen Status noch für Ihr Vermögen oder Ihr Kapital. Sie sehen in Ihnen keinen Zweck für Ihre eigenen Ziele und Interessen. Wahre Freunde interessiert es auch nicht, welches Auto Sie fahren oder welche Kleidung Sie tragen. All diese Dinge sind für einen wahren Freund irrelevant. Aus diesem Grund sollten Sie das Thema Finanzen streng aus Ihren Freundschaften heraushalten.

Ich habe, Gott sei Dank, niemals den Fehler gemacht und einem Freund Geld geliehen. Echte Freunde haben mich auch nie danach gefragt. Ich hätte es ihnen vermutlich eher sogar geschenkt. Doch ich sah genug Menschen, die Freunden Geld liehen und es niemals wieder zurückbekamen. Wenige von ihnen erhielten das Geld zurück, doch häufig erst, als Anwälte eingeschaltet werden sollten und Drohungen ausgesprochen worden waren. Es heißt nicht umsonst: »Bei Geld hört die Freundschaft auf.« Lassen Sie es daher niemals so weit kommen und vertrauen Sie Ihren Freunden kein Geld an. Wenn Sie unbedingt Geld an Ihre Freunde geben müssen, verschenken Sie es.

Achten Sie auch darauf, dass Ihre Geschäftspartner und Berater keine Freunde sind. Ich verstehe mich mit allen meinen Geschäftspartnern exzellent, doch würde ich niemals zu ihnen gehen, wenn ich private Probleme oder Sorgen hätte. Mein Steuerberater ist einer meiner engsten Berater, aber eben auch nicht mehr. Er ist nicht mein Kummerkasten, sondern mein Steuerberater. Trennen Sie diese Bereiche. Zu oft erklärten mir Menschen, dass Sie gerne Privates und Geschäftliches mischen und geschäftliche Kontakte auch im Privatleben führen. Ich haben jedoch nie ein gutes Ende dabei erlebt, irgendwann gingen diese Geschichten immer schief.

Positive Beziehungen fordern genau wie Ihre Investitionen einige Regeln. Stellen Sie eigene Regeln auf, wenn es um das Thema Freundschaft und Geld oder Partnerschaft und Geld geht.

Partnerschaft bedeutet, dass Sie als Paar, also als Einheit bestehend aus zwei Menschen, agieren. Liebe bedeutet, dass Sie es für einander tun. Verwechseln Sie daher niemals eine Liebesbeziehung mit einer Beziehung, die aus Transaktionen besteht. Sobald es darum geht, was er oder sie Ihnen zu geben hat und was Sie im Gegenzug geben können, ist diese Beziehung voller Bedingungen und Fallen. Solch eine Beziehung können Sie nicht positiv nennen. Sie ist giftig. Sobald Sie nicht mehr in der Position sind, um zu geben, was Sie einst gaben, verlieren Sie den Menschen, der einst vorgab, Sie zu lieben. Diese scheinbare Liebe ist weder echt noch aufrichtig. Sie lebt unter einer Bedingung. Das Ergebnis ist, dass Sie ewig die Angst verspüren werden, nicht genug zu sein, und Ihren Partner verlieren werden, wenn Sie womöglich eines Tages nicht mehr gut genug sind. Ihr persönliches Glücksempfinden aber auch Ihr Wohlstand werden unter solchen Beziehungen immens leiden. Ungesunde und negative Beziehungen sind wie ein Krebsgeschwür. Sie müssen es aus Ihrem Leben schneiden, bevor es Sie alles kostet. Seien Sie daher sehr vorsichtig in der Auswahl der Menschen, die Ihnen nahestehen sollen. Wählen Sie die Menschen in Ihrem engsten Umfeld sehr sorgfältig aus. Sie können eine ganze Schwadron an Kon-

Wählen Sie die Menschen in Ihrem engsten Umfeld sehr sorgfältig aus.

takten und oberflächlichen zwischenmenschlichen Beziehungen haben, doch wenn es um Ihre engsten Kontakte und Vertrauen geht, müssen Sie sehr vorsichtig sein.

Ich habe die Erfahrung gemacht, dass vor allem Menschen mit großem Wohlstand besonders vorsichtig darin sind, welche Menschen sie in ihr Leben lassen und welche Menschen draußen bleiben müssen. Stellen Sie sich das vor: Kurz bevor Sie ein ganz besonderes Etablissement betreten dürfen, wird Ihnen der rote Teppich ausgerollt. Am Ende des Teppichs wartet ein Türsteher auf Sie, der den Eingang vor Ihnen mit einer vergoldeten Leine versperrt und diese nur freigibt, wenn Sie in das Etablissement hineinpassen. Bei Clubs und Discotheken wird darauf geachtet, ob Sie adrett aussehen oder mit Geldscheinen wedeln können. In Ihrem Leben sind Sie der Türsteher und Sie müssen klare Prinzipien dafür entwickeln, wer durchdarf und wer draußen bleibt. Machen Sie sich daher Gedanken darüber, wer sich auf dem gleichen energetischen Level wie Sie befindet und durchdarf, welche Werte und Tugenden die Person haben muss um durchzukommen oder welche weiteren Bedingungen Sie stellen wollen. Hinter der Absperrung lassen Sie die Leute dann offen an sich heran. Hier sind Sie unter sich. Zu diesem engen Kreis werden die meisten abgelehnt. Statt 10 Euro Eintritt, kostet der Eintritt an Ihrer Tür deutlich mehr.

Ich halte es persönlich gerne an meiner goldenen Leine recht einfach. Wer keine Integrität besitzt, bleibt draußen. Wer integer ist, wird ehrlich mit mir kommunizieren, für mich einstehen und auch in meiner Abwesenheit meine Interessen wahren und verteidigen. Das bedeutet Integrität. Sind die Werte und Tugenden der Person kongruent oder fast deckungsgleich mit den meinen, darf die Person sich zu meinem engsten Kreis zählen. Doch diese Integrität muss vorher erst einmal bewiesen werden. Worte sind wie Schall und Rauch. Was zählt, sind die Taten. Sind die Taten und Worte kongruent? Falls dem so ist, darf man mich seinen Freund nennen und wissen, dass ich für diese Person Himmel und Hölle in Bewegung setzen werde, falls das notwendig wird. Der Rest bleibt draußen und wird weiterhin freundlich und zuvorkommend behandelt. Mehr aber auch nicht.

Ersparen Sie sich die Sorgen und Mühen giftiger Beziehungen. Halten Sie sich fern von Dramen und Soap-Opera-reifen Intrigen. Sie haben weder die Zeit noch die Energie für solche Energievampire und Menschen. Achten Sie darauf, dass die Menschen in Ihrem Leben gefestigter Natur sind. Ein stabiler Charakter bei Ihren Freunden und vor allem bei Ihrem Partner, ist von allergrößter Bedeutung. In jedem anderen Falle schwanken die Wünsche, Begierden und Verhaltensweisen von einem Tag auf den anderen. Diese Menschen sind Sklaven ihrer eigenen Emotionen und besitzen keine Kontrolle über ihr Verhalten und ihr Leben. Dass das wenig finanziell intelligent ist, haben wir bereits gelernt. Seien Sie freundlich, aber distanziert zu solchen Menschen. Halten Sie sich fern von all jenen Menschen, die Ihr eigenes Fundament ins Wanken bringen können. Die in Hollywood-Filmen gefeierten Liebesdramen, toxischen Beziehungen und manipulativen Liebschaften sind wie Zyankali für Sie. Solche Menschen müssen unbedingt draußen bleiben!

Kommunizieren Sie Ihre Erwartungen

Für alle anderen Menschen in Ihrem Leben gilt die einfache Regel: Was Sie nicht vorab klar erläutert haben, kann niemand verstehen. Wünschen Sie sich nicht, dass die Menschen in Ihrem Leben automatisch wissen wollen, was Sie für Grenzen ziehen und was Ihnen wichtig ist. Sie müssen mit Ihren engsten Menschen kommunizieren. Machen Sie Ihren Liebsten klar, was Ihnen wichtig ist und worauf Sie Wert legen. Erfahren Sie aber auch gleichzeitig, was den anderen wiederum wichtig ist. Fragen Sie daher immer nach.

Bei Freundschaften sollten Sie das nach einer anfänglichen Kennenlernphase klarmachen. Bei romantischen Beziehungen ist das ähnlich. Sobald sich der anfängliche Schleier von »Dieser Mensch ist so toll. Ich kann es kaum glauben. Endlich der richtige Partner fürs Leben« lichtet, sollten Sie Ihre Erwartungen an eine Beziehung klar kommunizieren. Was ist es, das Sie sich von Ihrem Partner wünschen? Was ist Ihnen wichtig? Welche Werte sind Ihnen heilig? Was sind absolute Tabus für Sie? Was erwarten Sie beim Thema Sex, Freizeit, Ausgehen und Urlaub? Sobald die Beziehung ernster wird, führt wie gesagt auch kein Weg daran vorbei, über Geld zu sprechen. Hier müssen Sie nicht sofort alle Karten auf den Tisch packen. Es hilft aber, wenn Sie anfangen zu beobachten, wie Ihr Partner Geld ausgibt und wofür das Geld fließt. Ist Ihr Partner ein Sparer oder ein Konsumierer? Investiert Ihr Partner vor dem Konsumieren oder nach dem Konsum? Investiert Ihr Partner in traditionelle Anlageprodukte oder geht Ihr Partner einen eigenen Weg bestehend aus Aktien, Immobilien oder ETFs? Wenn es im Schlafzimmer rundläuft, ist das noch lange kein Garant dafür, dass die Beziehung auch finanziell funktionieren wird. Machen Sie Ihrem Partner klar, dass Sie mit ihm durch dick und dünn gehen wollen und dazu auch der finanzielle Bereich gehört. Das Beste, was Ihnen hier passieren kann, ist ein Partner oder eine Partnerin, der oder die eigenes Geld verdient und finanziell nicht auf Sie angewiesen ist. Alles, was Sie dann gemeinsam erwirtschaften und erarbeiten, addiert sich zu einem Familienvermögen. Sollten Sie sich wiederum trennen, erfolgt kein juristischer Alptraum. Stattdessen nimmt jeder sein Vermögen und verlässt die Beziehung.

Kommunizierte Erwartung = Klarheit in der Beziehung

Achten Sie darauf, dass Sie Ihrem Partner klar erläutern, wie Sie mit Geld umgehen und warum Sie das tun. Kommunizieren Sie finanzielle Ziele und Wünsche. Es ist gesünder, auch einmal sagen zu können: »Schatz, lass uns zu Hause bleiben und nicht Essen gehen. Ich möchte das Geld diesen Monat zurücklegen.« Wer offener kommuniziert, eröffnet auch dem Partner diese Möglichkeit. Ist Ihr Partner so offen und spricht den Wunsch nach Sparen oder Mäßigung aus, dann unterstützen Sie ihn darin. Häufig sind Menschen sehr schüchtern beim Thema Geld. Man möchte sich nicht die Blöße geben. Seien Sie geduldig und herzlich. Ein einfaches »Klar, gerne. Machen wir so. Ich find es toll, dass du so offen mit mir darüber sprichst und auf dein Geld achtest. Danke dir« kann Wunder wirken. Unterstützen Sie Ihren Partner darin, auch mit seinen Ressourcen finanziell intelligent umzugehen. Eine Beziehung, die sich in ihrer Liebe erweitert, romantisch funktioniert und gemeinsam finanziell wächst, bricht nichts so schnell auseinander. Die Grundlage für Vertrauen, Liebe, Zuneigung und eine reiche Zukunft ist auf diese Art und Weise viel einfacher gelegt. Die Basis Ihrer Beziehung soll Liebe sein, doch die Stützen bestehen aus Ihren Finanzen. Lassen Sie Ihr gemeinsames Glück nicht durch den Mangel an finanzieller Intelligenz kollabieren.

Partnerwahl

Die Wahl Ihrer engen Freunde im Leben hat eine gigantische Bedeutung. Doch die Wahl Ihres Partners fürs Leben ist eine der wichtigsten Entscheidungen, die Sie jemals treffen werden. Neben diesem Menschen werden Sie etwa 25.000 Mal aufwachen, mit ihm haben Sie circa 8.000 Mal Sex, verbringen etwa 100 Urlaube

So etwas wie den richtigen und einzigen Menschen gibt es nicht.

gemeinsam und ziehen Ihren Nachwuchs auf. Ihr Partner wird Ihr Travel-Buddy, Ihr Therapeut und gleichzeitig der Mensch sein, dessen Tagesgeschichte Sie 18.000 Mal hören werden. Die Wahl Ihres Lebenspartners ist von unglaublicher Bedeutung. Wählen Sie hier falsch, können Sie in kürzester Zeit Ihr gesamtes Leben die Toilette hinunterspülen. Wählen Sie aus Angst keinen Partner, erleben Sie nicht die Vorzüge der Liebe. Nicht umsonst tun wir uns so schwer mit der Wahl des richtigen Menschen für unser Leben. In Wahrheit aber gibt es keinen richtigen Partner. So etwas wie den richtigen und einzigen Menschen gibt es nicht. Es gibt jedoch so etwas wie die richtige Beziehung, in der sich zwei Menschen gemeinsam entwickeln.

Finanziell intelligente Menschen vertrauen auf die Liebe, aber genauso auch auf die Verhaltensmuster der Menschen. Worte sind schön und gut und Ihre neue Bekanntschaft kann Ihnen das schönste Leben in Worten präsentieren, doch wenn den Worten keine Taten folgen, ist Ihre neue Bekanntschaft nicht für Sie geeignet. Achten Sie daher auf die Dinge, die Ihre neue Bekanntschaft tut. Wenn Sie Single sind und auf Partnersuche gehen, sollten Sie unbedingt das Verhalten Ihrer Bekanntschaft im Auge behalten. Wer von Enthaltsamkeit spricht, aber sich jeden Freitag- und Samstagabend mit Wodka und Gin das Leben schön trinkt, besitzt weder Integrität noch Selbstdisziplin. Der Mangel dieser beiden Werte wird auch Auswirkungen auf das finanzielle Leben der Bekanntschaft haben. Hier ist Vorsicht geboten.

Ich habe die Erfahrung gemacht, dass ein anfängliches Essen hier ein super Indikator sein kann, ob die Person Anstand hat und mit Geld umgehen kann. Punkt eins lautet dabei: »Wie verhält sich Ihr Date bei Tisch?« Punkt zwei lautet: »Wie verhält sich Ihr Date gegenüber dem Personal und Service?« Menschen, die kaum Trinkgelder geben oder weder bitte noch danke sagen können, erkennt man beim ersten Restaurantbesuch. In diesem Fall sollten bereits die Alarmglocken angehen. Wenn es dann um die Bezahlung geht, wird es wieder interessant. Nach veraltetem Muster bezahlt der Mann die Rechnung. Die moderne Frau hingegen wird beim Eingang der Rechnung ebenfalls Ihr Portemonnaie zücken und die Bezahlung anbieten. Bleibt Ihre Begleitung hingegen reglos sitzen, erwartet sie bereits, dass Sie bezahlen werden. Haben Sie vorher eine Einladung kommuniziert, ist das eine nette Geste. Haben Sie das jedoch nicht gemacht, dann haben Sie es entweder mit einem Menschen zu tun, der Sie ausnutzen will, oder der auf alte Gepflogenheiten setzt. Was Ihnen hier wichtig ist, sollten Sie vorab mit sich selbst ausmachen. Es gibt Männer und Frauen, die eine finanzielle Gleichberechtigung beim Essen bevorzugen. Nach wie vor gibt es aber auch immer noch Männer, die es niemals zulassen würden, dass ihre Begleitung für sie bezahlt.

Später in einer Beziehung sollten Sie ein klares gemeinsames finanzielles System haben, sodass sich die Frage erübrigt, wer bezahlt. Wenn Sie Ihren Schatz einladen möchten, kommunizieren Sie das am besten vorab. Ich möchte Ihnen im Folgenden gern ein System vorstellen, das Sie und Ihr Schatz nutzen können. Es ist natürlich nicht in Stein gemeißelt und Sie können es nach Belieben anpassen und für Ihre persönlichen Zwecke nutzen.

Sobald Sie anfangen, extrem hart zu arbeiten und Ihre Zeit auch tatsächlich aktiv zu nutzen, desto mehr werden Sie sich über alle anderen Menschen ärgern, die das nicht tun. Besonders wird es Ihnen bei den Menschen auffallen, die für Sie arbeiten, in Ihrem Team spielen oder an Ihrer Arbeit beteiligt sind. Aus diesem Grund ist es unerlässlich, dass Sie eine Partnerin oder einen Partner finden, die ebenfalls an ihrer oder seiner finanziellen Intelligenz arbeiten möchte. Haben Sie das Gefühl, dass Sie alles allein stemmen müssen, wird Ärger und Zorn das neue dominante Gefühl im Haushalt werden, wenn es um Geld geht.

Was auch allgemein als das Prinzipal-Agent-Problem bekannt ist, entpuppt sich als große Stolperfalle, über die sich wahrscheinlich fast jeder Arbeitgeber oder engagierte Arbeitnehmer regelmäßig beschweren könnte. Mitarbeiter, Lieferanten und Teammitglieder, die nicht wie Sie als Eigentümer oder Eigentümerin dem Projekt, Investment oder Unternehmen verpflichtet sind, werden niemals die gleiche Energie für das Projekt aufwenden, wie Sie es tun. Sie, als Prinzipal, beauftragen einen Agenten, so die Theorie, eine gewisse Leistung zu verrichten. Ihr Agent jedoch wird niemals diese Arbeit so leisten, wie Sie sie leisten könnten. Das führt häufig zu der im Volksmund bekannten Leier: »Dann mache ich es lieber selbst. Dann geht es wenigstens gleich richtig.« Selbstständige denken häufig so. Sie wollen selbst und ständig alles besser machen, in dem Glauben, dass sie der König oder die Königin sind.

Dieses Prinzipal-Agent-Problem kann auch in Ihren Beziehungen auftreten. Das gilt es zu vermeiden. Auch wenn es in Ihrer gemeinsamen Familie ein Familienoberhaupt geben muss, sollten Sie sich nicht als Königin oder König aufspielen. Ihre gesamte Familie muss gemeinsam an den gleichen finanziellen Zielen arbeiten und am gleichen Strang ziehen. Je höher der gemeinsame Einsatz ist, desto besser sind Ihre Karten, um eine gemeinsame finanziell reiche und erfolgreiche Zukunft zu haben. Wenn Sie das als Paar schaffen, werden Sie schnell als Powerpärchen bekannt werden. Andere Menschen werden versuchen, Ihnen nachzueifern. Womöglich werden Sie sogar um Rat gefragt und andere Menschen werden wissen wollen, wie Sie das geschafft haben. Hier sollten Sie nicht als Oberlehrer auftreten, sondern eine passende Unterstützung sein. Vielleicht wollen Sie ja dieses Buch verschenken?

Vermeiden Sie also unbedingt das Prinzipal-Agent-Problem. Hat Ihr Partner oder Ihre Partnerin noch nicht vollständig verstanden, worum es Ihnen geht, so erklären Sie ruhig und gelassen Ihre Absichten und Ziele, so oft es nötig ist. Sagen Sie ruhig so etwas wie: »Ich möchte, dass wir uns gemeinsam eine starke finanzielle Zukunft aufbauen. Darf ich dir meine Ideen dazu vorstellen? Ich möchte auch wissen, was du dir vorstellst.« Wenn Sie beide finanziell lernen und gemeinsam an Ihrer finanziellen Intelligenz arbeiten, stärken Sie Ihre Beziehung in solch einem Maße, wie es kaum etwas anderes schaffen könnte. Stellen Sie sich vor, was Sie alles in Ihrer Ehe oder Beziehung erreichen könnten, wenn Geld ein positives Thema wäre und dieser Bereich Ihnen gemeinsam Freude und neues Wissen brächte. Wäre dies nicht all die Arbeit wert? Sie haben recht, das war eine rhetorische Frage.

Budgetierung für Paare

Die Grundlage Ihrer Finanzverwaltung ist und bleibt Ihr Budget. Budgets klingen häufig nach Sparen und Geiz. Doch das Gegenteil ist der Fall. Wie ich in meinem Buch *Finanzielle Intelligenz* erklärt habe, ist das JAR-System ein hervorragendes System, um seine eigenen Finanzen in den Griff zu bekommen, gleichzeitig zu sparen, zu investieren, zu konsumieren und Spaß mit dem Geld zu haben. Wer dieses Budgetsystem für sich selbst kennenlernen möchte, kann dort noch einmal nachschlagen. Ein ähnliches System wollen wir nun ebenfalls für unsere Beziehung aufbauen. Nehmen Sie Abstand davon, Ihrem Partner zu erklären, wie er oder sie seine Finanzen zu verwalten hat. Werden Sie gefragt, dürfen Sie gerne Empfehlungen aussprechen. Doch lassen Sie immer Ihren Partner selbst entscheiden. Beziehungen, in denen ein Teil über das gesamte Geld entscheidet, stehen in Abhängigkeit und sind niemals gesund.

Das Prinzip des gemeinsamen Budgets ist leicht. Zunächst einmal führt jeder sein eigenes Budget und sein eigenes Einkommen getrennt. Zusätzlich wird nun bei einem gemeinsamen Haushalt ein drittes Budget aufgebaut. Für dieses kann beispielsweise ein drittes Girokonto eröffnet werden. Ein solches drittes Budget sollte Ihre Beziehung jedoch erst dann erhalten, wenn Sie gemeinsame Kosten haben, beispielsweise wenn Sie zusammenwohnen. Aus diesem Budget werden folgende Kosten getragen:

- Gemeinsame Miete,
- Gemeinsame Haushaltskosten (Internet, Strom, Gas etc.),
- Haushaltseinkäufe (Lebensmittel, Drogerieartikel etc.).

Einige Kosten befinden sich in einer Grauzone und können sowohl privat übernommen als auch gemeinsam geteilt werden und über das Haushaltsbudget laufen. Dazu gehören beispielsweise:

- Der gemeinsame Urlaub,
- Gemeinsame Möbel,
- Gemeinsam genutzte Streaming-Dienste,
- Gemeinsames essen gehen.

Hier können Sie aber genauso gut auch Ihren Schatz einladen und das Ganze aus eigener Tasche bezahlen.

Grundsätzlich gilt, dass Sie immer getrennte Konten führen sollten. Jeder hat sein eigenes Geld. Das soll nicht das typische »Das ist meins, das ist deins«-Verhalten schüren, sondern die Unabhängigkeit beider Partner unterstreichen. Sie wollen schließlich zusammen sein, weil Sie sich lieben, und nicht weil einer von beiden finanziell von dem anderen abhängig ist. Das Ganze würde dann etwa so aussehen wie in Abbildung 4.

Girokonto Peter	Girokonto Gemeinsamer Haushalt	Girokonto Maria

An dieser Stelle sind einige Menschen skeptisch, da sich ihnen die Frage stellt: »Was ist, wenn Peter mehr Geld verdient als Maria? Dann müsste Maria für ihre Verhältnisse mehr leisten als Peter.« Das ist ein wichtiger Punkt. Hierzu sei gesagt, dass Gerechtigkeit und Gleichberechtigung nicht das Gleiche sind. Selbst die Politik versteht das bis heute nicht.

Gleichberechtigung würde bedeuten, dass Peter 5.000 Euro netto und Maria 3.000 Euro netto verdient, beide aber in gleichen Teilen die Miete übernehmen müssen. Gerechtigkeit würde bedeuten, dass beide einen prozentualen Anteil ihres Einkommens nach Steuern auf das gemeinsame Haushaltskonto überweisen. Wären dies 10 Prozent, so würde Peter 500 Euro und Maria 300 Euro bezahlen. Hierfür muss Peter allerdings verstehen, dass er nicht den Löwenanteil der Miete bezahlt, sondern mit dem gleichen möglichen Einsatz wie Maria Miete bezahlt. An diesem Punkt sind häufig die Besserverdienenden skeptisch. Die perfekte Lösung gibt es nicht. Jedoch leisten nach diesem Modell beide Partner prozentual den gleichen Anteil, den sie leisten können, unabhängig davon, wer besser verdient und mehr Geld nach Hause bringt. Natürlich sind bei steigenden Kosten 800 Euro etwas wenig für die Führung des Haushaltes. Der prozentuale Ansatz sollte entsprechend höher gewählt werden. Wählen Sie diesen so hoch aus, dass die Summe der beiden Beträge alle Kosten decken kann und circa 10 Prozent Puffer inkludiert sind. Sie wollen schließlich nicht Ihr Haushaltskonto überziehen oder bei einer unvorhersehbaren Steigerung eines Betrages in Streit geraten. Sagen wir daher einmal, dass Sie 20 Prozent Ihres Nettogehalts auf das Haushaltskonto überweisen. Dies sähe dann etwa so aus wie in Abbildung 5.

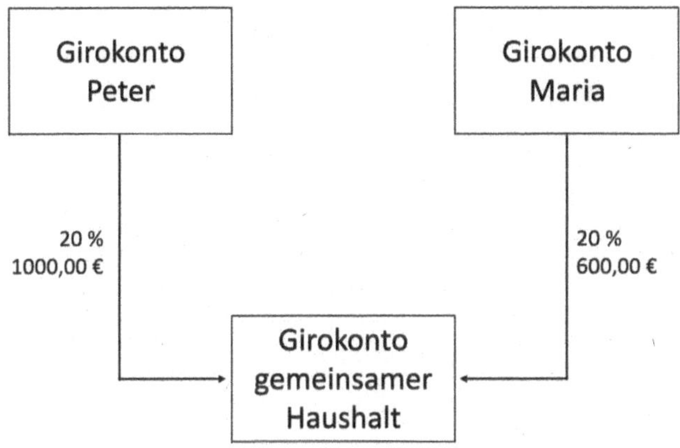

Da Peter und Maria beide sehr gut verdienen, fällt es beiden leicht, einen geringen prozentualen Anteil ihres Gehalts für Haushaltskosten aufzuwenden. Den Rest ihrer beiden Gehälter können sie für Investitionen und Konsum ausgeben, obgleich hier klar geworden sein sollte, dass die Investitionen im Vordergrund stehen müssen. Für Haushalte mit einem geringeren Einkommen müssen die prozentualen Sätze für den Haushalt entsprechend angepasst und angehoben werden.

Etwas komplizierter wird es, wenn Kinder dazukommen. Jetzt, da der Haushalt sich vergrößert hat, muss vielleicht sogar eine größere Wohnung oder ein Haus her. Das treibt die Kosten in die Höhe. Auch wollen Kinder versorgt, bespaßt und ausgebildet werden. Jetzt zahlen die Eltern Krankenversicherungen, Bildungskosten und den gesteigerten Konsum für ihre Kinder mit. Hier gibt es zwei Möglichkeiten der Budgetierung.

Die erste Möglichkeit besteht darin, die gesteigerten Kosten des neuen Familienmitglieds über das Haushaltskonto zu führen. Immerhin haben Sie das Kind ja zusammen. Bei getrennten Paaren werden die Kosten hingegen durch den

Elternteil bezahlt, der das Sorgerecht besitzt. Der andere Elternteil zahlt den Unterhalt oder einen Ausgleich. Die zweite Möglichkeit, und diese Möglichkeit empfehle ich gegenüber der ersten, ist, ein viertes Girokonto aufzubauen. Dieses Girokonto erhält ebenfalls einen monatlichen Betrag. Dieser Betrag kann prozentual oder fix festgelegt werden. Hier empfehle ich einen Betrag, der sowohl die fixen Kosten des Kindes wie Krankenversicherung, Bildungskosten und so weiter bezahlt, aber auch den Konsum des Kindes deckt. Das Kind lernt, je älter es wird, dieses Konto zunehmend selbst zu verwalten. Schnell kann es lernen, dass wenn kein Geld da ist, auch keines ausgegeben werden kann. Es lernt ebenfalls, dass Geld gespart werden und für größere Anschaffungen gut sein kann. Geduld, Disziplin und Beharrlichkeit mit dem eigenen Geld werden dem Nachwuchs auf diese Weise schnell mitgegeben. Das würde dann etwa so aussehen wie in Abbildung 6.

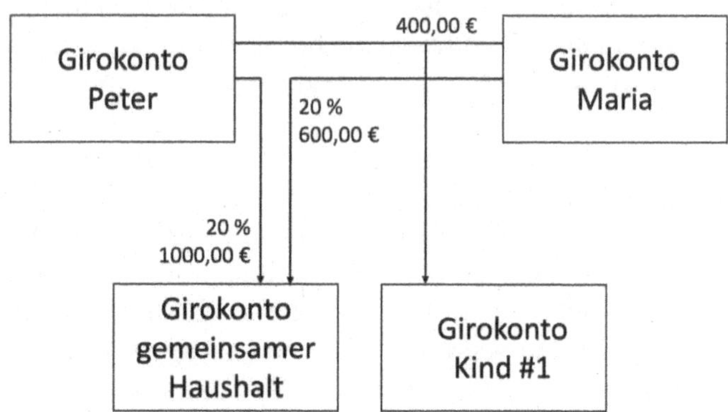

Wer nach diesem Muster vorgeht, zeigt dem Kind von Anfang an, dass das Leben Geld kostet und es eines Tages ohne die Unterstützung der Eltern weiterhin diese Kosten bezahlen muss. Zieht das Kind dann eines Tages aus, versteht es schnell, dass die Miete für eine eigene Wohnung dazukommt und andere Kosten bezahlt werden wollen. Gleichzeitig sparen Sie sich als Elternteil das typische Taschengeld, was nun nicht mehr notwendig ist. Ihr Kind hat ein eigenes Konto mit einem monatlichen Eingang. Es wird mit großer Wahrscheinlichkeit vorkommen, dass Ihr Kind das Konto am Ende des Monats leergeräumt hat, sobald es selbstständig das Konto verwaltet. Doch auch diese Lektion muss das Kind lernen. Wer jeden Monat über seine Verhältnisse lebt, ist finanziell wenig intelligent. Sie wollen Ihrem Nachwuchs neben Liebe, Bildung und Werten auch die finanzielle Intelligenz vermitteln und so schnell es geht klarmachen, dass Geld investiert werden will. Geld muss arbeiten und sollte erst dann ausgegeben werden. Geld will investiert werden, der Rest wird für Konsum verwendet. Der Grund, warum die meisten niemals wohlhabend werden, liegt darin begründet, dass sie niemals gelernt haben, ihr Geld als Erstes zu investieren und den Rest für Konsum zu verwenden. Denken Sie daran: »Wer unterhalb seines Lifestyles leben kann, erlebt eine Art der Freiheit, die die meisten niemals begreifen werden.«

»Wer unterhalb seines Lifestyles leben kann, erlebt eine Art der Freiheit, die die meisten niemals begreifen werden.«

Wenn Sie weitere Kinder bekommen, werden weitere Konten notwendig. Niemand hat gesagt, dass Kinder günstig seien. Entscheiden Sie also frühzeitig, ob Sie einen Ferrari brauchen oder sich lieber für den Nachwuchs entscheiden. Die Rechnung ist in etwa die Gleiche. Für eine leichtere Verwaltung dieses Haushalts- und Kinderbudgets können Sie mehrere Daueraufträge einrichten, die monatlich die entsprechenden Beträge von Ihrem privaten Konto auf die Konten transferieren, die für den Zweck da sind. Sie kennen ja bereits die erste Regel des Geldes: Jeder Cent braucht einen Zweck. Diese Regel halten wir mit diesem Plan vollständig ein.

Gemeinsame finanzielle Gewohnheiten für Paare

Als Paar sollten Sie es sich zur Gewohnheit machen, einmal im Monat ein Meeting zu vereinbaren, in dem Sie über Geld, zukünftige Investitionen und das Budget sprechen. Ich nenne dieses Treffen zwar Meeting, doch Sie können es auch Familienrat nennen. Das Treffen dient der Besprechung der Finanzen des Großkonzerns namens Familie. Halten Sie dieses Treffen wirklich regelmäßig ab und lassen Sie es nie ausfallen. Verschieben Sie es auch nicht um einen Monat. Ihre Finanzen müssen ein echtes Topthema sein und oberste Priorität haben. Ich empfehle, im Familienrat folgende Dinge zu sprechen:

1. **Das Budget des letzten Monats**
   Haben Sie das Budget des vorherigen Monats überschritten oder unterschritten? Wofür ging das Geld drauf? Gab es Auszahlungen, die nicht geplant waren, oder hat sich jemand seinen Gelüsten hingegeben und zu viel Geld für unnötigen Konsum ausgegeben? War die Stromrechnung deutlich höher als geplant?

2. **Geplante Ausgaben und Einnahmen des jetzigen Monats**
   Was steht für den Monat an? Welche Ausgaben und Einnahmen werden erwartet? Welche Investitionen werden für diesen Monat geplant und warum? Ist das Budget für diesen Monat aufgestellt, und wie können Fehler des letzten Monats vermieden werden? Welche Ausgaben stehen diesen Monat für Bildungsmaßnahmen an?

3. **Urlaube und andere Wünsche der Zukunft**
   Wann ist der nächste Urlaub oder Kurztrip geplant und ist dafür ein Budget bereitgestellt? Wie viel Geld werden Sie

brauchen? Müssen Sie dafür noch etwas sparen, und was möchten Sie gemeinsam erleben? Stehen zukünftige Käufe für Haushaltsgeräte, Elektronik, Spielsachen oder ein Auto an? Wie viel Geld wird dafür notwendig sein?

4. **Investitionen der Zukunft**
   Welche Investitionen standen bisher an und wie entwickeln sich diese? Welche Investitionen sind in Aussicht, die zur Investmentstrategie passen? Welche Investitionen sind derzeit interessant, und lohnen sich diese für die Investmentstrategie der Familie? Will man neu kaufen oder alte Anlagen liquidieren?

Je harmonischer und intimer diese Familienräte sind, desto leichter wird es Ihnen fallen, über Geld zu sprechen. Achten Sie daher nicht nur auf den Sachinhalt des Familienrats, sondern auch auf die Art und Weise, wie Sie Ihren Standpunkt vertreten und gemeinsame Entscheidungen treffen. Eine ruhige und gelassene, statt einer angespannten und lauten Kommunikation hilft Ihnen enorm, sachlich und rational zu bleiben. Ihre Gefühle haben bei dem Familienrat nichts zu suchen. Es geht schließlich hier um Ihr Geld und nicht um die Liebe, die Sie verbindet.

Eine weitere Gewohnheit ist, über Ihre gemeinsamen Ziele zu sprechen und zu kommunizieren, welche Wünsche und Erwartungen Sie an den anderen haben, damit dieser Ihnen bei der Umsetzung Ihrer Ziele behilflich sein kann. Halten Sie diese Ziele schriftlich fest. Was nur einmal so nebenbei erklärt wurde, hat häufig kaum eine wirkliche Bedeutung. Ich empfehle, dafür ein Haushaltsbuch anzuschaffen. Dies kann ein einfaches DIN-A4-Buch sein, in dem Sie Ihre Budgets, finanziellen Ziele, Einnahmen und Ausgaben sowie die Protokolle des Familienrats festhalten können. Ein Buch, in dem alles steht.

Letztlich wollen Sie sich als Paar nicht nur lieben, sondern Ihre Zukunft gemeinsam aufbauen. Das kann auch bedeuten, dass Sie langfristig durch Ihre Investitionen Ihr eigenes kleines Imperium aufbauen. So floriert Ihre Beziehung auch finanziell. Wer nach 20 Jahren Ehe mehrere Immobilien gekauft hat, ein sattes Aktienportfolio mit fruchtigen Dividendenzahlungen und passenden Anlagen in Gold und Silber aufgebaut hat, kann mit Stolz auf das gemeinsame Werk schauen. Dieses kann dann eines Tages an die eigenen Kinder vermacht werden. Wenn beide in einer Beziehung daran arbeiten, sind Sie kaum aufzuhalten. Der doppelte Arbeitsaufwand und der doppelte Fokus erschaffen letztlich Unglaubliches. Gleichzeitig stärkt dieses gemeinsame Aufbauen und Erschaffen Ihre Bindung und Liebe.

Nicht selten wollen Paare irgendwann den gemeinsamen Haushalt auch vor dem Staat und Gott bezeugen. Es soll geheiratet werden. Machen Sie sich bewusst, dass die Ehe in erster Linie eine steuerrechtliche Beziehung ist. Wer lediglich aus Liebe heiratet, hat eine schöne Idee aus Hollywood gekauft. Warum wollen Sie heiraten, wenn Sie auch als unverheiratetes Paar so weiterleben könnten? Einige Frauen glauben, dass sie finanziell in einer Ehe sicherer sind, und einige Männer denken, dass sie sich, wenn sie verheiratet sind, keine Mühe mehr in der Beziehung geben müssten. Das sollten keine Gründe für eine Eheschließung sein. Die Ehe ist zwar ein Gelöbnis, doch in unserer heutigen Zeit wird die Hälfte aller Ehen wieder geschieden. Den Menschen scheinen diese Gelöbnisse nicht mehr so wichtig zu sein.

Finanziell gesehen ist eine Scheidung eines der schlimmsten Dinge, die Ihnen passieren kann. Eine Scheidung kostet Sie ein gigantisches Vermögen und womöglich auch die Zukunft, die Sie dabei waren aufzubauen. Finanziell kann eine Scheidung Sie schnell zurück in die Steinzeit befördern. Wenn

Sie den Bund der Ehe eingehen wollen, so sollten Sie mehr Gründe als nur die Liebe dafür haben. Wenn Sie die Ehe eingehen, sollten Sie von Anfang an klären, dass Sie bereits vor der Trauung durch einen Ehevertrag sowohl Ihren Partner als auch sich selbst schützen wollen. Hier sollten Sie eine einfache, aber knallharte Regel haben: Ohne Ehevertrag gibt es keine Ehe. Klären Sie diesen Vertrag juristisch auf das Genaueste ab. Sparen Sie hier bloß nicht an juristischer Beratung. Wenn dieser Vertrag nicht wasserdicht ist, haben Sie am Ende nichts gewonnen. Vor allem bei selbstständigen oder freiberuflichen Partnern sollte das gemacht werden. Ohne eine Gütertrennung könnte so schnell der eine Partner für den anderen mithaften. Das wollen Sie auf jeden Fall vermeiden.

Schon bei der Planung der Hochzeit sollten Sie Ihre Vorstellung klarmachen. Viele der Eheschließungen, die ich beobachtet habe, kosteten schnell zwischen 25.000 und 75.000 Euro. Diesem finanziellen Wahnsinn sollten Sie niemals unterliegen. Der Irrglaube, dass eine Eheschließung so viel Geld kosten muss, wurde vor allem den Prinzesschen unter uns durch die mediale Welt eingetrichtert. Feiern Sie doch stattdessen ein überschaubares Fest mit Ihren Allerliebsten. Die meisten Hochzeitsgäste sind sowieso nur für das Essen und die kostenlosen Getränke da. Nehmen Sie Abstand davon, Ihre gemeinsame Ehe mit Ausgaben von 30.000 Euro zu beginnen.

Es ist finanziell intelligenter, für ein Zehntel des Betrages ein kleines Fest mit den engsten Verwandten und Freunden zu feiern und sich statt unnötiger Saftpressen lieber Geld schenken zu lassen. So bringen die Gäste wenigstens noch das Geld mit, das sie versaufen werden. Stellen Sie sich auch hier vor, dass Sie die üblichen 30.000 Euro für die Trauung und Feier investieren, statt sie zu versaufen. Bei einer jährlichen Rendite von 10 Prozent, hätten Sie Ihre Eheschließung bereits nach einem Jahr ohne weitere Aufwendungen raus. Lassen Sie Ihre Finanzen nicht durch Bräuche oder kulturelle Gewohnheiten zu einem finanziellen Fiasko werden. Sobald Kinder anstehen, werden Sie sich wünschen, dass Sie all das Geld nicht für diese Sause ausgegeben hätten. Teure Partys werden von finanziell intelligenten Menschen nur selten privat gefeiert. Die meisten der pompösen Feten, die in der Presse landen, wurden von diversen Kapitalgesellschaften bezahlt oder als Geschäftsessen abgesetzt. Lassen Sie sich hier nicht von Mythen oder medialen Märchen blenden.

Wenn Sie diese finanziellen Regeln für Ihre romantischen Beziehungen beachten, werden Sie merken, dass es Ihnen leichter fällt, als Paar finanziell intelligente Entscheidungen zu treffen. Gleichzeitig stärken diese Praktiken auch die nicht-finanziellen Aspekte in Ihrer Beziehung und geben Ihnen die Möglichkeit, als Powerpärchen eine starke und solide Zukunft für sich und Ihren Nachwuchs aufzubauen.

Bauen Sie ein starkes Netzwerk auf

Nachdem wir nun über Ihre romantischen Beziehungen gesprochen haben und ich auch einige Worte über Ihre Freundschaften verlieren konnte, wollen wir uns nun auf die geschäftlichen Beziehungen konzentrieren.

Bei Ihren geschäftlichen Beziehungen spielt Ihr persönliches Netzwerk die allergrößte Rolle. Wen Sie wie gut kennen, bestimmt direkt über Ihr Nettovermögen. Obwohl Ihr Netzwerk nicht monetär gemessen werden kann und auch in keiner Bilanz steht, ist die Qualität Ihres Netzwerks doch bares Geld wert. Ihr Netzwerk ist so wertvoll, dass es ohne Probleme in Gold und Diamanten aufgewogen werden kann.

Das Problem jedoch ist, dass die Netzwerke der meisten Menschen maximal ein paar Klumpen Dreck wert sind. Das ist eine harte Wahrheit. Warum diese harschen Worte? Die allermeisten Menschen machen sich niemals Gedanken über ihr Netzwerk. Das Maximum ist das bloße Austauschen von Visitenkarten auf Papier oder Pappe. Dies geschieht meist beiläufig, indem man die Visitenkarte über den Tisch pfeffert. Mir ist dies bereits Hunderte Male so passiert. Das Visitenkartenpfeffern ist nun wirklich keine Strategie zum Aufbau von qualitativ hochwertigen Geschäftsbeziehungen. Im Gegenteil sogar. Es zeigt, dass jemand nicht an Ihnen interessiert ist. Das Visitenkartenpfeffern drückt lediglich aus, dass sich jemand für so wichtig erachtet, dass er Ihnen für den Fall der Fälle seine Kontaktdaten übergibt. Sollte mal etwas sein, dürfen Sie also eine E-Mail schreiben. Wenn Sie brav sind, dürften Sie sogar anrufen. Toll!

Für die meisten Menschen ist das Networking nichts, über das sie jemals nachdenken würden. Finanziell ungebildete Menschen halten Aktienkurse, Börsencharts, Immobilienpreise und Budgets für wichtiger als das eigene Netzwerk. Man pflegt es eher weniger und geht maximal manchmal etwas zusammen essen oder schickt eine Kurznachricht zum Geburtstag. Die meisten Menschen betreiben keine aktive und durchdachte Netzwerkarbeit. Dieser Umstand ist für all jene finanziell intelligenteren Menschen pures Gold wert. Es gibt Ihnen die Möglichkeit, aus der Masse all jener herauszuragen, die sich nicht die Mühe machen, sich um ihr Netzwerk zu kümmern. Bedenken Sie dabei, dass Sie sich grundsätzlich immer mit anderen Menschen in irgendeiner Weise verbinden, selbst wenn Sie glauben, es nicht zu tun. Wir Menschen sind soziale, kommunikative Wesen. Wir brauchen einander.

Statt Ihnen nun ein paar nützliche Networking-Strategien zu geben, wollen wir uns lieber ganz grundsätzlich damit beschäftigen, wie wir positive geschäftliche Beziehungen aufbauen können, die sowohl unserem Nettovermögen als auch dem Nettovermögen unserer Geschäftspartner dienen. In erster Linie muss Ihr Ziel bei dem Aufbau von positiven Beziehungen immer das Schaffen eines Mehrwerts für alle Beteiligten sein. Mit anderen Worten: Schauen Sie, dass es den Menschen in Ihren Beziehungen genauso gut geht, wie es Ihnen gut gehen soll. Für die meisten klingt das wie eine Binsenweisheit. Die Umsetzung dieser Regel jedoch ist deutlich schwerer und die allerwenigsten praktizieren sie bewusst. Diejenigen, die es tun, beweisen nicht nur eine sehr hohe finanzielle Intelligenz, sondern auch gleichzeitig, wie fähig sie sind, hervorragende Beziehungen aufzubauen.

Ich erhielt diesen Ratschlag von einem israelischen Geschäftsmann namens Semyon, der Teil meiner Befragungsgruppe für die Recherchen meines ersten Buches war. Er sagte: »Ob Moskau, Tel Aviv, New York oder Frankfurt. Ich habe überall Freunde und hervorragende Geschäftskontakte. Ich pflege Kontakte zu Juden, Moslems, Buddhisten, Christen, Atheisten, schwarzen, weißen, homosexuellen und heterosexuellen Menschen. Die erste Regel lautet dabei immer: Tue Gutes für andere, und du wirst immer auf deine Taten eine positive Rendite erhalten.« Dies beeindruckte mich nachhaltig, und ich wollte diese Strategie selbst umsetzen. Dieser Leitsatz soll auch unsere erste Regel sein für den Aufbau unseres eigenen starken Netzwerks. Sie muss solch eine kolossale Bedeutung in Ihrer Netzwerkarbeit haben, dass Sie sich buchstäblich tätowieren könnten. Theoretisch aber auch nur. Sobald Sie damit beginnen, die besten Absichten für Ihr Netzwerk zu verfolgen, werden Sie schnell bemerken, wie unglaublich die Renditen werden, die Sie aus diesen Beziehungen gewinnen. Diese müssen nicht immer finanzieller Natur sein.

Tue Gutes für andere, und du wirst immer auf deine Taten eine positive Rendite erhalten.

Starkes Netzwerk = aktive weltweite Beziehungen

Die meisten Menschen gehen davon aus, dass ihr Netzwerk aus den unmittelbaren Kontakten besteht, die sie möglicherweise noch aus Schul- oder Studienzeiten und darüber hinaus im Büro gewonnen haben. Das ist jedoch nicht der Fall. Betrachten Sie alle Ihre Kontakte und Verbindungen weltweit als Ihr Netzwerk. Beginnen Sie damit, alle Namen dieser Menschen aufzulisten. Starten Sie dafür gerne im Alphabet ganz vorn. Gehen Sie daraufhin jeden Buchstaben einzeln durch, bis Sie am Ende angekommen sind. Machen Sie ruhig ein Spiel daraus.

Sobald Sie alle Namen aufgelistet haben, sortieren Sie diese in vier Kategorien ein. Klustern Sie die Kontakte entweder mit Farben oder Nummern. Ich tue dies gerne mit Farben. Grün sind alle Kontakte, die aktiv gepflegt werden. Gelb sind all die Kontakte, die langsam eingeschlafen sind und wiederbelebt werden müssen. Rot sind all die Kontakte, die bereits eingeschlafen sind. Auf eine blaue Liste sollten alle Kontakte kommen, die Sie noch nicht kennengelernt haben, die Sie aber noch kennenlernen wollen.

Sie dürfen Ihre Netzwerkarbeit auf keinen Fall dem Zufall überlassen, wie es die allermeisten Menschen tun. Das ist finanziell überaus unklug. Wenn solche Menschen dann bemerken, dass sie ein Netzwerk brauchen, verschicken sie Blumen an ausgewählte Kontakte und glauben, dass ein paar Pralinen oder das Gestrüpp jetzt ihr Netzwerk entfachen wird. Das ist natürlich völliger Unfug. Denken Sie daran, dass Sie ein Mensch sind, dem es bestimmt ist, mit anderen Menschen zu interagieren. Wir brauchen andere Menschen und sehnen uns alle danach, uns miteinander verbunden zu fühlen. Ihre Netzwerkarbeit wird daher nur sekundär Ihren Finanzen helfen, in erster Linie wird es ein Fundament errichten, das Verbindungen schafft. Je besser Ihre Verbindungen, desto besser auch Ihre finanziellen Chancen.

Nachdem Sie sich einen Überblick über die Ist-Situation Ihres Netzwerks verschafft haben, werden Sie mit großer Wahrscheinlichkeit viele rote und gelbe Punkte sehen. Das ist normal, aber nicht der Soll-Zustand. Im zweiten Schritt müssen Sie sich darüber bewusst werden, welchen Wert Sie für Ihr Netzwerk haben. Was ist es, das Sie besonders und zu einem wertvollen Mitglied in dem Netzwerk anderer Menschen macht? Die meisten Menschen beginnen ihre amateurhafte Netzwerkarbeit damit, besonders interessante Kontakte anlocken zu wollen. Doch die Perspektive ist völlig falsch. Sie dürfen sich niemals fragen, was dieser Kontakt in Ihrem Netzwerk für Pluspunkte für Sie bringt. Sie müssen sich stattdessen ausschließlich darauf konzentrieren, Ihren Wert für die Netzwerke anderer zu erhöhen. Ist Ihr wahrgenommener Wert wegen Ihrer Reputation und Verantwortungsbereitschaft überdurchschnittlich hoch, so werden Sie nicht nach Kontakten suchen müssen, sondern Ihre zukünftigen Kontakte werden nach Ihnen suchen. Locken Sie wertvolle Kontakte aufgrund Ihrer Reputation an, so werden automatisch mehr und mehr Menschen Sie in Ihrem Netzwerk haben wollen.

Ziehen Sie die richtigen Kontakte wie ein Magnet an

Für viele Menschen ist Netzwerken eine schwierige oder sogar schleimige Arbeit. Netzwerkpartys oder Networking-Events vermitteln einem häufig ein unwohles Gefühl. Hier laufen die Menschen eher von Tisch zu Tisch und schauen, dass sie Visitenkarten loswerden können. Die Gespräche fühlen sich meist aufgezwungen und wenig authentisch an. Auf diesen Events treffen Sie selten wertvolle Kontakte, obgleich es natürlich Ausnahmen gibt. Anders ist es, wenn Sie zu exklusiven Events eingeladen werden.

Auf einer Veranstaltung des US-Konsulats, zu der ich eingeladen wurde, konnte ich erkennen, dass hier besonders exklusive und interessante Verbindungen entstehen könnten. Hier gab es nicht nur Diplomaten und Politiker, sondern allerlei Menschen aus Industrie, Handel und verschiedensten Behörden. Der Zugang zu der Veranstaltung war streng reguliert. Es gab nicht nur eine Gästeliste, sondern auch ein Team an Mitarbeitern, die metaphorisch ausgedrückt, die Menschen am roten Teppich hineinlassen oder draußen halten. Je exklusiver solche Events sind, desto interessanter sind die Menschen, die Sie hier kennenlernen können. Der Eintritt zu solchen Veranstaltungen ist nicht käuflich erwerbbar. Häufig treffen Sie auf solchen Veranstaltungen Menschen, die sich aktiv mit ihrem Netzwerk beschäftigen und keine Zeit für planlose Networking-Partys haben.

Meiden Sie für Ihre Netzwerkarbeit eher die großen Events mit Tausenden von Menschen. Sie wollen nicht nach der Nadel im Heuhaufen suchen, sondern sich ganz bewusst für die Kontakte in Stellung bringen, die auch Ihnen nützlich sein können. Einfach gesagt, sollten Sie als Geschäftsfrau in der Galvanik nicht nach neuen Kontakten auf einer Messe für formschöne Kerzen suchen, nur weil Sie dort theoretisch jemanden kennenlernen könnten. Sie sind dort völlig fehl am Platz. Sie können mit Ihrer begrenzten Zeit auch nur eine begrenzte Anzahl an Menschen kennenlernen. Selbst wenn dies zwei- bis dreitausend sind, so ist es doch nur ein Bruchteil der Menschen dieser Welt. Überlassen Sie das Networking nicht dem Zufall, sondern planen Sie es voraus.

Im Kapitel über Wohlstand, der ersten Variable der Reichtumsformel, besprachen wir bereits, wie Sie sich für das Netzwerk anderer attraktiv machen können. Wie bereits gesagt, sind Ihre Reputation und Verantwortungsbereitschaft dafür von größter Bedeutung. Für Ihre Netzwerkarbeit wollen Sie diese entsprechend positionieren und ausrichten. Die Frage lautet daher nicht, bei welchen Veranstaltungen Sie jemanden kennenlernen können, sondern wie Sie es schaffen, dass jemand Sie auf einer Veranstaltung kennenlernen möchte.

Sind Sie beispielsweise ein honorierter Akademiker mit Titeln und einer Vielzahl an wissenschaftlichen Publikationen, so sollten Sie eine Pressemappe entwickeln lassen, die diese Errungenschaften visuell darstellt und die auf Ihrer Webseite herunterladbar ist. Überlassen Sie hier nichts dem Zufall. Beschränken Sie auf keinen Fall Ihre Netzwerkarbeit auf eine LinkedIn- oder Xing-Seite. Dort sammeln Sie nur »Freunde« wie bei Facebook. Selten wird hieraus wirklich die Art von Kontakt, die Sie brauchen oder sich erwünschen. Wenn Sie auf LinkedIn jemanden direkt anschreiben, fühlt sich das eher nach Werbung oder Akquise an. Das ist beim Networking gänzlich zu meiden.

Lassen Sie sich dafür stattdessen eine eigene Webseite erstellen, die über die Domain mit Ihrem Namen zu finden ist. Auf dieser Seite, dies kann ein One-Pager sein, sollten Sie ausgiebig präsentiert werden. Haben Sie zusätzlich einige Dienstleistungen, Bücher, Musik, Gedichte, Artikel oder andere Arten von Produkten im Angebot, dann sollten Sie diese hier ebenfalls veröffentlichen und mit Ihrer Person in Verbindung setzen. Achten Sie jedoch darauf, dass Ihre Webseite kein Shop wird und sich stattdessen nur auf die Präsentation von Ihnen fokussiert.

Auf Ihrer Webseite ist eine Pressemappe von höchster Bedeutung. Wenn Sie keine Inhalte haben, mit der Sie eine solche

Mappe füllen lassen könnten, sollten Sie erst für die Inhalte sorgen und dann eine Mappe erstellen lassen. Mit anderen Worten: Haben Sie noch nichts vorzuweisen, sollten Sie noch keine Pressemappe entwickeln lassen. Wenn Sie eine Mappe erstellen lassen, ohne sie mit Renommee und Reputation zu füllen, wird das eher peinlich wirken. Ihre Pressemappe verkündet der Welt, dass Sie ein absoluter Experte sind und Fach- sowie Sachkunde besitzen. Diese sollten Sie dann auch darlegen. Auszüge aus Presseartikeln, die Sie für verschiedene Magazine oder Zeitschriften geschrieben haben, mögliche Bücher, Ehrungen, Titel, Presseberichte über Sie, Ihr Engagement in Vereinen oder gemeinnützigen Organisationen oder eine imposante Vita gehören in Ihre Pressemappe. Sind Sie beispielsweise ein bekannter Iron-Man-Athlet, dann sollten alle Ihre Medaillen, Strecken und Ehrungen und einige professionelle Fotos von Ihnen in Ihrer Mappe aufgelistet werden. Sind Sie ein Gründer, dann listen Sie die verschiedenen Unternehmen auf, die Sie gegründet haben. Sind Sie ein Schriftsteller, so präsentieren Sie die Vielzahl der Bücher, die Sie geschrieben haben. Haben Sie auf Fachkongressen oder Tagungen als Redner gesprochen, dann präsentieren Sie auch das. Sparen Sie auf keinen Fall an der Präsentation. Die Fotos für Ihre Pressemappe sollten nicht von Ihrem Smartphone stammen und die Texte nicht sonntagabends am Esstisch geschrieben worden sein. Hierfür sollten Sie absolute Profis engagieren. Ihre Pressemappe und Webseite können, sobald Sie genug Material dafür haben, ein kleines Budget fressen.

Stehen diese beiden Punkte – Pressemappe und Webseite –, sollten auch Sie eine individuelle Form der Visitenkarte für sich in Anspruch nehmen. Hier können Sie entweder das übliche analoge und gedruckte Papier nutzen oder Sie wählen eine digitale Variante, die Ihre vCard (Kontaktdatei) direkt mit dem Smartphone Ihrer neuen Kontakte teilt. Möglicherweise haben Sie aber auch eine andere innovative Idee für Ihre Kontaktdatenübermittlung. Spielen Sie bereits in der Spitzenliga, dann sollte Ihre Sekretärin diese vCard inklusive Ihrer Pressemappe an alle neuen Kontakte am nächsten Tag zuzüglich einer entsprechenden Ansprache übermitteln. Für die allermeisten Menschen, die keine Sekretärin haben, gilt: Schreiben Sie gerne am nächsten Tag Ihrem neuen Kontakt eine E-Mail zuzüglich Ihrer vCard. Es ist ebenfalls eine gute Idee, Ihre Pressemappe auf Ihrer Webseite klar und deutlich als Download hervorzuheben. Weiterhin sollten Sie auf Ihrer Webseite einen Pressebereich einrichten, auf dem Journalisten und Mitglieder der Presse ein paar Fotos von Ihnen, Profiltexte und Informationen erhalten und herunterladen können. Journalisten haben wenig Zeit und wollen nur ungern Anfragen stellen und diese noch zurückverfolgen müssen. Machen Sie es den Kollegen von der Presse daher so leicht wie möglich.

Achten Sie darauf, dass Ihre Präsentation Ihre wahrhafte Natur unterstreicht. Wenn Sie ein steifer Bock im Anzug sind, dann sollte die Pressemappe das transportieren. Ein Doppelreiher, ein Dreiteiler, Einstecktuch, Krawatte und die entsprechende Darstellung gehören dann dazu. Sind Sie jedoch die Expertin für vegane Ernährung, so dürfen Sie ruhig locker und leger mit einer Kochmütze in Ihrer Küche aufgenommen werden. Bei der Präsentation gibt es weder falsch noch richtig. Letztlich muss Ihre Präsentation zu Ihnen passen und Sie repräsentieren. Stellen Sie auf keinen Fall jemanden dar, der Sie nicht sind. Das wäre wieder nur die Persönlichkeitsfalle. Arbeiten Sie allerdings im Finanzbereich, sollte Ihre Kleidung entsprechend an das professionelle Establishment angepasst sein. Ihre Kleidung sollte so gewählt sein, dass sie erstens Ihnen und zweitens der Kleidung Ihres Netzwerks entspricht.

Die meisten Millionäre beispielsweise tragen, anders als von Hollywood dargestellt, keine Anzüge von Tom Ford und fahren auch keinen Rolls-Royce. Man setzt hingegen häufig eher auf

Understatement und trägt den üblichen Pullover, darunter ein Hemd, eine Jeans oder Stoffhose und ein paar Sneakers oder Lederschuhe. Gehört Extravaganz jedoch zu Ihrer Zielgruppe an Kontakten und entspricht sie auch Ihrer persönlichen Marke, sollten Sie diese auch entsprechend verkörpern. Einfach gesagt ist es Ihre Aufgabe, all das zu verstärken, was sowieso schon da ist. Präsentieren Sie jedoch um Himmels willen nichts, das Sie nicht sind. Eine Marke zu inszenieren und zu verstärken, die Sie nicht sind, wird Sie nur fertigmachen und sich falsch und unangenehm anfühlen. Dies gilt es zu vermeiden.

Überlassen Sie Ihre gesamte Präsentation nicht dem Zufall. Allen Selbstständigen, Freiberuflern oder Unternehmern rate ich an dieser Stelle, nicht nur die Kosten für diese Präsentation abzusetzen, sondern diese Arbeiten gänzlich externen Profis zu überlassen. Das beginnt bei der Erstellung Ihrer Webseite und Pressemappe und geht bis hin zu Ihrer Social-Media-Aktivität. Diese sollten Sie auf keinen Fall selbst übernehmen. Vor allem, da Ihre Zeit und Ihr neuer Stundenlohn es nicht erlauben werden. Aber auch, weil Sie mit großer Wahrscheinlichkeit hier kein Experte sind. Für alle Angestellten gilt das natürlich auch, obgleich Ihre Leistungen hier anders präsentiert werden und Ihre Marke eher im Vordergrund steht. Achten Sie ebenfalls darauf, dass sich Ihre Präsentation kontinuierlich verbessert. Sie müssen nicht sofort perfekt erscheinen, das würde Sie nur unmenschlich und unattraktiv erscheinen lassen. Achten Sie stattdessen darauf, dass das Positive verstärkt wird und Ihre Präsentation mit Ihnen wächst.

Werden Sie ein Königsmacher

Sobald Ihre Präsentation steht, Sie kontinuierlich daran arbeiten können und sie durch Profis verbessern lassen, sollten Sie nun damit beginnen, all Ihre Kontakte, die Sie vorab geclustert haben, in Stellung zu bringen. Klopfen Sie alle, und damit meine ich wirklich alle Kontakte in Ihrer Kontaktliste ab. Rufen Sie an und schreiben Sie nicht nur eine E-Mail. Haben Sie keine Telefonnummer, dann schreiben Sie einen persönlichen Brief. Bei Ihren wiederbelebenden Maßnahmen sollten Sie sich erstens dafür entschuldigen, dass Sie so lange keinen Kontakt mehr hatten, zweitens bedauern, dass dieser Kontakt abgerissen ist, und drittens erwähnen, dass Sie es schön fänden, wieder einmal Kontakt zu haben. Zum Beispiel durch ein Abendessen – zufälligerweise sind Sie ja demnächst mal wieder in der Gegend oder Stadt. Dann machen Sie einen Termin aus.

Die zweite Regel der Netzwerkarbeit: Überlassen Sie nichts dem Zufall!

Jene Kontakte, zu denen Sie noch manchmal Kontakt haben, sollten Sie ebenfalls anrufen und damit den Kontakt erneuern. Zeigen Sie wahres Interesse. Wie geht es der Familie, den Kindern, was macht der neue Job, wie läuft der Hausbau? Und schwelgen Sie vielleicht etwas in alten Erinnerungen. Zeigen Sie wahrhaftes Interesse und lassen Sie Ihren Kontakt reden. Menschen reden am liebsten über sich selbst. Jeder Mensch schätzt darüber hinaus einen guten Zuhörer. Wenn Sie den Impuls und Drang spüren, auch mal etwas zu erzählen, so zügeln Sie sich. Lassen Sie Ihre Kontakte sprechen. Die wesentlichsten Fakten sollten Sie sich merken und schriftlich festhalten. Dazu gehören Geburtstag, Adresse, Arbeitgeber oder Unternehmen, Namen der Kinder und deren Geburtstag, Name des Partners oder der Partnerin, vielleicht sogar die Namen der Eltern und allgemeine Interessen Ihres Kontakts. Wenn Sie ein Foto Ihres Kontakts haben, dann sogar das. Wenn Sie nämlich eines baldigen Tages weit über tausend aktive Kontakte haben, können Sie sich unmöglich all diese Informationen merken. Dafür haben Sie Ihre Kontaktliste, in der Sie diese Punkte aktiv verwalten und archivieren. Hierfür können Sie Outlook, Apple Kontakte, einen Exchange Server oder eine andere Applikation Ihrer Wahl nutzen. Wechseln Sie nur nicht zu oft zwischen diesen, um keine Daten zu verlieren oder die Struktur Ihrer Kontaktliste zu korrumpieren. Die Arbeiten an Ihrer Kontaktliste können eine Weile in Anspruch nehmen, sind es aber absolut wert. Denken Sie dabei an die von mir immer wieder gepredigte zweite Regel der Netzwerkarbeit: Überlassen Sie nichts dem Zufall!

Nachdem Sie sich nun wieder ins Gedächtnis Ihrer Kontakte gebracht haben und begonnen haben, Ihre Kontaktliste wieder aktiv zu nutzen, sollten Sie einige Regelmäßigkeiten definieren. Dazu gehört einerseits der Kontakt zu Ihren Kontakten durch Telefonate, E-Mails, Briefe oder das lustige Verschicken witziger Emojis oder GIFs über einen Messenger-Dienst. Dazu gehören aber auch Ihre regelmäßigen Praktiken für Feiertage oder Festtage. Schicken Sie Geschenke, Blumen oder Karten zu Weihnachten oder Geburtstagen? Egal was Sie tun, Sie sollten es vorher klar definieren. Hier gibt es kein falsch oder richtig. Sie sollten nur festlegen, ob Sie Geburtstagskarten verschicken oder nur zu Weihnachten etwas machen oder sogar an den Ostertagen einen schokoladigen Osterhasen versenden.

Das ist deshalb so wichtig, da Sie nur sehr unwahrscheinlich zu jedem Festtag, der sich je nach praktizierter Religion sogar noch unterscheiden kann, immer das passende Geschenk oder die passende Erinnerung senden können. Haben Sie einen Mitarbeiter, der solche Aufgaben für Sie übernimmt, wird es Ihnen leichter fallen. Machen Sie diese Arbeit hingegen selbst, wird Sie das einiges an Zeit kosten. Weiterhin kosten Blumen, Karten, der Postversand oder einige Süßigkeiten für die Weihnachtszeit auch Geld. Dieses Geld ist jedoch sehr gut investiert und sollte von Ihnen niemals als hinausgeschmissenes Geld gesehen werden. Solche Ausgaben sind immer eine

Investition in Ihre Kontakte und damit auch in Ihre Zukunft. Es ist daher finanziell intelligent, wenn Sie einen Dienstleister hierfür engagieren, der diese Arbeiten für Sie übernimmt. Am Anfang des Jahres erstellen Sie dann innerhalb von zwei bis drei Stunden eine Auswahl an Karten, Geschenken und Paketen, die Sie zu gewissen Anlässen versenden lassen. Die vorab definierten Texte übermitteln Sie dafür an Ihren Dienstleister, damit er den Versand und die Erstellung für Sie übernimmt. Ebenfalls erhält Ihr Dienstleister dann eine Liste mit den Tagen, an denen welcher Kontakt was erhält.

Achten Sie darauf, dass alle Karten, Briefe und postalischen Anschreiben immer personalisiert sind. Schreiben Sie auf keinen Fall allgemeine Floskeln und standardisierte Texte an Ihre Kontakte. Jeder Mensch durchschaut solch eine unpersönliche Arbeit. Es erweckt nur den Eindruck, dass Ihr Kontakt Ihnen nicht wichtig genug ist, um von Ihnen eine personalisierte Nachricht zu erhalten. Damit schaden Sie Ihrem Netzwerk mehr, als dass Sie ihm etwas Gutes tun. Werden Sie stattdessen ein Königsmacher.

Wenn Sie Ihr Netzwerk perfektioniert haben, über weltweite Kontakte in die unterschiedlichsten Bereiche und Strukturen verfügen und man genau dafür Ihren Namen kennt und Sie schätzt, können Sie sich als Königsmacher betrachten. Ich gebe diesen Titel nur den besten Netzwerkern, die ich kenne. Die hier vorgestellten Praktiken kommen direkt von diesen, damit auch Sie sich ein so starkes Netzwerk aufbauen können. Als Königsmacher würden Sie handschriftliche Briefe oder Karten versenden. Diese können von Ihrem Dienstleister jederzeit dupliziert werden. Wichtig ist, dass Sie die erste Regel des Netzwerkens bedenken und jederzeit Ihren Kontakten signalisieren, dass sie Ihnen wirklich am Herzen liegen. Achten Sie also darauf, dass Sie sich immer so um Ihre Kontakte kümmern, dass Sie das Bestmögliche für sie tun.

Sobald Sie die Chance sehen, sich für einen anderen Menschen oder Kontakt einzusetzen, ist das Ihr Stichwort. Selbst wenn dieser Kontakt Sie ausnutzt und Sie niemals etwas für diese Gefälligkeit zurückbekommen, so haben Sie dennoch gewonnen. Erstens, weil Sie das Richtige getan haben und das nicht genug eingeübt sein kann, und zweitens, weil jede dieser Gefälligkeiten Ihre Reputation aufbaut. Diese Praktiken machen Sie zu einem echten Königsmacher.

Sobald Sie all diese Arbeiten definiert, erledigt oder vergeben haben, beginnen Sie damit, sich für die Stellung des Königsmachers zu positionieren. Ein Königsmacher darf sich als solcher betiteln, wenn er die Gesamtheit seiner Kontakte so verwalten und miteinander verbinden kann, dass das gesamte Netzwerk untereinander gewinnbringende Beziehungen zueinander pflegen kann. Nehmen wir an, dass einer Ihrer Kontakte ein neues Haus baut und dafür zuverlässige und hart arbeitende Handwerker sucht. Zu oft hat Ihr Kontakt leider einen Reinfall erlebt. Die Verzweiflung ist ihm anzusehen. Hier kommen Sie ins Spiel und vermitteln das Beste des Handwerks aus Ihrem Netzwerk an Ihren Kontakt. Empfehlen Sie jedoch nicht einfach nur, sondern verbinden Sie diese Menschen aktiv miteinander. Geben Sie, nach Erlaubnis, die Kontaktdaten weiter und haken Sie immer nach, ob der Kontakt zustande gekommen ist.

Fragen Sie dann alle paar Wochen immer wieder einmal nach, ob der Kontakt gewinnbringend war und ob alles so funktioniert, wie man es sich gewünscht hat. Das zeigt Ihrem Kontakt nicht nur, dass Sie sich kümmern und sich für ihn interessieren, sondern gibt Ihnen obendrein die Möglichkeit zu prüfen, ob Ihre Kontakte im Handwerk wirklich so exzellent sind. Nehmen Sie für diese Empfehlungen, Verbindungen und Kontakte niemals Geld. Niemals! Ich habe mehrfach schon Menschen kennengelernt, die für Kontakte Geld sehen wollten. Das ist hochgradig unprofessionell und unter allen Umständen zu meiden. So oder so werden Sie zu einem späteren Zeitpunkt über die eine oder andere Möglichkeit aus diesen menschlichen Transaktionen profitieren. Dies ist so sicher wie das Amen in der Kirche.

Im nächsten Schritt können Sie nun aktiv nach Empfehlungen oder Kontakten fragen. Auch wenn Sie die richtigen Kontakte anziehen wollen und sich als attraktiven Kontakt im Netzwerk anderer positionieren möchten, so müssen Sie dennoch aktiv nach neuen Kontakten suchen und auch nach ihnen fragen. Dafür brauchen Sie immer eine Liste der Kontakte, die Sie suchen und noch kennenlernen wollen. Wer nicht weiß, wen er kennenlernen will, wird niemals den Kontakt finden, der vonnöten wäre. Die einzigen Kontakte, die Ihnen schaden können, sind die Kontakte, die Sie nicht haben.

Die einzigen Kontakte, die Ihnen schaden können, sind die Kontakte, die Sie nicht haben.

Manchmal lernen Sie zwar ganz beiläufig gewünschte Kontakte kennen und wundern sich darüber, wie das Leben so spielen kann, doch ist das nicht die Regel. Ich wollte beispielsweise einmal Kontakte zur Staatsanwaltschaft knüpfen. Im Urlaub lernte ich dann eine Staatsanwältin kennen, zu der ich noch heute Kontakt habe. Wenn das Schicksal gerade aber nicht solche interessanten Zufälle in Ihr Leben bringt, müssen Sie aktiv auf Ihre bereits bestehenden Kontakte zugehen und nach neuen Kontakten fragen. Fragen Sie nach, ob Ihre Kontakte Ihnen jemand Neues empfehlen können. Die dritte Regel des Networkings lautet daher: Fragen Sie immer aktiv nach neuen Kontakten. Fragen Sie so etwas wie: »Wer ist der interessanteste Mensch, den du kennst? Würdest du mir diesen Menschen vorstellen wollen?« Oder haken Sie nach mit den Worten: »Wer ist in deinem Netzwerk der Mensch, der dir am meisten weitergeholfen hat, und warum? Würdest du mich mit diesem Menschen verbinden?« Die meisten Menschen sind zwar immer etwas erstaunt darüber, wenn man solche Fragen stellt, doch nach einer kurzen Erklärung finden viele diese Strategie ganz hervorragend und wollen sie selbst anwenden.

Nachdem Sie dann einen neuen Kontakt weiterempfohlen bekommen haben und diesen erfolgreich kennenlernen konnten, sollten Sie sich auch prompt dafür bei ihrer Verbindungsperson bedanken. Senden Sie Blumen, eine kleine Aufmerksamkeit oder etwas, das dieser Person eine besondere Freude bereitet. Eine Karte, in der Sie Ihre Dankbarkeit ausdrücken, darf dabei nicht fehlen. Sie sollten dafür bekannt sein, dass Ihre Worte Gewicht haben. Menschen, die nur reden, aber nichts tun, gibt es schon genug in unserer Welt. Seien Sie das Paradebeispiel dafür, dass es auch anders geht.

Sobald Sie damit beginnen, Ihre gesamten Kontakte so zu behandeln, werden Sie schnell als unglaublicher Netzwerker bekannt. Nicht nur Ihre bestehenden Kontakte werden entsprechend reagieren, auch die Menschen, die Sie noch nicht kennen, werden Sie kennenlernen wollen. Unterschätzen Sie niemals die Macht der Mundpropaganda. Die älteste Form des Marketings kann für Ihre Netzwerkarbeit wahre Wunder bewirken. Durchschnittlich talentierte Geschäftsleute mit einem starken Netzwerk übertrumpfen immer hervorragende Geschäftsleute mit einem schwachen Netzwerk.

Kombinieren Sie nun das spezifische Fachwissen aus dem Kapitel »Wohlstand« mit Ihren Fähigkeiten des Netzwerkens aus diesem Kapitel, dann werden Sie in Verbindung mit Ihrer Charakterstärke zu einem gefragten Menschen – sowohl geschäftlich als auch privat. Aus dieser Kombination entstehen finanzielle Chancen. Diese dann zu übersehen, ist nahezu unmöglich.

Das ist es, was finanziell intelligente Menschen zu Glückskindern macht. Sie sehen überall neue Chancen, weil permanent neue Chancen vor ihren Augen entstehen. Alles, was sie dafür machen, ist, durch regelmäßige Arbeit das Fundament für solche Chancen zu legen. Wer das nicht versteht, kann weiter nach dem Shiny-Object am Aktienmarkt, Immobilienmarkt, in der Finanzliteratur oder bei der Gründung einer neuen Firma suchen. Das, was Sie regelmäßig tun, macht den Unterschied, ob Sie finanziell intelligenter sind als der Durchschnitt all jener Menschen, die ihre finanzielle Intelligenz bereits für herausragend halten oder überhaupt nicht an ihr arbeiten.

Abschließende Worte

»Der Preis des Erfolges ist Hingabe, harte Arbeit und unablässiger Einsatz für das, was man erreichen will.«
Frank Lloyd Wright

Die in diesem Buch beschriebenen Praktiken machen Sie zu einem finanziell intelligenteren Menschen. Die Voraussetzung dafür ist jedoch die kontinuierliche Anwendung all dieser Techniken. Machen Sie nicht den Fehler, die gelesenen Worte verhallen und das Buch bei allen anderen im Regal einstauben zu lassen. Arbeiten Sie stattdessen gerne noch mal das gesamte Buch mit Hingabe durch und vertiefen Sie die Formeln für Reichtum, bis sie Ihnen gänzlich in Fleisch und Blut übergegangen sind. Wenn Sie nach weiterer Unterstützung oder Literatur suchen, mag Ihnen mein *Arbeitsbuch zur finanziellen Intelligenz* möglicherweise dienlich sein.

Nach dem Abschluss dieser Lektüre empfiehlt es sich, die gesammelten Formeln nochmals durchzugehen und sich zu fragen, in welchen Bereichen Ihres Lebens Sie noch Nachholbedarf haben und Verbesserungspotenzial erkennen können. Ich habe Ihnen am Ende des Buches alle Formeln noch mal in einer Formelsammlung aufgelistet.

Sowohl in den Bereichen Wohlstand und Gesundheit, aber auch in Ihren Beziehungen sollten Sie direkt nach dieser Lektüre damit beginnen, die hier präsentierten Strategien sofort in die Tat umzusetzen. Überlassen Sie nichts dem Zufall, sondern bauen Sie ein finanziell intelligentes System auf, durch das Sie Ihren Wohlstand vermehren, Ihre Gesundheit stärken und neue qualitativ hochwertige Beziehungen gewinnen und pflegen können. Einer der größten Fehler, den Sie begehen können, ist zu glauben, dass Ihnen alles Gute nur so zufliegen wird. Ein Quäntchen Glück mag hier mit von der Partie sein, jedoch sollten Sie aktiv selbst Ihre Zukunft gestalten, indem Sie eine genaue Strategie entwickeln und diese kontinuierlich umsetzen. Finden Sie für all diese Bereiche einige wenige Hebel, die Sie nach erfolgreichem Test immer wieder wiederholen können, um die Ergebnisse zu skalieren und zu reproduzieren. Die Skalierung ist dabei von allergrößter Wichtigkeit. Suchen Sie aktiv nach solchen Hebeln, die Ihren Wohlstand, Ihre Gesundheit und Ihre Beziehungen skalieren lassen. Der Aufbau dieses Systems macht Sie nicht nur finanziell intelligenter, sondern bereitet auch eine riesige Menge Spaß. Genießen Sie das Lernen, das Studieren, das Aufbauen und Erweitern. Auf diesem Weg wünsche ich Ihnen viel Erfolg, Gesundheit, Wohlstand und qualitativ hochwertige Beziehungen zu Menschen, deren Leben Sie bereichern können und die Ihr Leben in allen Bereichen verschönern.

Kommen Sie gut an.

Ihr Niclas Lahmer

Formelsammlung

»Wenn A für Erfolg steht, lautet die Formel: A = X + Y + Z. X steht für Arbeit, Y ist Muße und Z heißt Mund halten.«

Albert Einstein

Im Folgenden erhalten Sie alle Formeln aus diesem Buch nochmals übersichtlich aufgelistet:

Reichtum = Wohlstand + Gesundheit + positive Beziehungen

Bildung = Akademische Intelligenz + Finanzielle Intelligenz + Emotionale Intelligenz

Der Vergleich = Das Ende des inneren Friedens

Erfolg = Das was folgt, wenn wir uns selbst folgen

Wohlstand ≠ Geld ≠ Status

Statusspiele= Nullsummenspiele
Wohlstandsspiele = Plussummenspiele

Finanzielles Potenzial = Finanzielle Intelligenz + Leistung + einzigartiger Charakter

Leistung = Kontinuität – Störfaktor
Kontinuität = Geduld + Disziplin + $\text{Input}^{\text{Konzentration}}$

Weniger Entscheidungen = qualitativ hochwertigere Entscheidungen

Wohlstand = Einkommen + Vermögen x Rendite

Hebelwirkung = Kapital + Arbeitskraft + Medien + Code

Verantwortungsbereitschaft = persönliche Marke + persönliche Plattform + Risiken eingehen

Spezifische Fachkompetenz = Wissen für das die Gesellschaft nicht problemlos andere Menschen ausbilden kann

Verkauf = Skalierbare Menge + Überzeugungskraft + Vertrauen

Einkommen = Verantwortungsbereitschaft + Hebel + spezifisches Fachwissen

Rendite auf Investitionen = »Kaufen und Halten« + Bewertung + Sicherheitsmarge

Gesundheit = Ernährung + Training + Schlaf

Training = Hohe Intensität x (Cardio + Krafttraining) + Ruhe

Schlaf = kein Wecker + acht bis neun Stunden + Biorhythmus

Positive romantische Beziehung = Anziehung + Kompatibilität

Kommunizierte Erwartung = Klarheit in der Beziehung

Starkes Netzwerk = aktive weltweite Beziehungen

Erste Regel des Networkings = Tun Sie Gutes für Ihr Netzwerk

Zweite Regel des Networkings = Überlassen Sie nichts dem Zufall

Dritte Regel des Networkings = Fragen Sie immer aktiv nach neuen Kontakten

Danksagung

»Nicht die Glücklichen sind dankbar.
Es sind die Dankbaren, die glücklich sind.«
Francis Bacon

Ich war zur Schulzeit ein ziemlicher Rebell und im Deutschleistungskurs völlig fehl am Platz. Ich hatte auf Literatur und spannende Themen gehofft, doch was ich fand war ein Kurs, der mich zutiefst langweilte. Ich hatte Glück im Unglück, da meine Lehrerin mich gut leiden mochte. Wir verstanden uns, obwohl sie wusste, dass mich der Kurs so sehr interessierte wie drei Tage Kreisverkehr. Zum Abitur sagte sie mir: »Schreib keinen Mist in der Klausur, dann kommst du durch. Versprich mir, dass du nie etwas mit Literatur machen wirst.« Ich habe ihr dieses Versprechen nicht gegeben. Zum Glück. Einige Jahre später wurde mein heutiger Verleger auf mich aufmerksam. Ich verdanke Georg Hodolitsch dieses Buch, alle Bücher, die ich davor schreiben durfte, sowie den Glauben an jedes Buch, das da noch kommen mag. Georg, meine Dankbarkeit für deine Mühe, Unterstützung, deinen Fleiß und deinen Glauben an mich, ist in Worten nicht auszudrücken. Du hast meinen Traum erst möglich gemacht schreiben zu dürfen. Du bist eine Naturgewalt und meine Unterstützung wird dir für immer gewiss sein. Ich danke dir.

Ich danke weiterhin dem Lektorat für die Geduld und den Fleiß. Ich bedanke mich ebenfalls bei meiner Pressefee, dem Marketing und Vertrieb. Ihr verkauft keine Bücher, ihr teilt Träume und Hoffnung! Gibt es etwas Schöneres?

Ich bedanke mich bei meiner Familie für die Unterstützung und all die Liebe. Mein Dank gilt auch dir, liebe Judith, für die verschiedenen Erinnerungen an unsinnige Lektionen der Schulzeit. Go Girl!

Ich bedanke mich bei allen, die mir helfen, das Wissen in diesen Zeilen weiterzugeben. Schön, dass es euch gibt.

Ich bedanke mich auch bei all denen, die mir im Weg standen, die nie an mich geglaubt haben, mir eingeredet haben, dass es nicht geht, ich nichts kann oder bin. Ich bedanke mich bei jenen, die immer Nein sagen, wo ein Ja vonnöten ist. Mein Dank gilt all den schlechten Lehrern, angeblichen Freunden, Außenstehenden und namenlosen Neidern, die immer nur das Unmögliche sehen, die Kleingeister, die Taugenichtse, die Egoisten, Narzissten und Dummschwätzer, die immer behauptet haben, dass das niemals klappt und ich niemals ein einziges Buch veröffentlichen würde, meine Worte niemand lesen möchte, ich keine Bestseller schreiben könnte, auf der Bühne keiner meinen Worten lauschen würde und ich nicht einmal ein Studium abschließen könne, geschweige denn jemals finanziell erfolgreich werden würde. Ich bedanke mich zutiefst bei den Menschen, die insgeheim gehofft haben, dass ich niemals meinen Weg gehen werde, weder schreibe, noch diese Unternehmen aufbaue, noch diese Erfahrung mache und ich niemals etwas wertvolles mit anderen teilen könne. Danke an all diejenigen, die behauptet haben, dass ich es nicht kann.

Zu diesen Menschen sage ich: »Tada!«

Für alle anderen gilt: Danke. Bleibt dran, bleibt geduldig, bleibt beharrlich, bleibt standhaft. Wir sehen uns bei der Arbeit!

Quellen

Sagiv, L. & Schwartz, S. H. (2000). »Value priorities and subjective well-being: direct relations and congruity effects«, *European Journal of Social Psychology*, 30(2), 177–198

Polizei Nordrhein-Westfalen, Landeskriminalamt (2017). »Forschungsbericht Wohnungseinbruchdiebstahl Basisbericht«, Link: https://lka.polizei.nrw/sites/default/files/2017-05/Basisbericht_Forschungsprojekt%20WED.pdf (Zugriff am 23.10.2022)

Ralston, G. W. et al. »The Effect of Weekly Set Volume on Strength Gain: A Meta-Analysis«, Link: https://pubmed.ncbi.nlm.nih.gov/28755103/ (Zugriff am 23.10.2022)

Momma, H. et al. »Muscle-strengthening activities are associated with lower risk and mortality in major non-communicable diseases: a systematic review and meta-analysis of cohort studies«, Link: https://pubmed.ncbi.nlm.nih.gov/35228201/ (Zugriff am 23.10.2022)

Schoenfeld, B. J. et al. »Dose-response relationship between weekly resistance training volume and increases in muscle mass: A systematic review and meta-analysis«, Link: https://pubmed.ncbi.nlm.nih.gov/27433992/ (Zugriff am 23.10.2022)

Rhea, M. R. et al. »Three sets of weight training superior to 1 set with equal intensity for eliciting strength«, Link: https://pubmed.ncbi.nlm.nih.gov/12423180/ (Zugriff am 23.10.2022)

Ostrowski, K. J. et al. (1997) »The Effect of Weight Training Volume on Hormonal Output and Muscular Size and Function«, *The Journal if Strength and Conditioning Reseach*, 11(3), Link: https://www.researchgate.net/publication/232177076_The_Effect_of_Weight_Training_Volume_on_Hormonal_Output_and_Muscular_Size_and_Function (Zugriff am 23.10.2022)

Guzey, Alexey (2022). *Matthew Walker's »Why We Sleep« Riddled with Scientific and Factual Errors?*, Link: https://guzey.com/books/why-we-sleep/ (Zugriff am 03.09.2022)

Cooke, Rachel (2017).»The shorter your sleep, the shorter your life: the new sleep science«, *The Guardian*, Link: https://portside.org/2017-09-24/shorter-your-sleep-shorter-your-life-new-sleep-science (Zugriff am 04.09.2022)

Jones, Roger (2018). »Why We Sleep: The New Science of Sleep and Dreams: Wake Up to Sleep«. *British Journal of General Practice*, 68 (669)

Bertelsmann Stiftung (2014). »Volkskrankheit Depression: Drei von vier schwer Erkrankten werden nicht angemessen versorgt«, Link: https://www.bertelsmann-stiftung.de/de/presse/pressemitteilungen/pressemitteilung/pid/volkskrankheit-depression-drei-von-vier-schwer-erkrankten-werden-nicht-angemessen-versorgt?tx_rsmbstpress_pi2%5Buidcategory%5D=32 (Zugriff am 10.10.2022)

https://www.ptk-nrw.de/de/mitglieder/publikationen/ptk-newsletter/archiv/ptk-newsletter-spezial/zahlen-fakten-depression.html, (Zugriff am 10.10.2022)

Güthlin, Corina et al. (2020). »Chronisch krank sein in Deutschland. Zahlen, Fakten und Versorgungserfahrungen«, Institut für Allgemeinmedizin der Goethe-Universität, Frankfurt am Main

Deutschland Barometer Depression 2017, https://www.rki.de/DE/Content/Gesundheitsmonitoring/Gesundheitsberichterstattung/GesundAZ/Content/D/Depression/Daten_Fakten/daten_fakten_depressionen_inhalt.html (Zugriff am 10.10.2022)

Paine, James (2016). »11 Wildly Successful Entrepreneurs Who Swear by Daily Meditation«, *Inc.*, Link: https://www.inc.com/james-paine/11-famous-entrepreneurs-who-meditate-daily.html (Zugriff am 26.10.2022)

Rattue, Grace (2012). »Meditation Can Help Loneliness«, *Medical News Today*, Link: http://www.medicalnewstoday.com/articles/249181.php (Zugriff am 26.10.2022)

Kassin, S. M. & Gudjonsson, G. H. (2004). »The psychology of confession evidence: A review of the literature and issues«; *Psychological Science in the Public Interest*, 5, 33–67

Finanzielle Intelligenz

Niclas Lahmer

Geld besitzt seine ganz eigenen Regeln und finanziell intelligente Menschen kennen diese Gesetze des Erfolgs. Sie spielen nach den neuen Regeln, während sich der Rest weiterhin nach Althergebrachtem richtet.

Niclas Lahmer erläutert anschaulich in seinem Buch, was es bedeutet, finanziell intelligent zu handeln und dabei zu lernen, was die Bildungspolitik jungen Menschen verweigert. Er zeigt neue Wege auf und lehrt, wie finanzielle Chancen entstehen, wie Geld für Sie arbeiten kann und wie Sie finanziell erfolgreich werden. Egal wo Sie gerade in Ihrem Leben stehen, Sie können immer das Ruder herumreißen und durch Ihre Entscheidungen alles verändern.

176 Seiten | Hardcover | 17,99 € (D) | 18,50 € (A) | ISBN 978-3-95972-102-8

Arbeitsbuch Finanzielle Intelligenz

Niclas Lahmer

Geld besitzt seine ganz eigenen Regeln und finanziell intelligente Menschen kennen diese Gesetze des Erfolgs. Sie spielen nach den neuen Regeln, während sich der Rest weiterhin nach Althergebrachtem richtet. Junge Menschen lernen an Deutschlands Schulen und Universitäten auch heute noch die Wahrheiten von gestern, statt in einer Zeit des völligen Wandels das Wissen vermittelt zu bekommen, das sie wirklich für den finanziellen Erfolg brauchen.
Im Arbeitsbuch zu seinem Bestseller Finanzielle Intelligenz zeigt Niclas Lahmer, wie sich jeder das verwehrte Wissen selbst aneignen und Schritt für Schritt konkret anwenden kann. Als täglicher Begleiter auf dem Weg zur finanziellen Freiheit und einer höheren finanziellen Intelligenz hilft es, neue Wege und finanzielle Chancen zu entdecken, Geld für sich arbeiten zu lassen und finanziell erfolgreich zu werden.

240 Seiten | Hardcover | 20,00 € (D) | 20,60 € (A) | ISBN 978-3-95972-495-1

Der Lügendetektor fürs Business

Niclas Lahmer

Menschen lügen, tagein, tagaus – auch im Büro. Überraschenderweise durchschauen wir aber lediglich 47 Prozent dieser Lügen, eine wirklich magere Erfolgsquote.
Niclas Lahmer zeigt in seinem Buch, wie man im Geschäftsalltag Menschen entschlüsseln kann. Und er weiß, wovon er schreibt. Als Ausbilder für den zivilen und militärischen Bereich gehört es zu seinen Aufgaben, Wahrheit von Lüge zu unterscheiden. Aus dieser Praxis kann er einfach nachvollziehbare Techniken anbieten, um Unwahrheiten und Lügner zu entlarven und auch das nicht Offensichtliche zu erkennen. So verschafft man sich nicht nur einen enormen Vorteil bei Verhandlungen und Kunden, sondern lernt auch, sich im Berufsleben besser zu schützen und zu wehren – vor Lug und Trug, Abzocke oder Mobbing!

208 Seiten | Softcover | 17,99 € (D) | 18,50 € (A) | ISBN 978-3-86881-740-9

Social Engineering – die neuen Angriffsstrategien der Hacker

Niclas Lahmer

Was nützt die schönste Firewall, wenn die Beschäftigten jede noch so verdächtige E-Mail anklicken oder Interna auf Social Media ausbreiten? Niclas Lahmer zeigt, wie Unternehmen ihre Mitarbeiter in Sachen IT-Sicherheit und Social Engineering fit machen können.
Kriminelle schaffen es, Menschen durch gezielte Manipulationen mit Social Engineering zu den unglaublichsten Handlungen zu verleiten. Sehr zum Leidwesen vieler Unternehmen geraten besonders Mitarbeiter immer mehr in das Fadenkreuz von Hackern und Betrügern. Umso wichtiger ist es, bei allen ein Bewusstsein für IT-Sicherheit – Stichwort »Schwachstelle Mensch« – zu schaffen, um sich vor Cyber-Attacken zu schützen.
Niclas Lahmer erläutert, wie man Mitarbeiter für die Gefahren durch gefälschte E-Mails, Shoulder Surfing, Dumpster Diving oder andere Tricks sensibilisiert und ihr Risikobewusstsein regelmäßig auf den Prüfstand stellt – schließlich sind aufmerksame Mitarbeiter die beste Firewall.

224 Seiten | Softcover | 20,00 € (D) | 20,60 € (A) | ISBN 978-3-86881-898-7

Rebellion im Hamsterrad

Niclas Lahmer

Im Ferrari die Küste der Algarve hinunterfahren, in der First Class für den Preis der Holzklasse fliegen und mit 5 Stunden Arbeit mehr Geld verdienen als die meisten Manager mit einer 70-Stunden-Woche –wer will das nicht?
Die Möglichkeit, das Leben außerhalb des Gewöhnlichen zu erleben, dem alltäglichen Hamsterrad zu entkommen, bleibt den meisten verwehrt. Doch das muss nicht sein! Niclas Lahmer zeigt in seinem neuen Buch, wie Sie mehr finanzielle und persönliche Freiheit erlangen können, indem Sie sich aus den Zwängen gesellschaftlicher Glaubenssätze befreien. Raus aus der Knechtschaft des Geistes, des Konsums, des Kapitals und der Zeit, damit mehr Zeit für das Wesentliche und für ein erfülltes Leben bleibt!

320 Seiten | Hardcover | 18,99 € (D) | 19,60 € (A) | ISBN 978-3-95972-268-1

Der echt heiße Scheiß von Seneca

Niclas Lahmer

Wir werden alle belogen! Aus allen Ecken der modernen Gesellschaft erzählt man Ihnen, wie Sie reich, sexy, fit, geliebt und gelassen werden können. Gurus, Coaches und selbst ernannte Experten bevölkern mit ihren Programmen einen unübersichtlichen Markt und enthüllen das angebliche Geheimnis. Selbstzweifel, Unsicherheit und der Drang, sich selbst optimieren zu wollen, in einer Welt, die vor lauter Veränderung kaum mehr Sicherheiten kennt, treiben viele in die Arme dieser Blender. Bestsellerautor Niclas Lahmer kennt einen besseren Weg, das Leben zu meistern. Mithilfe des Stoizismus zeigt er Ihnen einen Ausweg ganz ohne Druck, Stress, soziale Normen und Lügen und gibt Ihnen die Gewissheit, dass auch 2300 Jahre nach der Entstehung des Stoizismus dessen Lehren immer noch uneingeschränkte Gültigkeit besitzen.

304 Seiten | Hardcover | 18,00 € (D) | 18,60 € (A) | ISBN 978-3-95972-444-9

Quit Like a Millionaire

Kristy Shen; Bryce Leung

Kristy Shen ging im Alter von 31 Jahren mit 1 Million Dollar in den Ruhestand – und das, ohne einen Homerun an der Börse zu landen, das nächste Snapchat in ihrer Garage zu starten oder in Immobilien zu investieren. Aufgewachsen in bescheidenen Verhältnissen bereist sie heute die Welt. In diesem Buch erzählt sie, wie ihr das gelang und wie auch Sie den Ausstieg schaffen.
Sie zeigt, wie sich ein erfolgreiches Portfolio aufbauen lässt, das auch Durststrecken an der Börse überlebt, und wie jeder für immer aus dem Hamsterrad aussteigen kann. Nicht jeder kann oder will ein Unternehmer oder ein Immobilienbaron werden; für alle anderen ist Shens mathematisch bewiesener Ansatz, um Jahrzehnte vor dem eigentlichen Rentenbeginn in den Ruhestand zu gehen, der einfachste und solideste Weg zum Wohlstand.

400 Seiten | Softcover | 18,00 € (D) | 18,60 € (A) | ISBN 978-3-95972-563-7

The Millionaire Fastlane

MJ DeMarco

»Geh zur Schule, finde einen guten Job, spare 10 Prozent deines Gehalts, kaufe ein gebrauchtes Auto, vertraue deine Ersparnisse der Börse an, und eines Tages, wenn du 67 bist, kannst du reich in Rente gehen.« Ist dieser Finanzplan der Mittelmäßigkeit wirklich ein verlässlicher Plan, um Wohlstand zu schaffen?
Dabei gibt es eine Alternative, quasi die Überholspur zu außergewöhnlichem Reichtum. M. J. DeMarco zeigt, warum die meisten Menschen scheitern und welche Strategien und Geschäftsideen ihnen den Weg zu unbegrenztem Wohlstand in wenigen Jahren und nicht erst in der Rente möglich machen. Dieses Buch hilft, umzudenken, die Spur zu wechseln und herauszufinden, wie man ein Leben lang reich leben kann.

528 Seiten | Softcover | 18,00 € (D) | 18,60 € (A) | ISBN 978-3-95972-487-6